U0578987

权威·前沿·原创

皮书系列为
"十二五""十三五""十四五"时期国家重点出版物出版专项规划项目

BLUE BOOK

智 库 成 果 出 版 与 传 播 平 台

老字号蓝皮书

BLUE BOOK OF CHINA TIME-HONORED BRAND

老字号企业发展报告

（2023~2024）

DEVELOPMENT REPORT ON TIME-HONORED ENTERPRISES

(2023-2024)

主 编／张继焦 文学国 刘卫华

副主编／王 焯 尉建文 刘 谦

社会科学文献出版社
SOCIAL SCIENCES ACADEMIC PRESS (CHINA)

图书在版编目（CIP）数据

老字号企业发展报告. 2023-2024 / 张继焦，文学国，
刘卫华主编 . --北京：社会科学文献出版社，2024.10
（老字号蓝皮书）
ISBN 978-7-5228-3258-6

Ⅰ.①老… Ⅱ.①张… ②文… ③刘… Ⅲ.①老字号
-工商企业-研究报告-中国-2023-2024 Ⅳ.
①F279.24

中国国家版本馆 CIP 数据核字（2023）第 257078 号

老字号蓝皮书

老字号企业发展报告（2023~2024）

主　　编／张继焦　文学国　刘卫华
副 主 编／王　焯　尉建文　刘　谦

出 版 人／冀祥德
组稿编辑／邓泳红
责任编辑／秦　丹　宋　静
责任印制／王京美

出　　版／社会科学文献出版社·皮书分社（010）59367127
　　　　　地址：北京市北三环中路甲 29 号院华龙大厦　邮编：100029
　　　　　网址：www.ssap.com.cn
发　　行／社会科学文献出版社（010）59367028
印　　装／三河市东方印刷有限公司

规　　格／开本：787mm×1092mm　1/16
　　　　　印张：21　字数：311 千字
版　　次／2024 年 10 月第 1 版　2024 年 10 月第 1 次印刷
书　　号／ISBN 978-7-5228-3258-6
定　　价／158.00 元

读者服务电话：4008918866

特别鸣谢

赞助人：

杨东升　江苏老字号产业投资基金　执行事务合伙人代表

赞助单位：

老字号协同创新中心（金融支持）

中新泓创（无锡）私募基金管理有限公司

当代中国研究所上海大学研究基地

老字号工作委员会委员（按姓氏拼音排序）

崔守军（辽宁省老字号企业协会执行会长）

丁惠敏（浙江省老字号企业协会常务副会长兼秘书长）

范依萍（广东省老字号协会常务副会长兼秘书长）

康明轩（河南省老字号协会会长）

刘建生（广州老字号协会秘书长）

刘　俊（浙江省老字号企业协会会长）

刘小虹（北京老字号协会会长）

乔志军（山西省老字号协会常务副会长兼秘书长）

邵玉玲（上海中华老字号企业协会秘书长）

孙勤国（南京市老字号协会资深会长）

唐亦飞（南京市老字号协会常务副会长兼秘书长）

陶新芳（安徽省老字号企业协会副会长兼秘书长）

王述祖（天津市老字号协会名誉会长）

王　耀（江苏省老字号企业协会会长）

魏子杰（山东省老字号企业协会常务副会长兼秘书长）

夏红亮（重庆老字号协会会长）

徐延永（黑龙江省老字号企业协会会长）

张　超（中国品牌杂志社副社长）

郑礼水（福建省老字号协会会长）

老字号学术委员会委员（按姓氏拼音排序）

曹　雨（博士，暨南大学讲师）

陈阿江（博士，河海大学教授）

陈　刚（博士，云南财经大学教授）

陈　鸣（博士，广东技术师范大学教授）

杜倩萍（博士，中国社会科学院民族学与人类学研究所副研究员）

方静文（博士，中国社会科学院民族学与人类学研究所副研究员）

高　崇（博士，香港树仁大学社会学系副教授）

郝国强（博士，广西民族大学民族学与社会学学院院长、教授）

蓝达居（博士，厦门大学副教授）

蓝宇蕴（博士，华南师范大学教授）

李吉星（博士，云南省社会科学院民族学研究所所长、研究员）

李培志（博士，天津社会科学院研究员）

李全敏（博士，云南民族大学副教授）

李　双（博士，广东技术师范大学副教授）

李勇军（博士，中南民族大学教授）

李宇军（中国社会科学院生态文明研究所副研究员）

刘朝晖（博士，浙江大学副教授）

罗康隆（博士，吉首大学历史与文化学院院长、教授）

马　艳（博士，中国社会科学院民族学与人类学研究所副研究员）

舒　萍（博士，山东大学副教授）

陶　冶（博士，山东大学副教授）

田　广（博士，怀化学院教授）

田　阡（博士，西南大学历史文化学院教授）

王柏中（博士，广西民族大学教授）

王泗通（博士，南京林业大学副教授）

邢启顺（博士，贵州省社会科学院副研究员）

臧得顺（博士，上海社会科学院副研究员）

张小敏（博士，中国社会科学院民族学与人类学研究所副研究员）

赵巧艳（博士，山西财经大学文化旅游与新闻艺术学院教授）

赵　萱（博士，中山大学副教授）

周大鸣（博士，中山大学教授）

周尚意（博士，北京师范大学教授）

老字号学术委员会外籍委员（按姓氏拼音排序）

八卷惠子（博士，日本广岛大学管理学系教授）

滨田友子（博士，美国威廉与玛丽大学教授）

方伟晶（博士，香港中文大学教授）

郭世宝（博士，加拿大卡尔加里大学教授）

梁浩瀚（博士，美国纽约州立大学教授）

万军民（博士，日本福冈大学教授）

王琛发（博士，马来西亚道理书院院长、教授）

王向华（博士，香港大学教授）

文平强（博士，马来西亚新纪元大学学院副校长、教授）

中牧弘允（博士，日本国立民族学博物馆教授）

祝家丰（博士，马来西亚马来亚大学中文系原主任）

祝家华（博士，马来西亚南方大学学院原校长、教授）

摘　要

　　自 2006 年商务部启动"振兴老字号工程"并于同年 11 月颁布第一批中华老字号企业名录以来，国家对老字号企业的支持与管理越来越规范化、科学化，老字号企业的影响力逐渐攀升。截至 2022 年底，全国已有 1128 家企业被商务部授予"中华老字号"称号，4000 多家企业被各级政府列为"地方老字号"企业。为进一步整合老字号资源，规范老字号经营、管理，2023 年 4 月，商务部联合文化和旅游部、市场监管总局、国家知识产权局、国家文物局等 5 部门组织开展对已有中华老字号的复核工作。2023 年 7~11 月，商务部陆续公布了《关于公布中华老字号复核结果的通知》，在实施"有进有出"的动态管理机制的基础上，将长期经营不善的 55 个品牌移出中华老字号录；对经营不佳、业绩下滑的 73 个品牌，要求 6 个月予以整改；继续保留 1000 个经营规范、发展良好的品牌。此次复核也暴露了一些老字号企业发展所面临的问题。当前，我国经济环境变化迅速、消费结构转型加快、新兴企业间的竞争加大，再加上城市现代化建设发展迅猛，这些市场环境变化要求老字号企业必须转型升级，迎接挑战，突破困境。那么，那些相对经营较好的老字号企业有哪些经营经验？如何顺应潮流发展？

　　2023 年是全面贯彻党的二十大精神的开局之年。老字号企业的转型升级需抓住经济新形势的窗口期，积极探索未来发展之路。由此，老字号企业课题组针对近年来老字号企业经营发展状况进行研究，以期总体呈现老字号企业的发展状况，并为其今后发展提供智力支持。

　　从近年来的发展趋势看，老字号企业的发展前景主要体现在以下几个方

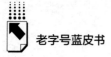

面：一是随着资源配置的市场化水平达到一定的高度，知识、技术、数据等要素逐渐成为高效性、凝聚性的优势资源，进而带动老字号企业参与数据与信息系统的运行；二是商业集聚发展与跨界融合发展相并行，模块化、拼接式发展模式逐渐受到重视；三是对国家品牌发展意识的重视程度提高，对打造具有世界影响力的品牌的需求增高。

本书认为，老字号企业需要将自身发展纳入更宏观的场域中，通过增强自身核心竞争力、适应国内外发展环境，实现自身的"创造性转化、创新性发展"。具体来说，一是增强内生性动力，通过体制机制创新，改革自身、激发自我活性；二是提升外延性动力，善用外部工具，适应市场发展方向。

关键词： 老字号企业　内生动力　城市转型　新媒体　"国潮国货"

Abstract

Since the Ministry of Commerce of the People's Republic of China launched the "Revitalization of Time-Honored Brand Project" in 2006 and issued the first batch of China's Time-Honored Brand Enterprise List in November of the same year, the state's support and management of the time-honored brand enterprises have become more and more standardized, and the influence of these enterprises has been gradually rising. By the end of 2022, 1 128 enterprises had been awarded the title of China' time-honored brand by the Ministry of Commerce, and more than 4 000 enterprises had been listed as "Local Time-Honored Brand" by various levels of governments. In order to further integrate the resources of China' time-honored brand, standardize the operation and management of old brands, in April 2023, the Ministry of Commerce, in conjunction with the Ministry of Culture and Tourism, the General Administration of Market Supervision, the State Intellectual Property Office, the State Administration of Cultural Heritage, and other five departments to organize and carry out a review of the existing China' time-honored brand. From July to November 2023, the Ministry of Commerce successively announced the "Notice on Announcing the Results of the Review of China' time-honored brands" based on the implementation of the dynamic management mechanism of "in and out", and moved 55 brands that had been poorly operated for a long period of time out of the China' time-honored brands list; 73 brands that had been poorly operated and had declined in performance were asked to rectify and improve their performance in six months; 1 000 brands with standardized operation and good development continued to be retained. Although the review was affected by COVID-19, it also exposed the problems faced by the development of some long-established enterprises. At present, China's

economic environment is changing rapidly, accelerating the transformation of the consumer structure, increasing competition among emerging enterprises, coupled with the rapid development of urban modernization, these changes in the market environment require that the development of old enterprises must be transformed and upgraded to meet the challenges and breakthroughs. So, what are the business experiences of those relatively well-managed old enterprises? How to follow the trend of development?

The year 2023 is the opening year of the comprehensive implementation of the spirit of the 20th CPC National Congress CPC. The transformation and upgrading of the old enterprises need to seize the window of the new economic situation and actively explore the road of future development. Therefore, our team of the time-honored brand has conducted a research on the overall situation of the operation and development of the old enterprises in recent years, with a view to presenting the development situation of the old enterprises in general and providing intellectual support for the development in the future.

In recent years, the development prospects of time-honored enterprises are mainly reflected in the following aspects. First, as the marketization level of resource allocation reaches a certain height, elements such as knowledge, technology and data gradually become efficient and cohesive advantageous resources, which in turn drives the participation of old enterprises in the operation of data and information systems. Secondly, the development of business agglomeration and cross-border integration development are parallel, and the modularization and splicing development mode is gradually emphasized. Thirdly, the importance of national brand development awareness has increased, and the demand for building brands with national and world influence has increased.

This book believes that time-honored enterprises need to incorporate their own development into a more macroscopic field, and realize their " creative transformation and innovative development " by enhancing their core competitiveness and adapting to the domestic and international development environment. Specifically, the first is to enhance the endogenous power, through institutional mechanism innovation, reform itself, stimulate self-activity; the second is to enhance the epitaxial power, make good use of external tools, and adapt to the direction of market development.

Keywords: Time-honored Enterprises; Endogenous Power; Urban Transformation; New media; China Chic

目 录 ▷

Ⅰ 总报告

Ⅱ 行业篇

Ⅲ 专题篇

皮书数据库阅读**使用指南**

总 报 告

B.1
2023年老字号企业发展报告

张继焦*

摘　要：　老字号企业已经成为我国民族工商业发展中具有独特经济价值、自主品牌价值和深邃文化理念的知名工商企业。近几年，国家更加重视老字号与互联网时代下的新媒体、中国国家品牌建设及国货精品的推介、城市"老商圈"及城市的转型发展、历史文化资源开发等的关系，这为今后的老字号研究指明了方向。因此，老字号企业的外部发展环境对其本体结构有着深刻影响，要想实现老字号企业的"创造性转化、创新性发展"，必须将本体结构与外部结构有机结合起来。

关键词：　老字号企业　"互联网+"　城市转型　"国潮国货"

---

* 张继焦，中国社会科学院民族学与人类学研究所二级研究员、室主任，中国社会科学院大学教授、博士研究生导师，中国民族学学会法人代表兼副会长，研究领域为社会学、人类学。

引　言

　　"字号"既是中国特有的一种文化现象，也是中华优秀传统文化的重要代表。老字号企业已经成为我国民族工商业发展中具有独特经济价值、自主品牌价值和深邃文化理念的知名工商企业。老字号企业以世代传承的独特产品、精湛的工艺手法、良好的品牌信誉和优质的服务理念，承载着中华民族优秀的工匠精神和工艺品质，是中华优秀传统文化的承载者、中华民族现代文明的继承者。进入21世纪以来，国家高度重视老字号企业的建设与发展，出台了一系列旨在提升老字号企业发展潜力、创新老字号企业发展能力、发扬老字号企业文化内涵的政策文件。自2006年商务部启动"振兴老字号工程"，并于同年11月颁布第一批中华老字号企业名录以来，老字号的影响力持续攀升。2011年3月，为了进一步促进老字号的成长，商务部又颁布了第二批中华老字号名录。目前，全国已有1128家企业被商务部授予"中华老字号"称号，4000多家企业被各级政府认定为"地方老字号"企业。这些企业涵盖了几大类行业：食品类、餐饮类、中医中药类、酿造类、酒类、茶叶类、珠宝类、手工业产品类、服装鞋帽类等。

　　当前，我国经济环境变化迅速、消费结构转型加快、新兴企业间的竞争加大、城市现代化建设发展迅猛，这些市场环境变化要求老字号企业发展必须转型升级、迎接挑战、突破困境。2023年是全面贯彻党的二十大精神的开局之年。老字号企业的转型升级需抓住经济新形势的窗口期，积极探索未来发展之路。由此，老字号企业蓝皮书课题组针对2023年的老字号企业经营发展状况进行了研究，并为老字号企业今后的发展方向提供智力支持。

一　老字号发展相关政策

　　2022年1月，商务部等8部门发布了《关于促进老字号创新发展的意见》（以下简称《意见》）。《意见》指出，到 2025 年，老字号保护传承和创新发展体系基本形成，老字号持续健康发展的政策环境更加完善，创新发展更具活力，产品服务更趋多元，传承载体更加丰富，文化特色更显浓郁，品牌信誉不断提升，市场竞争力明显增强，对推动经济高质量发展的作用更加明显，人民群众认同感和满意度显著提高。《意见》还专门提出了"加大老字号的保护力度"，要加强老字号保护法治建设、保护老字号知识产权、保护老字号历史网点、保护老字号文化遗产；"健全老字号传承体系"，要传承老字号传统技艺、活化老字号文化资源、壮大老字号人才队伍；"激发老字号创新活力"，要推动老字号创新产品服务、支持老字号跨界融合发展、促进老字号集聚发展；"培育老字号发展动能"，要引导老字号体制机制改革、优化老字号金融服务、推动老字号走出国门。①《意见》分别从老字号的本体保护、传承体系、创新转型和发展潜能四个方面规划了老字号的发展格局，涉及了老字号本体结构与外在结构之间的互动，为老字号的未来发展指明了方向。

为了落实《意见》，2022 年 12 月，商务部、文化和旅游部和国家文物局 3 部门又联合印发了《关于加强老字号与历史文化资源联动促进品牌消费的通知》（以下简称《通知》）。《通知》指出，要加强老字号与历史文化资源联动，促进品牌消费，充分发挥老字号在促进消费以及持续恢复、弘扬中华优秀传统文化等方面的积极作用，促进老字号历史文化在不断激发品牌消费潜力中的作用。具体来说，一是要"加强老字号历史文化资源挖掘"，要加强老字号文物保护利用、传承老字号传统工艺、支持建设老字号题材博物馆；二是要"促进老字号历史文化资源利用"，要开发老字号文化创意产品，联动文化旅游资源，营造体验消费场景；三是要"不断激发品牌消费潜力"，要发挥重要平台作用、举办消费促进活动、创新营销推广手段。②

---

① 《商务部等 8 部门关于促进老字号创新发展的意见》，http://www.mofcom.gov.cn/article/zcfb/zczxzc/202203/20220303286657.shtml。

② 《商务部　文化和旅游部　国家文物局联合印发〈关于加强老字号与历史文化资源联动促进品牌消费的通知〉》，https://www.gov.cn/zhengce/zhengceku/2023-01/04/content_5734970.htm。

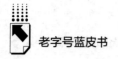

《通知》系统规划了老字号历史文化资源的开发工作，将老字号文化遗产的保护与发展结合起来，推动了老字号的创造性转化、创新性发展。

近年来，面对全球经济与发展环境的新挑战，国家越来越重视培养内需体系的发展格局。2022年12月，中共中央、国务院印发了《扩大内需战略规划纲要（2022—2035年）》（以下简称《纲要》）。在"提高供给质量，带动需求更好实现"方面，《纲要》特别提出，要打造中国品牌，培育和发展中华老字号和特色传统文化品牌。持续办好中国品牌日活动，宣传推介国货精品，增强全社会品牌发展意识，在市场公平竞争、消费者自主选择中培育更多享誉世界的中国品牌。推动供需在更高水平上实现良性循环。因此，在扩大内需的同时，老字号的品牌优势已经成为中国产品品牌建设的重要组成部分。《纲要》还提出，要支持线上线下商品消费融合发展；加快传统线下业态数字化改造和转型升级；支持社交电商、网络直播等多样化经营模式。作为新型消费的积极参与者，老字号企业与互联网、数字化技术的结合正在推动整体业态的改造、升级。①

为了在新发展形势下，完整、准确、全面贯彻新发展理念，促进老字号创新发展，充分发挥老字号在商贸流通、消费促进、质量管理、技术创新、品牌建设、文化传承等方面的示范引领作用，2023年2月，商务部等5部门联合印发《中华老字号示范创建管理办法》（以下简称《办法》）。《办法》从"示范条件"、"申报与认定"程序、"动态管理"机制、其他事项四个方面确定了示范评审管理方式，通过"优中选优""示范引领""动态管理"推动老字号示范创建、创新发展，从而促进品牌建设。② 同时，商务部联合山东省人民政府组织了2023年"老字号嘉年华"活动，通过"节日消费""掌门人直播""老字号探店"三大主题活动，推动老字号的守正创新发展。

---

① 《中共中央 国务院印发〈扩大内需战略规划纲要（2022—2035年）〉》，https：//www.gov.cn/zhengce/2022-12/14/content_5732067.htm。
② 《商务部等5部门关于印发〈中华老字号示范创建管理办法〉的通知》，http：//www.mofcom.gov.cn/zfxxgk/article/gkml/202301/20230103381407.shtml。

总体来说，近年来，党和国家从老字号的保护传承和创新发展、历史文化资源转化、品牌建设和示范创建等方面强化对老字号及其企业的发展关注。国家关注老字号与互联网时代下的新媒体发展、与中国国家品牌建设及国货精品的推介、与城市"老商圈"及城市的转型发展、与历史文化资源开发等的关系，为今后的老字号研究指明了方向。

二 2023年调查总体状况

在上述老字号发展规划政策的指引下，老字号企业课题组于2023年组织实施了全国性老字号企业发展状况的综合调查。本次综合调查共分为6个部分，分别是总报告、行业篇、专题篇、地区篇、借鉴篇和案例篇。调查方法包括了问卷调查和案例研究两种社会科学研究方法。其中，总报告、行业篇、地区篇、专题篇以问卷调查为主进行调查研究，报告呈现总—分（即全国—地区）式的分析结构。行业篇涉及了食品行业、餐饮行业、酿造行业、服装纺织行业、手工艺行业的调查分析；专题篇分别为老字号企业与城市发展关系、老字号与"国潮国货"、老字号品牌创新与企业现代转型、技术创新促进老字号品牌成长作用机制、老字号企业的现代治理、"双循环"新发展格局下老字号企业品牌国际化探究地区篇包括了辽宁和广东两个省份。案例篇以案例研究为主进行调查分析，报告选取了稻香村、五芳斋、瑞蚨祥、坭兴陶、狗不理、南京冠生园共6家老字号企业和广州上下九步行街，进行关于老字号企业品牌建设、现代转型以及与城市转型发展的关系等的研究。

（一）老字号企业总体调查概况

本次问卷调查由老字号企业课题组根据我国老字号企业近年来的发展状况制定了"2023年老字号企业调查问卷"，调查对象为全国老字号企业的相关负责人。该问卷由6部分构成，分别是受访老字号企业的基本信息、对老字号与电商平台关系的看法、对老字号与"国潮国货"关系的看法、对老

字号与城市转型发展关系的看法、对我国老字号企业发展的一般看法和受访者信息。由于调查的范围广泛、人数众多，本次调查采取电子问卷在线发放与回收的形式进行，共回收有效问卷计 554 份。因采取了技术控制，问卷有效回收率为 100%，符合样本效度要求。

2023 年，中国经济展现了强大的韧性与发展潜力，全国经济社会发展形势正逐渐释放积极信号。从本次调查结果来看，2023 年全国老字号企业经营发展状况良好，发展信心正逐步增强。总体来看，老字号企业对未来的经营发展持积极态度，约占 3/4 的受访企业表示会在未来扩大生产规模或增加资金投入。在老字号企业所关心的领域，品牌影响力始终占据着较重要的位置，约占 3/5 的受访企业认为品牌是企业发展最重要的优势，同时也是未来最需要提升的方面。

从调查结果来看，老字号企业在第三方电商销售平台参与程度较高，且老字号企业规模越大，其在第三方电商销售平台的参与程度越高。其中，抖音已经成为老字号企业主流电商销售平台。同时，大部分的老字号企业对网络直播带货持相对积极态度，且参与程度和认可度均较高。老字号企业规模越大，对网络直播带货的态度越积极、网络直播带货参与度越高。从不同级别老字号企业发展来看，省级老字号在第三方电商平台销售数量最高，经营效益更突出，开通直播带货的数量更多；中华老字号与省级老字号企业更倾向于在淘宝进行商品售卖，而市级老字号则更多在微信进行商品售卖。

从营销理念来看，新媒体（如各电商平台、微信）正逐渐成为当下老字号企业营销的主要产品宣传方式之一，逐渐与大型商业活动（如博览会、展销会）、传统媒体（如纸媒、电视、户外）等方式并驾齐驱，甚至发展势头更加强劲。而且老字号企业规模越大，对新媒体广告和宣传的投入也越大。其中，新媒体宣传是省级老字号和市级老字号企业的主流广告方式，大型商业活动推广则是大部分中华老字号企业更热衷的商业广告方式。在网络营销中，质量与品牌仍旧是老字号企业关注的营销重点。大型老字号企业的宣传重点主要是"品牌老"，中型、中小型老字号企业的宣传重点主要是"质量好"。

从调查结果来看，电商营销方式在老字号企业转型发展中发挥着重要作用，其带动的各方力量也正随着经济社会的互联网化而参与其中。但不可否认，电商营销方式也存在一定的问题，如电商销售的总体收入占比、新媒体营销投入等方面均有待提升。

在"国潮国货"发展趋势中，大部分老字号企业积极参与，对推动"国潮国货"的发展起到了重要作用。"国潮国货"趋势也使老字号企业的产品包装设计更具特色。而且不同级别的老字号企业主要倾向于选择增加电商宣传进行"国潮国货"营销，并采取多样化的方式在产品中展现中国元素。其中，"国潮国货"趋势使中华老字号企业产品种类更多元化、省级老字号企业产品包装设计更特色化、市级老字号企业产品制作工艺更精细化。而且消费者的反馈成为老字号企业在"国潮国货新需求"中最主要关注的方面。

在老字号企业与城市发展的关系上，老字号企业对城市老商街发展和城市发展均有较大影响。超过半数的受访企业表示，"老字号一条街"对城市发展有较大影响，而品牌价值主要是"老字号一条街"的竞争优势。其中，大中型老字号企业认为自身发展对城市老商街发展有积极作用。而且大型老字号企业认为经济价值、品牌价值与文化价值是"老字号一条街"的主要竞争优势。从企业参与城市发展的方式来看，助力打造城市品牌是中华老字号企业和省级老字号企业参与城市发展的主要途径，而促进就业是市级老字号企业参与城市发展的主要方式。

同时，老字号企业也面临着一些发展困境。就调查结果来看，第一，大型老字号企业认为"新产品少"是目前企业经营的主要不足之处，而中型老字号企业认为"宣传力量薄弱"是目前面临的主要经营困境，中小型老字号企业则认为品牌影响不足是目前面临的主要困境，而微小老字号企业认为"政府支持不够"是当下企业经营面临的困境。第二，超过1/3的受访企业希望得到地方政府的支持，且无论是大型、中型，还是中小型以及微小老字号企业均认为地方政府的支持是目前企业发展最需要的协助力量，而中华老字号工作委员会则是大中型老字号企业最想获得的协助力量。第三，相

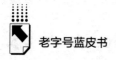
比其他规模的老字号企业，大中型老字号企业对目前经营状况满意度最高，且明显高于微小老字号企业。此外，1/4 的微小老字号企业表示不满意现在的经营状况。值得注意的是，也有少部分的大型老字号企业表示很不满意目前的经营状况。

（二）老字号案例调查部分概况

本次调查还选取了稻香村、五芳斋、瑞蚨祥、坭兴陶、狗不理、南京冠生园共 6 家老字号企业和广州上下九步行街作为案例，以期从典型个案的微观视角，呈现老字号企业转型发展所面临的现实状况。

1. "互联网+老字号企业"

随着现代信息技术的发展，以互联网、大数据、云计算、人工智能等新兴技术为核心内容的数字技术正在快速推动经济发展。① 在互联网、数字经济时代，诸多老字号企业转变传统经营方式，为企业发展焕发生机提供了机遇。以稻香村集团为案例的网络社会与企业管理变革研究揭示了，在互联网信息时代，企业如何将网络技术运用到采购、生产与销售等各业务环节，如何重组企业内部组织结构。在网络社会背景下，稻香村集团运用互联网技术进行了两次重大的变革，即电子商务变革和信息化技术变革，这两次变革对稻香村集团自身发展都具有战略性的意义。与此同时，稻香村集团围绕价值链管理进行了一系列企业管理变革，即组织结构重组和业务流程再造。这些适应网络时代的革新措施，推动了老字号企业的转型升级。

以南京冠生园集团为案例的数字经济转型与品牌发展研究揭示了数字技术给企业发展带来的机遇。一方面，南京冠生园能够牢牢抓住数字经济时代的发展契机，以现代数字技术推动老字号企业的产品质量监管标准化、管理模式科学化以及产品服务精准化，进而推动冠生园品牌的现代化转型；另一方面，冠生园还能够重视老字号品牌的发展和保护，不仅将老

---

① 江小涓、靳景：《数字技术提升经济效率：服务分工、产业协同和数实孪生》，《管理世界》2022 年第 12 期。

字号品牌深植于城市文化，还将新媒体平台作为提升老字号品牌影响力的重要手段，进而在大力引进现代专业品牌管理人才，以及构建现代化品牌管理监督机制的同时，还能确保老字号品牌能够实时适应数字经济时代的新变化和新要求。

以瑞蚨祥为案例的老字号品牌创新升级研究从新媒体的视角总结了该企业在现代网络社会中转型升级的经验。瑞蚨祥通过"多渠道投放广告，以实现目标消费群全方位覆盖""重视电商平台的牵引作用，加速数字化转型""进行跨媒体整合，传播聚合碎片化信息""开发高端定制 App 软件，打造商业销售闭环"等举措进行品牌传播，增强了与用户沟通的有效性，使老字号企业焕发生机。

2. 城市转型发展+老字号企业

现代城市发展面临着"通过存量资源重新配置，提升城市竞争力"的发展议题。而城市转型发展与以"商业—文化产业—服务业"为基础的功能区建设密切相关，由此，城市商业街发展与文化资源整合成为老字号企业转型的一个契机。以狗不理包子为案例的城市文旅融合发展研究，呈现了城市转型发展与老字号企业的互动历程。可以说，老字号企业在品牌宣传和文化价值方面增加了城市的核心竞争力，而城市商业水平的提高也拓宽了老字号企业的发展空间。

以广州上下九步行街为案例的城市商业街与城市转型研究总结了老字号企业在城市转型发展和城市老商街建设中的重要性，课题组通过该案例对商业街老字号的非遗项目认定、地方特色和群众口碑等方面进行了分析。在发展展望中，课题组提出，老字号与商业街还可以将提升核心价值（技艺传承创新、人才培养机制、知识产权保护）、创新发展模式（体制机制转型、创新营销方式、提升消费体验）与挖掘文化资源（与非遗联动发展、与历史街区有机结合、发挥城市区位优势）进行结合，由此实现老字号企业与城市转型发展、城市商业街区建设的同步发展。

3. "国潮国货+老字号企业"

随着社会主义市场经济的蓬勃发展，近年来掀起了将国家文化形象、传

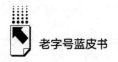

统文化与青年潮流文化相结合，以及传达中国年轻人价值观的"国潮国货"消费热潮。面对"国潮国货"消费热潮，老字号企业以产品创新、营销更新、品牌年轻化为方向，提升企业竞争力。

以北京稻香村为案例的营销策略与消费热潮研究揭示了，新消费趋势下企业发展创新的方向，即从营销方式、销售手段、传播经营与品牌营销等方面进行市场拓展。基于此，作为中华老字号企业的北京稻香村正在努力实现现代化转型，并努力开拓年轻人消费市场，且已见成效。重视年轻消费者对企业来说十分重要。因此，老字号企业在营销转型上需要将文化与年轻消费者的需求、价值观和兴趣结合起来，制定具有针对性的销售策略，扩大个性化的销售渠道，提高社交媒体的营销力，提升消费群体的体验性、互动性。

综上所述，本次调查呈现了当前老字号企业所面临的"互联网+"、城市转型发展与商业街结合、"国潮国货"三种发展趋势，也从宏观和微观两个层面提出了老字号企业在增强内生动力、配置外部环境资源时所应采取的基本措施，为老字号企业的转型、升级发展提供了指引。

三　老字号企业的发展展望："互联网+城市转型发展+'国潮国货'"

社会主义市场经济体制下，高效性、开放性的商品经济特征必定推动着各行各业不断地转型升级，以适应现代市场的发展趋势。因此，老字号企业应进行转型升级、创新发展，主动顺应外部结构变化，为国家经济社会发展做贡献，不断提升自身的核心竞争力，继续完善价值链管理。从近些年的发展趋势来看，老字号企业的发展前景主要表现在以下几个方面：一是随着资源配置的市场化水平达到一定的高度，知识、技术、数据等要素逐渐成为高效性、凝聚性强的优势资源，进而带动市场主体参与数据与信息系统的运行；二是商业集聚发展与跨界融合发展并行，模块化、拼接式发展模式逐渐受到重视；三是打造具有世界影响力品牌的需求增强。

（一）"互联网+老字号"发展趋势

在以创新驱动、内需拉动的国内大循环背景下，线上线下的商品消费模式发展迅速，各种高新技术、数字化理念、虚拟经济模式不断推动着新消费业态的出现。在此背景下，老字号企业要继续发挥电商、"互联网+"等发展要素的积极功能，为企业创新产品、创新服务提供技术支持。而且《意见》已明确指出，"支持举办老字号文化创意活动，深入挖掘老字号的传统文化和独特技艺，创作富含时尚元素、符合国潮消费需求的作品，延伸老字号品牌价值。鼓励老字号企业联合有关机构开发文化创意产品，举办文化体验活动。引导老字号企业运用先进适用技术创新传统工艺，研发满足市场需求的产品和服务，提升质量水平"。[①]《通知》也提出，在消费促进活动上要"鼓励电商平台设立老字号等国潮品牌专区，充分利用'全国网上年货节''双品网购节'等网络促销活动，带动品牌消费"。在创新营销方式上，"支持新媒体平台举办'直播探店'等专题活动，运用短视频推介、视频直播等创新手段，发挥引流作用，扩大宣传范围。支持老字号传承人、相关企业负责人参与电商直播，讲述历史文化，展示传统工艺，推广创新产品。推动老字号企业数字化转型，运用大数据、云计算等现代信息技术升级营销模式，营造消费新场景。支持各类媒体开设老字号专题专栏，充分运用人民群众喜闻乐见的方式扩大宣传，持续营造良好的舆论环境"。[②]

通过本次调查发现，老字号企业的规模与其在第三方电商销售平台的参与程度呈正相关，抖音、快手、淘宝、微信等已经成为老字号企业的主流电商销售平台。在网络社会中，老字号企业若要继续保持竞争力，必将进行一次脱胎换骨的、前所未有的转变。作为老字号企业，稻香村、冠生园等企业在网络社会到来时并没有墨守成规，而是通过不同途径"触网"发展电子

---

① 《商务部等 8 部门关于促进老字号创新发展的意见》，http：//www.mofcom.gov.cn/article/zcfb/zcz xzc/202203/20220303286657. shtml。

② 《商务部　文化和旅游部　国家文物局联合印发〈关于加强老字号与历史文化资源联动促进品牌消费的通知〉》，https：//www.gov.cn/zhengce/zhengceku/2023-01/04/content_ 5734970. htm。

商务，并且在电子商务和数字经济的倒逼下积极探索变革之路，成为老字号转型升级的成功典范。

可见，无论是从政府的发展建议，还是从企业自身的反馈情况来看，"互联网+老字号"已成为主要的发展趋势。在企业竞争力的提升上，充分挖掘数据、信息资源，推进数字化转型，必然成为老字号企业价值潜力挖掘的重要方向。

（二）城市转型发展+老字号发展趋势

在加快培育完整内需体系、支撑畅通国内经济循环、促进形成强大国内市场的过程中，以"核心城市+通勤都市圈"为基础的消费聚集区是城市转型的重要支撑。在此基础上，老字号门店的增加不仅有助于消费聚集区的品牌多样化经营，而且也有助于增强城市的核心竞争力。其中，以城市商业街或老商街建设为核心的城市发展为老字号企业的发展提供了机遇。同时，《意见》也明确提出了要鼓励老字号企业集聚式发展，并指出要"将老字号集聚区建设纳入相关规划，鼓励有条件的城市打造老字号特色街区。鼓励特色商圈、旅游景区和各类客运枢纽引入老字号企业开设旗舰店、体验店。推动购物中心等大型商场设立老字号专区专柜，促进特色消费。合理放宽对临街老字号店铺装潢管理要求，允许老字号企业按照传统或原有风格对门店进行修缮，保留符合要求的传统牌匾。合理放宽老字号企业户外营销活动限制，支持老字号企业开展店内外传统技艺展示、体验和促销活动"。① 《通知》也提出，在联动文化旅游资源上，要"支持有条件的城市商业街、步行街吸引老字号、非物质文化遗产项目入驻，促进抱团发展。引导老字号在旅游景区开设旗舰店、专卖店，结合景区特点开发富含文化特色、匠心技艺的旅游产品。鼓励老字号企业建设文化教育基地、特色旅游基地，依托发展历史拓展人文旅游、研学体验等项目。将符合条件的老字号企业、集聚区、

---

① 《商务部等 8 部门关于促进老字号创新发展的意见》，http：//www.mofcom.gov.cn/article/zcfb/zczxzc/202203/20220303286657.shtml。

博物馆纳入城乡旅游规划和旅游线路开展统筹规划，深度开发、重点推介。结合地域民俗和地方特色，加强老字号与非物质文化遗产、地理标志等工作衔接，更好发挥中华老字号示范带动作用，打造更多区域品牌"。"推动有条件的老字号企业以现有门店为基础，通过产品引导、艺术介入、空间改造等手段，打造还原历史场景、反映传承故事的历史文化体验场景。支持具备条件的文化馆、博物馆打造老字号、非物质文化遗产展示体验专区，面向参观者开展文化展示、技艺传习、手工体验等文化传播和体验活动。鼓励老字号企业与文化馆、博物馆加强联动，共同举办消费促进和文化传播活动，打造特色新业态和消费新场景"。同时，要"办好'老字号嘉年华''非遗购物节'等形式多样的消费促进活动，以老字号为重点，兼顾各地特色品牌，多方协同联动、线上线下同步，推动国潮品牌进商场、进街区、进景区、进社区、进平台"。[①]

本次调查也发现，老字号企业普遍认为其对城市转型发展及老商街的发展发挥重要作用，而且越是规模大的企业也越能发挥较大的作用。广州上下九步行街、狗不理等老字号的发展均与城市转型发展相协调。同时，老字号又为城市文旅融合提供了文化资源，体现了城市的历史厚重感和文化多样性。

由此可见，老字号企业所处的城市发展环境已经受到政府与市场主体的双重重视。城市老商街、商业街规划与老字号协同发展的模式有利于城市转型发展，而且也是老字号自身转型的发展方向之一。

（三）"国潮国货+老字号"发展趋势

当前，以老字号为核心的"国潮国货"发展趋势已经形成了两种路径，一是以民族文化推动品牌建设，不断激发品牌潜力，提升消费需求。《意见》提出，"建立健全老字号名录部门共享机制，依法加强对老字号企业名

---

① 《商务部 文化和旅游部 国家文物局联合印发〈关于加强老字号与历史文化资源联动促进品牌消费的通知〉》，https://www.gov.cn/zhengce/zhengceku/2023-01/04/content_5734970.htm。

称和老字号注册商标的保护，严厉打击侵犯老字号商标权、名称权等侵权违法行为"。"支持举办老字号文化创意活动，深入挖掘老字号传统文化和独特技艺，创作富含时尚元素、符合国潮消费需求的作品，延伸老字号品牌价值"。①《通知》指出，"将促进老字号创新发展纳入国际消费中心城市培育、步行街改造提升等重点工作部署，丰富集商业、文化、旅游于一体的新型消费供给。发挥中国国际进口博览会、中国国际消费品博览会、中国国际服务贸易交易会等大型展会平台作用，加强老字号展览展销，促进国际交流合作。支持符合条件的老字号企业参加境外专业展会，推动老字号等国潮品牌走出国门、走向国际"。② 二是加强对老字号历史文化资源的保护与开发，在重视老字号历史文化资源时，既要重视对依附其上的历史文化的保护，也要推进对这些文化资源的活化利用。《意见》提出，"加强老字号文化资源的挖掘整理，建设'老字号数字博物馆'，运用数字化技术保存展示老字号发展史料。鼓励有条件的老字号企业和社会组织建设体现行业特色、反映民俗文化、弘扬中华优秀传统文化的专题博物馆、展览馆，鼓励向公众免费开放。举办'老字号嘉年华'，聚焦中华民族传统节日，线上线下同步开展系列宣传推广和消费促进活动，支持各地结合地方特色民俗，开展形式多样的展览展销和文化体验活动"。③《通知》重点强调了对老字号历史文化资源的利用规划，"支持相关机构举办老字号文化创意比赛等活动，推动老字号企业利用当地文化馆、博物馆资源，加强对品牌文化、地域民俗、城市记忆的挖掘转化，开发更多蕴含传统文化、富含时尚元素、符合当代需求的产品和服务"。"支持具备条件的文化馆、博物馆打造老字号、非物质文化遗产展示体验专区，面向参观者开展文化展示、技艺传习、手工体验等文化传播和

---

① 《商务部等8部门关于促进老字号创新发展的意见》，http：//www.mofcom.gov.cn/article/zcfb/zczxzc/202203/20220303286657.shtml。

② 《商务部 文化和旅游部 国家文物局联合印发〈关于加强老字号与历史文化资源联动促进品牌消费的通知〉》，https：//www.gov.cn/zhengce/zhengceku/2023-01/04/content_5734970.htm。

③ 《商务部等8部门关于促进老字号创新发展的意见》，http：//www.mofcom.gov.cn/article/zcfb/zczxzc/202203/20220303286657.shtml。

体验活动。"① 本次调查的结果显示，"国潮国货"对老字号企业的产品种类、包装设计与制作工艺均具有显著影响，而且老字号的品牌建设和历史文化已经成为"国潮国货"中较为重要的影响因素。

因此，老字号企业的品牌建设以及加强对老字号历史文化资源的保护和开发，成为"国潮国货"发展趋势下的两种合理化发展路径。如何充分挖掘老字号的文化资源、保护与利用好品牌价值，成为老字号企业提升竞争力、优化价值链管理的重要途径。

四 结语

总体来说，外部发展环境对老字号企业的本体结构有着深刻影响，要实现老字号企业的"创造性转化、创新性发展"，必须将本体结构与外部结构有机结合起来。当前，在扩大内需、促进消费的经济环境下，老字号企业面临着"互联网+"、城市转型发展与"国潮国货"等发展机遇，此外，老字号企业的发展也受产权制度改革、金融化转型、人才队伍建设等因素的影响。因此，老字号企业需要将自身发展纳入更宏观的场域中，通过增强自身核心竞争力、适应国内外发展环境，实现"双创"式发展。具体来说，一是增强内生性动力，通过体制机制创新，激发潜能；二是提升外延动力，善用外部工具，适应市场发展。

---

① 《商务部　文化和旅游部　国家文物局联合印发〈关于加强老字号与历史文化资源联动促进品牌消费的通知〉》，https://www.gov.cn/zhengce/zhengceku/2023-01/04/content_5734970.htm。

行业篇

B.2
2023年食品行业老字号企业
发展分析报告

刘　谦*

摘　要： 在554份"2023年老字号企业调查问卷"中，有204份问卷来自食品行业老字号企业。数据显示，食品行业老字号企业和其他行业老字号企业一样，对老字号的价值给予高度肯定，同时，也对老字号目前的影响力并不满意，但总体上对企业发展前景比较乐观。食品行业老字号企业积极地将互联网技术应用于品牌维护和产品营销中，并且对于参与城市转型发展也持积极态度。本报告剖析了品牌内涵、互联网技术对食品行业老字号企业创新与发展的重要意义，并关注老字号企业不同成长阶段的需求。

关键词： 食品行业　老字号　品牌

---

* 刘谦，中国人民大学教授，研究领域为文化人类学。

《中华老字号示范创建管理办法》指出"老字号是指历史底蕴深厚、文化特色鲜明、工艺技术独特、设计制造精良、产品服务优质、营销渠道高效的品牌（字号、商标等）"。2023年11月《商务部等5部门关于公布中华老字号复核结果的通知》显示，全国共有981个品牌通过中华老字号复核。其中，食品行业企业有491个，约占50.1%，农副产品加工业企业有40个，占4.1%，食品制造业企业198个，约占20.2%，酒、饮料和精致茶制造业企业156个，占15.9%，食品销售等相关企业有119个，约占12.1%。

我国食品行业规模以上企业超过3.6万家，主营业务销售收入超10万亿元，规模以上食品行业企业资产占全国规模以上工业企业的占比超过6%，是名副其实的国民经济支柱产业和长青产业。[1] 在这样的背景下，应从三个维度分析食品行业老字号企业发展状况。一是行业的维度，指关注食品行业独特的行业属性与业态特征，如中国食品行业老字号企业大多从小作坊起家，逐渐进入现代化工业生产阶段，且行业发展相对平稳。以2022年为例，食品行业规模以上企业营业收入为9.8万亿元，同比增长5.6%；利润为6815.4亿元，同比增长9.6%。[2] 同时，政府出台了一系列有利于食品行业发展的政策法规，如《食品安全法》《"健康中国2030"规划纲要》等，为行业的发展提供了有力政策支持。二是企业的维度指向"老字号"中的"字号"。"字号"是企业综合实力的体现，产品是物质基础，商品名称、包装和广告等是品牌的表现形式。三是历史的维度指向"老字号"中的"老"字。"老"字本身意味着悠久的历史，因此分析食品行业老字号企业发展现状，一方面需要参照不同类别老字号企业的生存发展路径，将其置于过去、当下与未来的时间维度进行考察，理解企业和品牌的发展规律以及不同行业老字号企业在当下面临的共同时代问题；另一方面，需要探析当下食品消费需求的新

---

① 林波：《中国食品行业可持续发展三大路径》，《可持续发展经济导刊》2023年第Z1期。
② 刘天助：《中国食品行业月度十大新闻》，《中国食品报》2023年6月27日。

特征。

本报告从中国食品行业发展的历史与现状入手，结合老字号企业课题组的调查数据对目前食品行业老字号企业的现状进行梳理。

一 食品行业老字号企业现状分析

参与调查的 204 家食品行业老字号企业中，中华老字号企业有 25 家、省级老字号企业 147 家，市级老字号企业 32 家，分布在福建、广东、河南、江苏、辽宁、山东、山西 7 个省份。

本报告主要将 204 家食品行业老字号企业的填答情况与全国 554 家老字号企业填答情况进行对比，分析食品行业老字号企业的现状。结果显示，食品行业老字号企业的现状既有老字号企业普遍具有的特征，又有食品行业自身的特点。

与其他行业老字号企业的共有特征为：参与调查的食品行业老字号企业规模以中小型企业、小微企业为主；参与调查的食品行业老字号企业普遍对老字号的品牌优势有着明确认知，但对目前品牌的影响力并不满意，普遍期待政府能提供更多支持。

（一）参与本次调研的老字号企业性质以私营企业为主，规模以中小型企业、小微企业为主

在本次调研的 554 家老字号企业中，国有企业占 4.33%，集体所有制企业占 1.26%，私营企业性质占比最大，为 54.6%；在 204 家食品行业老字号企业中，私营企业占比更高，为 63.24%。从企业规模看，以中小型企业和小微企业为主，在 554 家老字号企业中，这两种规模的企业占比为 79.06%，大型企业只占 3.07%；在食品行业的 204 家老字号企业中，中小型企业和小微企业占比更高，超过 85%，大型企业占比较低，为 1.96%。在本次调研的食品行业中华老字号企业中，大型企业占比为 8%，中小型企业和小微企

业占比为76%。这样的企业规模和所有制形式，与目前食品行业的生产规模、营销策略等企业生态环境有着直接关系，如表1所示。

表1 参与调研的老字号企业规模统计

单位：家，%

企业性质	老字号企业		食品行业老字号企业		食品行业中华老字号企业	
	数量	占比	数量	占比	数量	占比
大型企业	17	3.07	4	1.96	2	8
大中型企业	24	4.33	5	2.45	1	4
中型企业	75	13.54	21	10.29	3	12
中小型企业	226	40.79	89	43.63	11	44
小微企业	212	38.27	85	41.67	8	32
总　数	554	100	204	100	25	100

（二）老字号企业认识到老字号品牌的价值，但对于品牌影响力并不满意

和大多数老字号企业一样，食品行业老字号企业对于自身品牌价值有着较为明确的认知，但同时对于目前的品牌影响力并不满意，将提升品牌影响力视为最需要改进的方面。

在"相对于其他品牌，我国老字号企业有何优势"的多选项问题中，选择"品牌影响大"的食品行业老字号企业比例最大，占比为24.14%，选择"传统工艺技术"的食品行业老字号企业占比为20.72%，选择"品牌时间长"的食品行业老字号企业占比为17.64%。尤其需要说明的是，老字号企业对品牌的价值保持着持续认可。如表2所示，2023年这一问题的选项分布与"2011年老字号企业调查问卷"的情况保持了延续性与一致性。

表2　老字号企业优势认知的调查统计

单位：家，%

相对于其他品牌，我国老字号企业有何优势（最高前四项目选项）	"2023年老字号企业调查问卷"全国554个老字号企业		"2023年老字号企业调查问卷"全国204个食品行业老字号企业		"2011年老字号企业调查问卷"全国378个老字号企业*
	应答企业数	占比	应答企业数	占比	占比
品牌影响大	349	22.05	141	24.14	23.80
传统工艺技术	339	21.42	121	20.72	20.10
品牌时间长	309	19.52	103	17.64	16.10
产品质量	271	17.12	102	17.47	15.40

资料来源：李宇军、张继焦《中国"老字号"企业的经营现状与发展前景》，《广西经济管理干部管理学院》2014年第4期。

同时，在"相对于其他品牌，老字号企业经营存在哪些不足"的问题中，"广告宣传不够""政府支持不够""品牌影响不够"都是占比较高的选项。而"2011年老字号问卷调查"中，老字号企业认为自身不足的选项从高到低依次为"新产品少""管理落后""政府支持不够""品牌影响不够""广告宣传不够"。可见，随着市场环境的变化，老字号企业对于扩大品牌影响、进一步推广宣传的需求越来越迫切。

表3　老字号企业经营存在不足的调查统计

单位：家，%

相对于其他品牌，我国老字号企业经营存在哪些不足	"2023年老字号企业调查问卷"全国554个老字号企业		"2023年老字号企业调查问卷"全国204个食品行业老字号企业		"2011年老字号企业调查问卷"全国378个老字号企业
	应答企业数	占比	应答企业数	占比	占比
广告宣传不够	255	18.87	89	16.95	10.8
政府支持不够	243	17.03	85	16.19	13.0
品牌影响不够	235	16.47	76	14.48	11.9

续表

相对于其他品牌，我国老字号企业经营存在哪些不足	"2023年老字号企业调查问卷"全国554个老字号企业		"2023年老字号企业调查问卷"全国204个食品行业老字号企业		"2011年老字号企业调查问卷"全国378个老字号企业
	应答企业数	占比	应答企业数	占比	占比
新产品少	171	11.98	73	12	15.1
管理落后	124	8.69	48	9.14	14.0
技术工艺陈旧	83	5.82	39	7.43	9.0

资料来源：李宇军、张继焦《中国"老字号"企业的经营现状与发展前景》，《广西经济管理干部管理学院》2014年第4期。

（三）老字号企业对企业发展前景充满信心，食品行业老字号企业持更乐观态度

在554家老字号企业中，认为企业发展"前景非常好"的企业占65%，认为"前景比较好"的企业占42.68%。在204家食品行业老字号企业中，认为"前景非常好"和"前景比较好"的企业占比分别为48.53%和44.12%。204家食品行业老字号企业没有一家企业认为发展"前景很不好"。这与中国食品行业欣欣向荣的发展前景具有一致性。

（四）互联网技术助力食品行业老字号企业打造销售渠道亮点

在"2023年老字号企业调查问卷"中，增设了关于电商平台销售、网络直播带货的内容。在204家食品行业老字号企业中，有87.6%的企业在第三方电商平台进行销售。在这些电商平台中，淘宝网最受食品行业老字号企业的青睐，有64.71%的食品行业老字号企业通过淘宝进行销售，在抖音进行销售的食品行业老字号企业占比为52.94%，在京东进行销售的食品行业老字号企业占比为39.71%。企业网络直播带货成为重要的销售渠道。85%的食品行业老字号企业已经开通或者将开通网络直播带货。

（五）老字号企业积极参与推进城市转型，进一步发挥本土文化优势

老字号往往具有鲜明的地域特色。因涉及当地原料的供给、适应地方口味等因素，食品行业的老字号企业发展与其所在城市的发展息息相关。张继焦等在对老字号研究中也指出，不能对老字号企业进行孤立的研究，还需要探讨老字号、老商街、城市竞争力三者之间的关系。在204家食品行业老字号企业中，87.25%的企业认为老字号企业对城市转型的影响非常大或比较大。

二 食品行业老字号品牌发展的经验

从以上数据可以看出，近年来食品行业老字号企业持续发展，并积极应对互联网时代的机遇与挑战，参与城市建设。品牌的维护既需要企业对自身品牌内涵的深刻把握，也需要过硬的技术，而这些都离不开与企业发展相适应的管理方式。本报告从文化塑造、技术打造、管理升级三个方面，结合典型案例进行阐释。

（一）丰富品牌时代内涵，在多元开放中稳步推进

人们常说"一块老字号招牌，就是一部传奇"。老字号也是充盈着时间感的符号体系，既带有历史烙印，又必须立足当下，还需要面向未来。

以山西省平遥牛肉集团有限公司的平遥冠云牛肉为例，其广告和宣传的重点主要是"品牌老""质量好""老工艺"，这样的品牌有着丰富的内涵。口感是食物作为商品的核心卖点，而口感本身也包含很多层次。例如，食物的软烂程度，容易咀嚼、消化对老年人尤其具有吸引力；牛板筋、牛腱等多种咀嚼层次，可以满足不同年龄群体的需求。口感还包括香气、味道，冠云牛肉历经多年的技艺探索，获得了消费者的信任。影响口感的因素还包括食物的形状和大小，冠云牛肉既有传统的块状包装，让消

费者体验烹饪的乐趣；也有片状产品，突出食品的便利性和传统口味；还有单独颗粒状的小包装，便于携带分享，更适合现代人的快节奏生活。因此，单从"物"的角度讲，冠云牛肉既传承了传统工艺，又以多种形态、口感、包装满足不同消费者的需求。该企业不仅通过电商平台、自营官网等渠道吸引消费者，还通过举办"平遥牛肉文化节"等活动，丰富"冠云"的文化内涵。

从上述内容可以看到，食品行业老字号企业的品牌建设，首先要依托品牌的历史积淀。冠云牛肉在保证产品质量的基础上，在咀嚼层次、与地方文化的关联等方面满足了不同群体的需求。具象的食物承载了国蕴文化、地方文化、代际文化等不同的文化体系。

（二）技术当先，增强老字号核心竞争力

增强老字号品牌核心竞争力的关键是过硬的产品质量。对于消费者而言，食品安全是红线；对于生产者而言，产品安全、卫生质量是生存之本。随着消费者口味的不断变化，如何通过过硬的技术确保产品质量，控制成本，兼顾品类创新，是对食品行业老字号企业的重要考验。对此，南京卫岗乳业有限公司可以提供经验借鉴。

南京卫岗乳业有限公司（以下简称"卫岗乳业"）创建于1928年，并于2011年荣获"中华老字号"称号。卫岗乳业坚持"先做牧场，再做市场"的企业经营理念，在牧场管理、奶牛饲养、乳制品加工、冷链物流等关键环节不断进行探索，推动传统乳业的信息化、智慧化发展。多年来，卫岗乳业与科研院所进行跨界合作，发挥资本、市场、研发能力、技术水平等优势，始终走在乳业技术发展的前沿。卫岗乳业有8个自有生态牧场和3个现代化加工基地。

纵观企业发展历史，卫岗乳业在专业领域创下了许多"第一"：2003年我国最大单体乳品加工车间在卫岗乳业建成投产[①]；2011年卫岗乳业荣获中

①《我国最大单体乳品加工车间在卫岗乳业建成投产》，《中国奶牛》2003年第6期。

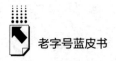

国奶业唯一"中华老字号"称号①；2019 年我国乳业首个全程冷链不断链示范项目在卫岗乳业启动②；中荷奶业发展中心与卫岗乳业共同成立华东地区首家"荷兰奶业技术中心"③。

作为附加值不高的产品，食品行业的产品以消费者的认可为直接评价标准，这对产品品质提出了极高要求。为满足客户的需求，企业更需要在技术上精益求精。卫岗乳业的案例证明，技术上的持续探索与创新，是保持企业活力与老字号品牌价值的重要途径。

（三）企业管理升级迭代，顺应互联网经济的发展趋势

企业管理是对企业生产经营活动进行计划、组织、指挥、协调和控制等一系列活动的总称。只有高效的企业运营，才能持续支撑品牌推广、技术升级。中国食品行业涵盖了广泛的类别，从粮食、蔬菜、水果、肉类、奶制品、糖果、饮料等基础食品，到加工食品、保健食品、休闲食品等高端产品，种类繁多。提高老字号企业的管理水平，需要依托企业的成长历史、资源禀赋等。

以稻香村集团为例，稻香村集团将企业的运营模式进行了调整。如建立信息化采购平台，将原来的"为库存采购"转变为"为订单采购"，降低库存，缩短采购周期。稻香村集团还对工作流程进行了优化。稻香村集团于2018 年引入 ERP 系统，加入了供应链模块、生产制造模块、财务模块、采购模块和物流模块，在企业内部实现了从生产到销售的信息共享，在外部实现了与供应商和物流公司联通，同时，企业内部也逐渐在组织框架、人力配备等方面进行相应调整。

在互联网时代，如何了解消费者的多样需求，如何通过数字技术构建企业新型的生产与管理流程，是老字号企业必须面对的时代发展问题。食品企业的互联网转型，不是"选择题"而是"必答题"。

---

① 桑万邦：《卫岗获批全国奶业唯一"中华老字号"》，《中国奶牛》2011 年第 13 期。

② 《我国乳业首个全程冷链不断链示范项目启动》，《北方牧业》2019 年第 12 期。

③ 《中荷奶业发展中心与卫岗乳业共同成立华东地区首家"荷兰奶业技术中心"》，《中国乳业》2019 年第 9 期。

三 食品行业老字号继续深耕之路

（一）关注中小型、小微食品行业老字号企业发展

要实现老字号企业的可持续发展，中小型企业、小微企业的经验值得关注。学者对企业发展阶段有着丰富的探讨，比如仿生论、阶段论、归因论和对策论等。处于不同发展阶段的企业，其组织形态、动力系统、资源格局等重要维度不同。如何理解老字号品牌价值与不同发展阶段相适应，既是一个有待探讨的理论问题，更是需要面对的现实问题。

（二）拓展社会合作，优化外部环境

老字号企业的发展历程也是时代的缩影。老字号企业的发展与当地政府、相关政策法律、市场规则密切相关。《商务部等8部门关于促进老字号创新发展的意见》明确指出，深化"放管服"改革，加快构建适宜品牌发展的产业生态和制度环境，健全品牌发展法律法规，完善市场监管。老字号企业需要构建更加积极的社会合作关系，拓展合作渠道，为老字号品牌与当代社会生活相适应寻找更多机遇。

（三）参与品牌建设，走向国际舞台

老字号是具有鲜明的中华优秀传统文化特色和深厚的历史底蕴的品牌。老字号企业可以将"老字号"为切入点，承担讲好中国故事的使命。同时，在品牌专业建设领域，以生动的中国老字号品牌建设实践提供中国视角。《商务部等8部门关于促进老字号创新发展的意见》明确指出，鼓励老字号"推动完善品牌相关的知识产权国际规则和标准。推进重点领域计量、标准、检验检测、认证认可结果国际采信、互认。推动行业协会、品牌服务机构与国外相关组织开展合作交流。鼓励品牌研究和标准化活动国际合作，积极开展品牌评价、品牌管理等领域国际标准的制修订，加快品牌标准应用和

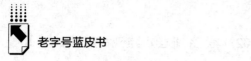

标准信息共享"。① 例如，中国和美国向国际标准化组织（ISO）提交联合提案，推动成立国际标准化组织品牌评价技术委员会。中国老字号企业在参与品牌专业建设、评估的过程中，贡献经验。

---

① 《商务部等 8 部门关于促进老字号创新发展的意见》，http：//kmtb. mofcom. gov. cn/article/ zhengcfg/i/202205/20220503310874. shtml。

B.3
2023年餐饮行业老字号企业发展分析报告

曹 雨 吴雅嫦*

摘 要： 餐饮行业老字号企业以其悠久的历史、深厚的文化和独特的产品而闻名。其传统食谱和制作工艺代代相传，具有历史价值和文化价值。然而，在多变的市场环境中，餐饮行业老字号企业也面临着一些挑战，如竞争加剧、新兴餐厅和连锁品牌的涌现等。为了在激烈的市场中保持竞争力，老字号企业可以寻找新的市场机会，如积极进行数字化转型，抓住"国潮"兴起的社会背景和政府政策支持等，顺应新消费趋势、吸引新客户。

关键词： 老字号 餐饮行业 数字化转型

餐饮行业老字号企业通过传统的食谱和制作工艺，将美食和文化传递给顾客。餐饮行业老字号企业不仅是产品的提供者，更是文化传承的载体，是一座城市、一个国家的"味道"代表。然而，餐饮行业老字号企业的发展也不可避免地面临着一系列挑战。本报告梳理了餐饮行业老字号企业的历史与发展现状，分析其竞争优势和发展趋势，并提出未来发展的建议。

---

* 曹雨，暨南大学文学院讲师，研究领域为华侨华人史、饮食人类学；吴雅嫦，暨南大学文学院硕士研究生。

一　餐饮行业老字号企业的历史变迁

餐饮行业老字号企业因地制宜，巧妙地运用食材，并坚持传统的制作工艺。商务部曾分别于 2006 年和 2011 年认定了两批共计 1128 家中华老字号企业，各地也相继认定了 3277 家地方老字号企业，包括一批具有悠久历史的餐饮品牌。餐饮行业老字号门店多集中于北京、上海、杭州等历史悠久的城市，如表 1 所示。

表 1　"餐饮老字号"门店数量前十城市

单位：家

城市	老字号门店数	城市	老字号门店数
北京市	238	广州市	33
上海市	184	成都市	30
杭州市	129	天津市	27
嘉兴市	119	佛山市	22
西安市	46	绍兴市	17

资料来源：美团研究院《"餐饮老字号"数字化发展报告（2020）》。

北京的全聚德创立于 1864 年，以独特的烤鸭制作工艺和传统的调味方法而享誉全国，全聚德烤鸭是北京的代表性美食之一。上海的南翔馒头创立于 1900 年，其制作的小笼包小巧精致，内含鲜美的馅料，口感独特，味道鲜美。杭州的楼外楼创立于 1848 年，以制作精美的传统杭帮菜而闻名，尤其是高品质的西湖醋鱼。广州的陶陶居创立于 1880 年，制作传统的广式点心，如流沙包、叉烧包、凤梨酥等，深受广东省内外消费者的喜爱。餐饮行业老字号企业在传承经典的同时，也在不断创新，为弘扬中国美食文化做出了重要的贡献。

目前，餐饮行业老字号企业面临的普遍问题是所有权和经营权的改制问题。以广州市的餐饮行业老字号企业为例，莲香楼自 1956 年转变为国有企业后，曾是广州市饮食服务公司下属的糕饼加工坊，1966～1973 年更名为"东升楼"，部分传统酒楼经营业务停止，原有建筑的二、三层被改造成专门加工莲蓉馅料的工厂，而一层大堂则出售早点。直到 1979 年，莲香楼才逐渐恢复其传统特色。①

改革开放后，广阔的市场既为这些餐饮行业老字号企业的发展带来机遇，也带来了挑战。面对不断变化的市场环境，一些餐饮行业老字号企业未能及时做出调整，无法有效应对激烈的市场竞争，因此出现了经营不善等问题。此外，企业转制带来的经营权问题也使一些餐饮行业老字号企业的发展面临困境。例如，2010～2015 年，广州饮食服务企业集团与西关世家公司产生了关于"莲香楼"商标的争议，这一争议导致莲香楼的品牌价值被低估，对企业的发展产生了一定影响。

二 餐饮行业老字号企业 SWOT 分析

SWOT 分析是一种战略分析工具，用于评估企业的内部和外部因素。餐饮行业老字号企业了解自身发展的优势和劣势，以及面对的机遇和挑战，对于企业做出有效的战略决策至关重要。本报告将深入分析餐饮行业老字号企业的 SWOT 分析情况，以阐释其当前的经营状态和未来的发展趋势。

（一）内部优势

第一，餐饮行业老字号企业拥有悠久的历史。餐饮行业老字号企业经世代传承，已经有几十年甚至上百年的经营历史，具有重要的历史价值和文化价值。例如，楼外楼打造"以菜名楼，以文兴楼"的独特文化，吸引了一大批消费者。这些老字号企业的传统食谱和制作工艺代代相传，在市场中拥有独特的地位。

第二，餐饮行业老字号企业以其独特的美食和地域文化吸引顾客。

---

① 曹雨：《两个莲香楼的启示》，《广西师范学院学报》（哲学社会科学版）2016 年第 6 期。

餐饮行业老字号企业常常代表着一个城市或地区的传统味道。北京的全聚德挂炉烤鸭制作技艺独具匠心，成为北京烤鸭的代表之一；四川的宽窄巷子茶楼以变脸表演技艺而闻名，吸引了众多游客前来观赏体验。餐饮行业老字号企业有着丰富的文化底蕴，反映了当地的习俗、传统和生活方式。

第三，餐饮行业老字号企业拥有较高的知名度，赢得了消费者的信任。老字号企业的名称和标志属于一种无形资产，往往代表着品质、传统和信誉，但需要企业进行申报，并提供证明，才能获得官方的认可。官方的认可使老字号企业更有竞争优势。近年来，"国潮"悄然兴起。老字号企业因其悠久的历史，被视为"国潮"的代表。老字号为传统与创新的融合提供了更多可能性。这为老字号企业的发展带来了新的机会，也吸引了更多渴望了解中国传统美食的年轻消费者。如图1所示，老字号的招牌就是商户的"流量密码"。

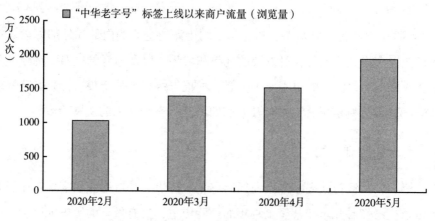

图1　"中华老字号"标签上线以来商户流量（浏览量）

资料来源：美团研究院《"餐饮老字号"数字化发展报告（2020）》。

第四，在旅游业复苏的背景下，在选择餐饮品牌时，游客往往会首选老字号的商品或服务。游客希望体验当地的特色餐饮，老字号就是游客心中"地道"和"品质"的保障。

第五，餐饮行业老字号拥有忠实的客户群体。餐饮行业老字号企业在创业之初就积累了一批顾客，并建立了深厚的情感。许多客人会带着儿孙后辈来就餐，并将老字号餐厅视为家族聚餐的理想场所。这种情感联系已经超越了单纯地品尝食物，更体现了文化传承和家庭情感的延续，进一步巩固了老字号企业在市场中的地位。正是这种特殊的情感，使餐饮行业老字号企业能够不断吸引新一代顾客。

第六，餐饮行业老字号企业因秉承传统理念，赢得了顾客的信任。餐饮行业老字号企业秉承"质量至上、诚实守信"等理念，诚信是老字号企业吸引顾客的重要因素之一。

（二）内部劣势

第一，如何提高经营效率是餐饮行业老字号企业面临的问题。长期的发展历史可能导致一些老字号企业的管理和经营方式相对落后，难以适应时代发展的要求，特别是在宣传和市场创新方面。此外，有些餐饮行业老字号企业的核心制作技术和配方，无法传授给外人，导致企业难以实现规模化生产。

第二，餐饮行业老字号企业存在创新不足的问题。老字号企业经过多代人的传承，在技术传承方面表现出色，但也会因过于坚守传统而难以创新，无法适应消费者口味的变化。随着社交媒体的普及，消费者对品牌形象和就餐体验也提出了更高的要求。一些网红餐厅通过创意摆盘、独特的装潢和多媒体互动等方式吸引了年轻消费者的关注，但老字号企业在这些方面还有待改进。人力和资源的限制也是餐饮行业老字号企业创新的障碍。在传统的经营模式下，餐饮行业老字号企业缺乏足够的人力和财力来进行产品的研发和创新，也没有更多资源来进行市场调研和品牌推广。

第三，保守思维阻碍餐饮行业老字号企业发展。餐饮行业老字号具有悠久的历史和深厚的文化，但有时这也可能会成为创新的障碍。一些餐饮行业老字号企业因担心新策略可能会使老顾客流失，而不愿意冒险做出新改变。

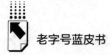

这种企业内部的保守思维和抵制改变的态度可能会影响企业在市场中的竞争力。因此，餐饮行业老字号企业在保持传统的同时，也应积极探索创新。例如，餐饮行业老字号企业可逐渐引入一些新颖的菜品或提供不同的用餐体验，吸引更多年轻的消费者。同时，餐饮行业老字号企业可与老顾客建立紧密的联系，了解他们的需求和喜好，以确保新策略不会对老顾客造成影响。在文化传统和创新之间寻找平衡，是餐饮行业老字号企业在竞争激烈的市场中持续发展的关键。

第四，缺乏数字化意识也是餐饮行业老字号企业面临的一个难题。例如，一家老字号茶楼以传统的茶艺和独特的口感而著称，但可能没有充分认识到数字化时代所带来的机遇。在现代社会中，许多消费者非常愿意通过在线平台购买茶叶产品，了解茶文化，并与其他茶叶爱好者互动。然而，这家老字号茶楼可能会因没有建立线上销售渠道，而错过了与潜在顾客互动和推广品牌的机会。因此，餐饮行业老字号企业如果无法适应这一趋势，可能会错失一些发展机会。

（三）外部机遇

餐饮行业老字号企业可以增加分店数量，开拓新的区域市场，吸引更多的客户。例如，陶陶居还在深圳、上海等城市开设了分店。此外，随着旅游业的复苏，许多餐饮行业老字号企业迎来大量游客，增加了销售额。

数字化转型是另一个潜在的机会。餐饮行业老字号企业可以通过数字化转型，建立在线订购和外卖服务，以适应消费者的新需求。随着外卖市场的不断扩大，餐饮行业老字号企业可以借助外卖平台扩展业务，把传统美食送到更多的消费者手中。

数字化转型还可以吸引年轻消费者，尤其是那些习惯使用手机 App 点餐的人群。如表 2 所示，线上消费的主力是"80 后""90 后"年轻消费群体，这一群体是餐饮行业老字号企业的潜在客户群体。

表2　"餐饮老字号"线上消费用户各年龄段占比

单位：%

性别	年龄				
	20 岁及以下	21~30 岁	31~40 岁	41~50 岁	51 岁及以上
男	1.4	39.4	47.0	9.6	2.7
女	0.9	32.8	53.1	10.3	2.9

资料来源：美团研究院《"餐饮老字号"数字化发展报告（2020）》。

餐饮行业老字号企业可以与文化机构、博物馆等合作，举办文化活动、展览或庆典，吸引更多的传统文化爱好者，提高品牌知名度。这种文化活动也可以激发老字号企业内部的创新驱动力，进一步吸引消费者。

餐饮行业老字号企业还可以利用社交媒体平台进行广告宣传来提高知名度，吸引新客户，同时通过数字化渠道获取数据，更好地了解市场趋势，优化品类，提升竞争力。

随着人们对健康饮食和可持续饮食的关注，餐饮行业老字号企业可以通过调整菜单，提供更多健康和环保的产品，以满足现代消费者的需求。同时，餐饮行业老字号企业还可以关注食材的可持续性和环保问题，积极参与公益项目，如食品捐赠等，树立可持续发展的企业形象，吸引更多有环保意识的消费者，提升企业的竞争力。

餐饮行业老字号企业受益于地方政府出台的支持政策。一些地方政府会制定政策来保护和支持老字号企业，如发放财政补贴，为老字号企业提供资金支持；减免税收，降低企业的税负，提高经营利润。餐饮行业老字号企业可以积极了解并充分利用这些政策，提升经营的稳定性和竞争力。

（四）外部挑战

随着新餐厅的增加和连锁餐饮品牌的发展，餐饮行业老字号企业正面临着更加激烈的市场竞争。网红餐厅和连锁品牌不断创新菜品，引入新的美食概念，以满足当代消费者更多元化的需求。餐饮行业老字号企业需要认识到市场的快速变化，制定有效策略来保持竞争力。因此，应提高自身的服务水

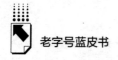

平，注重顾客体验，凸显独特性，不断改进菜品，并积极参与数字化转型，以满足消费者的新需求。

近年来，许多餐饮行业老字号企业所使用的传统食材的价格不断上涨，制作招牌菜肴的成本也随之增加。对餐饮行业老字号企业而言，传统食材和烹饪方法是老字号的特色。

新兴消费趋势对餐饮行业老字号企业也构成了一定的挑战。年轻消费者习惯了更快捷、更便宜和更便利的餐饮方式。同时，消费者对食品安全的关注也在增加，老字号企业需要持续改进，以获得消费者的信任。

综上，餐饮行业老字号企业需要积极适应数字化转型和新兴消费趋势。目前，许多老字号企业已经开始利用在线点餐、外卖服务以及社交媒体宣传等数字化手段来扩展业务。

三 对餐饮行业老字号企业发展的建议

在多变的市场环境中，餐饮行业老字号企业实现守正创新是一项紧迫的任务。不仅需要做到对传统的尊重和坚守，同时还需要积极地适应新的市场环境和满足消费者不断变化的需求，这种平衡是餐饮行业老字号企业为了生存和发展所必须追求的目标。

（一）留住老顾客，拓展新顾客

如图2所示，无论是工作日还是节假日，本地居民都是餐饮行业老字号的主要消费者。这一特点在餐饮行业老字号企业的经营中具有重要的作用，因为忠实的客户群体常常是企业稳定经营的基础。

餐饮行业老字号企业通常深耕本地市场，通过多年的经营积累了一批忠实的本地顾客。除此之外，消费者到餐饮行业老字号消费的原因还有很多，如图3所示。餐饮行业老字号企业需要考虑如何吸引更多的新顾客，尤其是年轻消费者。不断吸引新顾客对于老字号的可持续发展至关重要。因此，餐饮行业老字号企业需要不断探索创新，扩大客户群体并继续获得本地居民的支持。

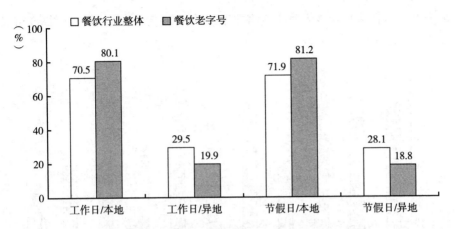

图2 餐饮行业整体与"餐饮老字号"用户本异地对比

资料来源：美团研究院《"餐饮老字号"数字化发展报告（2020）》。

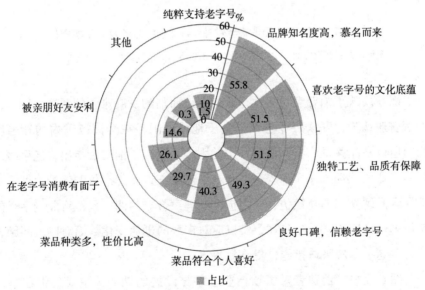

图3 2023年中国消费者在餐饮行业老字号消费的原因

资料来源：艾媒咨询《中国餐饮老字号消费行为洞察数据》。

如图4所示，消费者对餐饮行业老字号的总体评价较好。然而，也存在着消费者对餐饮行业老字号的负面评价。这些评价也会影响消费者的购买决策，因此，餐饮行业老字号企业需要了解并积极应对这些问题，以提高市场竞争力，吸引更广泛的客户群。

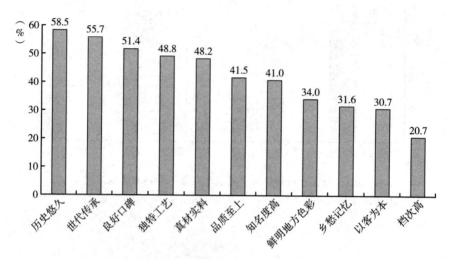

图4　2023年中国消费者对餐饮行业老字号的整体印象分布

资料来源：艾媒咨询《中国餐饮老字号消费行为洞察数据》。

图5反映了消费者对餐饮行业老字号面临的发展难题的看法。第一，消费者普遍认为，餐饮行业老字号由于地域局限，在全国范围内的知名度较低，所以在品牌推广方面面临一定的困难。第二，消费者指出，老字号需要培养专业的管理人才，来提升经营水平。第三，品牌产权的保护力度不足可能导致品牌受到恶意模仿，从而损害品牌声誉。第四，餐饮行业老字号的营销策划、推广方式缺乏创新，难以应对市场的迅速变化。面对以上问题，餐饮行业老字号应采取措施，提高竞争力。

图6反映了消费者对餐饮行业老字号发展的期望，主要集中在丰富菜品、利用跨界联名加大宣传力度、数字化转型升级、弘扬传统文化等方面。满足消费者的这些需求，将有助于餐饮行业老字号在竞争激烈的市场中持续发展。

实际上，目前已经有不少餐饮行业老字号正积极采取守正创新之策。如图7所示，老字号的创新趋势是不可忽视的，而餐饮行业老字号也在积极应

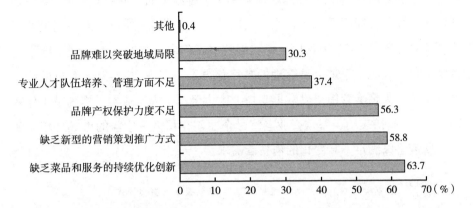

图5 2023年中国消费者认为餐饮行业老字号目前发展的难点

资料来源：艾媒咨询《中国餐饮老字号消费行为洞察数据》。

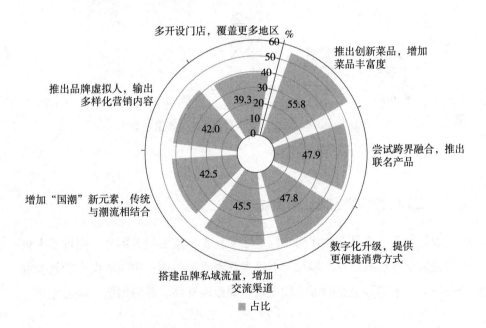

图6 2023年中国消费者对餐饮行业老字号发展的期望

资料来源：艾媒咨询《中国餐饮老字号消费行为洞察数据》。

对这一趋势。2019 年，广州酒家就采用了一种独特的"餐饮+食品"双轮业务模式，并与美团平台深化合作，共同推动"'堂食+外卖'双主场经营助力餐饮复苏"。[①] 2021 年 6 月，杏花楼的多家门店和加盟店都上线了数字化营销平台，实施全渠道会员管理的数字化方案，实现 20 多万名会员的线上线下联动，为精准营销提供数据支持，大大降低了人工成本，提高了工作效率。[②] 这些举措表明，餐饮行业老字号企业正在积极适应新的市场环境，实施创新策略以满足不断变化的消费者需求。

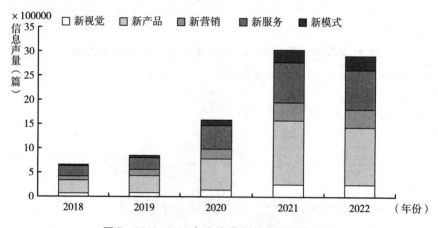

图 7　2018~2022 年老字号创新信息声量走势

资料来源：人民网舆情数据中心。

（二）打造餐饮品牌，丰富城市文化

餐饮行业老字号企业作为中国老字号企业的重要组成部分，提供了大量的就业岗位，在推动经济增长等方面发挥着重要作用。中国传媒大学教授黄升民表示，老字号企业的可持续发展需要政府支持、品牌创新、城市文化三

---

① 左颖、赵钰澄：《餐饮老字号的第二曲线探索之路：广州酒家"餐饮+食品"双轮驱动促发展》，《食品界》2023 年第 7 期。

② 阿里巴巴：《上海老字号餐饮品牌数字化转型指数研究报告》，2022 年 8 月。

个要素。①

首先，政府可以从以下几个方面为餐饮行业老字号企业提供支持。第一，出台文化保护政策，支持餐饮行业老字号企业传承和保护传统文化、烹饪技艺，包括文化遗产保护、历史建筑保护，并为相关文化活动和展览提供资金支持。第二，提供财政补贴、减免税收或低息贷款等财政支持，帮助餐饮行业老字号企业维持经营和扩展业务。第三，制定相关法律法规，保护餐饮行业老字号企业的知识产权，防止出现恶意模仿等现象。第四，简化餐饮行业老字号企业的市场准入程序。第五，提供培训和教育资源，帮助餐饮行业老字号企业吸引和培养专业人才，提高企业的管理和创新能力。第六，支持餐饮行业老字号企业进行市场推广和宣传，鼓励餐饮行业老字号企业与文化机构、博物馆等合作，举办文化活动和展览，提高品牌知名度。第七，提供数字化转型的支持，包括数字化营销、在线订餐平台的建设，帮助餐饮行业老字号企业适应现代市场需求。

其次，餐饮行业老字号企业应从以下几个方面进行品牌创新。第一，结合传统烹饪技艺和现代口味，开发新的菜品，满足不同消费者的需求，可以考虑推出特色菜品、季节性菜单。第二，进行数字化转型，充分利用移动应用和网络平台，提供更多方便快捷的点餐和支付方式，以吸引年轻消费者。第三，与其他行业的品牌展开合作，进行品牌的宣传与推广。例如，与知名艺术家、设计师或其他餐饮品牌进行联名合作，提升品牌知名度，吸引更多消费者；开展有针对性的市场推广和广告活动；创新宣传方式，如通过故事性广告、纪录片、微电影等，讲述老字号企业的故事和历史，引发消费者情感共鸣。第四，利用老字号的丰富历史和文化传统，打造独特的用餐体验，例如文化展览、传统表演、与当地历史和文化相关的主题活动等。第五，加强员工培训，提升服务质量，使员工了解品牌文化，并为顾客提供优质的产品和服务。第六，参与社区活动、慈善活动，履行社会责任，树立良好的企

---

① 刘政：《历久弥新　老字号拥抱新国潮的"守"与"变"》，《中国经济导报》2023年5月9日。

业形象。

最后，餐饮行业老字号企业可以通过结合城市文化来实现创新和发展。第一，突出地域特色，强调老字号在城市发展中的地位，展示老字号对当地饮食文化的贡献。例如，可以推出特色菜单，体现城市的独特口味，吸引本地居民和游客。第二，创建与城市文化相关的主题餐厅，在装修和装饰上融入当地的历史元素，使用餐变成一种文化体验。第三，参与文化活动，如老字号美食节、音乐会、艺术展览等；也可与文化机构合作，如与博物馆、艺术中心、文化协会等合作。第四，利用当地的特色食材，制作独特的菜品，体现地域特色。第五，利用社交媒体、网站和应用程序，展示餐饮行业老字号与城市文化相关的故事和历史，让消费者更好地了解企业历史。餐饮行业老字号与城市文化紧密相连，也有助于增强消费者对品牌的社会认同感。

四　余论

2022年12月，中共中央、国务院印发的《扩大内需战略规划纲要（2022—2035年）》明确提出："打造中国品牌，培育和发展中华老字号和特色传统文化品牌。"[①] 在国家大力推动老字号示范创建的背景下，餐饮行业老字号企业应抓住这一机遇。2023年2月，商务部等部门联合印发的《中华老字号示范创建管理办法》指出要实行老字号动态管理："把好品牌挑出来，把遇到瓶颈的企业推过去，把不合格的企业移出去。坚持动态调整，确保'有进有出'。"[②] 这一系列政策促进了餐饮行业老字号企业的发展。守正创新是餐饮行业老字号企业对自身传统文化的坚守和传承，也将有助于餐饮行业老字号企业继续在中国饮食文化的继承与发展中扮演重要的角色。

综上所述，餐饮行业老字号企业应积极适应现代市场的需求，不断推陈出新，为中国经济的可持续发展做出重要贡献。

① 《中共中央国务院印发〈扩大内需战略规划纲要（2022—2035年）〉》，《人民日报》2022年12月15日。

② 刘大山：《以动态管理激发老字号创新活力》，《南京日报》2023年2月23日。

2023年酿造行业老字号企业发展分析报告

闫春 刘佳慧*

摘 要： 我国酿造行业历史悠久，拥有世代传承的产品与技艺，具有深厚的文化底蕴。本报告以入选商务部中华老字号名录的234家酿造行业老字号企业为研究对象，综合运用文献分析、实地调研和问卷调查等方法，从历史文化与商业价值、企业特点及分布等角度，归纳酿造行业老字号企业的基本概况；从规模效益、营销策略、创新和传承发展等方面，分析酿造行业老字号企业的经营现状和未来发展趋势。研究发现，在酿造行业老字号企业的发展过程中，传统酿造工艺的传承与发展正在稳步推进，但在政策、市场、人员、资金、技术等方面机遇和挑战并存。酿造行业老字号企业的高质量发展，需要政府、企业和行业协会通力合作，从市场竞争、技术传承、人才培养、管理创新、知识产权保护、金融支持等方面进行全面布局、协同推进。

关键词： 酿造行业 老字号 老商街

一 酿造行业老字号企业概况

（一）酿造行业老字号企业的历史文化与商业价值

1.酿造行业老字号企业的历史文化

中国的酿造业拥有约3000年的悠久历史，酿造行业在漫长的发展

---

* 闫春，山西财经大学工商管理学院教授、博士研究生导师，研究领域为创新创业管理；刘佳慧，山西财经大学工商管理学院博士研究生。

过程中积累了深厚的文化底蕴，具有独特的工艺技术。本报告以234家酿造行业老字号企业为研究对象，通过文献分析、实地调研和问卷调查等方法，分析酿造行业老字号企业经营管理现状，并为企业面临的挑战和发展转型提供有价值的参考。样本中，部分老字号企业的酿造历史可以追溯到千年以前，其生产与销售历史见证了酿造业的繁荣与发展（见表1）。悠久的发展历史也为老字号企业留下了宝贵的文化遗产，部分企业的酿造工艺入选国家级或省级非物质文化遗产名录（见表2）。传统酿造工艺是中华优秀传统文化的重要元素，体现了中华民族的勤劳与智慧。

表1　酿造行业老字号企业号龄排序

单位：年

排序	企业名称	注册商标	号龄
1	山西杏花村汾酒集团有限责任公司	杏花村	6000
2	山东即墨黄酒厂	即墨老酒	4000
3	山东青州云门酒业(集团)有限公司	云门	3600
4	陕西西凤酒股份有限公司	西凤	3000
5	山东兰陵美酒股份有限公司	兰陵	3000
6	安徽口子酒业股份有限公司	口子	2700
7	中国贵州茅台酒厂有限责任公司	茅台	2158
8	安徽迎驾贡酒股份有限公司	迎驾	2129
9	河北衡水老白干酒业股份有限公司	衡水老白干	1900
10	四川保宁醋有限公司	保宁	1087

资料来源：根据商务部中华老字号名录及企业官方网站整理。

表2　酿造行业老字号企业非遗项目

序号	老字号企业名称	非遗项目级别
1	贵州董酒股份有限公司	国家级
2	湖北稻花香酒业股份有限公司	国家级
3	北京红星股份有限公司	国家级
4	宝丰酒业有限公司	国家级

续表

序号	老字号企业名称	非遗项目级别
5	四川省古蔺郎酒厂	国家级
6	重庆市江津酒厂（集团）有限公司	国家级
7	四川省绵阳市丰谷酒业有限责任公司	国家级
8	湖北黄山头酒业有限公司	国家级
9	上海钱万隆酿造厂	国家级
10	四川省五通桥德昌源酱园厂	国家级
11	江苏恒顺醋业股份有限公司	国家级
12	承德乾隆醉酒业有限责任公司	国家级
13	会稽山绍兴酒股份有限公司	国家级
14	天津市天立独流老醋股份有限公司	国家级
15	中国绍兴黄酒集团鉴湖酿酒厂	国家级
16	四川省郫县豆瓣股份有限公司	国家级
17	沈阳天江老龙口酿造有限公司	国家级
18	吉林省大泉源酒业有限公司	国家级
19	泸州老窖股份有限公司	国家级
20	北京六必居食品有限公司	国家级
21	济南趵突泉酿酒有限责任公司	国家级
22	青海互助青稞酒有限公司	国家级
23	义乌市丹溪酒业有限公司	国家级
24	北京二锅头酒业股份有限公司	国家级
25	四川保宁醋有限公司	国家级
26	河北衡水老白干酒业股份有限公司	国家级
27	中国贵州茅台酒厂有限责任公司	国家级
28	安徽口子酒业股份有限公司	国家级
29	陕西西凤酒股份有限公司	国家级
30	山西杏花村汾酒集团有限责任公司	国家级
31	北京顺鑫农业股份有限公司牛栏山酒厂	国家级
32	山西老陈醋集团有限公司	国家级
33	四川八百寿酒业有限公司	国家级
34	湖南加加食品集团股份有限公司	国家级
35	合江县先市酿造食品有限公司	国家级
36	丽水市鱼跃酿造食品有限公司	国家级
37	河南省宋河酒业股份有限公司	省级

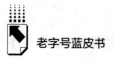

续表

序号	老字号企业名称	非遗项目级别
38	黑龙江省玉泉酒业有限责任公司	省级
39	迁安市贯头山酒业有限公司	省级
40	江西省九江市封缸酒厂	省级
41	广东省九江酒厂有限公司	省级
42	陕西省城固酒业有限公司	省级
43	桂林湘山酒业有限公司	省级
44	山东古贝春有限公司	省级
45	无锡市玉祁酒业有限公司	省级
46	陕西省太白酒业有限责任公司	省级
47	江苏新中酿造有限责任公司	省级
48	贵州省三都水族自治县九阡酒厂	省级
49	河南省张弓酒业有限公司	省级
50	甘肃红川酒业有限责任公司	省级
51	泊头十里香股份公司	省级
52	邯郸丛台酒业股份有限公司	省级
53	牡丹江市松城调味品有限责任公司	省级
54	通化葡萄酒股份有限公司	省级
55	汕头市广德泰酒厂实业有限公司	省级
56	山东扳倒井股份有限公司	省级
57	陕西秦川酒有限公司	省级
58	河北泥坑酒业有限责任公司	省级
59	黑龙江省富裕老窖酒业有限公司	省级
60	黑龙江北大仓集团有限公司	省级
61	浙江东海酒业有限公司	省级
62	厦门夏商淘化大同食品有限公司	省级
63	昭通万和食品有限公司	省级
64	德州通德酿造有限公司	省级
65	内蒙古百年酒业有限责任公司	省级
66	南通颐生酒业有限公司	省级
67	泸州护国陈醋股份有限责任公司	省级
68	绍兴仁昌酱园有限公司	省级
69	云南杨林肥酒有限公司	省级
70	辽宁省灯塔市铧子酒厂	省级

续表

序号	老字号企业名称	非遗项目级别
71	吉林省梅河酒业有限公司	省级
72	天津市直沽酿酒厂	省级
73	四川江口醇酒业（集团）有限公司	省级
74	黑龙江省双城花园酒业有限公司	省级
75	山东玉兔食品股份有限责任公司	省级
76	天津渔阳酒业有限责任公司	省级
77	湖州老恒和酿造有限公司	省级
78	广西大盛祥调味品有限责任公司	省级
79	辽宁凤城老窖酒业有限责任公司	省级
80	鹤山市东古调味食品有限公司	省级
81	自贡三木调味品酿造有限公司	省级
82	湖北省安陆市涢河酒业有限公司	省级
83	杭州老大昌调味品有限公司	省级
84	四川省资阳市临江寺豆瓣有限公司	省级
85	江苏淮安市浦楼酱醋食品有限公司	省级
86	广东石湾酒厂集团有限公司	省级
87	安庆市胡玉美酿造食品有限责任公司	省级
88	四川清香园调味品股份有限责任公司	省级
89	四川全兴股份有限公司	省级
90	福建泉州市春生堂酒厂有限公司	省级
91	湖北枝江酒业股份有限公司	省级
92	扬州三和四美酱菜有限公司	省级
93	辽宁道光廿五集团满族酿酒有限责任公司	省级
94	南充烟山味业有限责任公司	省级
95	湖南龙牌食品股份有限公司	省级
96	绍兴咸亨食品股份有限公司	省级
97	佛山市海天调味食品股份有限公司	省级
98	昆明拓东调味食品有限公司	省级
99	连云港市板浦汪恕有滴醋厂	省级
100	陕西秦洋长生酒业有限公司	省级
101	河北保定槐茂有限公司	省级
102	成都市郫县绍丰和调味品实业有限公司	省级
103	山西太谷通宝醋业有限公司	省级

续表

序号	老字号企业名称	非遗项目级别
104	辽宁千山酒业集团有限公司	省级
105	山东惠民武定府酿造有限责任公司	省级
106	山东华王酿造有限公司	省级
107	新疆第一窖古城酒业有限公司	省级
108	江苏双沟酒业股份有限公司	省级
109	江西堆花酒业公司	省级
110	安徽迎驾贡酒有限公司	省级
111	山东兰陵美酒股份有限公司	省级
112	山东青州云门酒业(集团)有限公司	省级
113	山东即墨黄酒厂	省级
114	承德乾隆醉酒业有限责任公司	省级
115	玉田县鸿源酒业有限公司	省级
116	天津津酒集团有限公司	省级
117	甘肃滨河九粮酒业有限公司	省级
118	甘肃陇西渭水酒业有限公司	省级
119	新疆三台酒业(集团)有限公司	省级
120	山东黄河龙集团有限公司	省级
121	贵州赖永初酒业有限公司	省级
122	贵州鸭溪酒业有限公司	省级
123	陕西白水杜康酒业有限责任公司	省级
124	江苏今世缘酒业有限公司	省级
125	江苏汤沟两相和酒业有限公司	省级
126	泰州梅兰春酒厂有限公司	省级
127	苏州市吴中区甪直酱品厂	省级
128	海盐沈荡酿造有限公司	省级
129	好记食品酿造股份有限公司	省级
130	张家口长城酿造(集团)有限责任公司	省级
131	天津芦台春酿造有限公司	省级
132	山东武定府酿造有限公司	省级
133	绍兴市上虞区同仁酿造有限公司	省级
134	湖北枫林酒业酿造有限公司	省级

资料来源：中华老字号企业名录及企业官方网站。

2. 酿造行业老字号企业的商业价值

酿造行业老字号企业为顾客提供具有深厚文化底蕴的产品与服务，加之老字号企业具有良好的信誉和较高的知名度，产品深受消费者的喜爱。

本报告认为，酿造行业老字号企业的发展对于老商街发展、城市发展以及城市转型发展都产生较大影响。具体来看，57%的酿造行业老字号企业认为其对老商街发展影响非常大，33%的酿造行业老字号企业认为其对老商街发展影响比较大（见图1）；56%的酿造行业老字号企业认为其对城市发展影响非常大，35%的酿造行业老字号企业认为其对城市发展影响比较大（见图2）；42%的酿造行业老字号企业认为其对城市转型发展影响非常大，41%的酿造行业老字号企业认为其对城市转型发展影响比较大（见图3）。

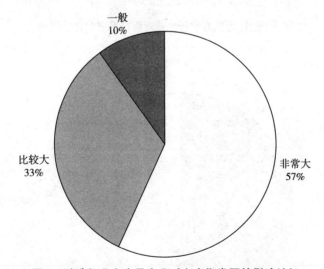

图1　酿造行业老字号企业对老商街发展的影响认知

数据来源：本报告的问卷调查数据来自老字号企业课题组，下同。

具体而言，首先，发展酿造行业老字号企业对城市转型具有重要的推动作用。老字号企业在传承和发扬传统文化、提供高品质酿造产品的同时，也对城市经济发展产生较大影响。老字号企业的发展壮大，会带动城市经济的发展，进而增加地方财政收入，这些收入可以用于城市基础设施建设，促进地区经济的持续发展。其次，酿造行业老字号企业的发展对城市产业升级具

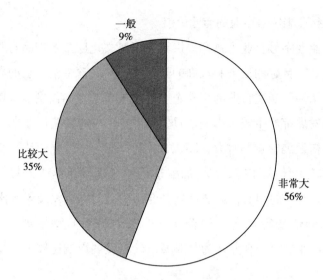

图2　酿造行业老字号企业对城市发展的影响认知

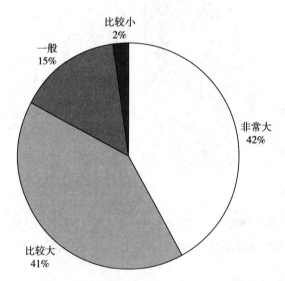

图3　酿造行业老字号企业对城市转型发展的影响认知

有推动作用。老字号企业在传统酿造技艺的基础上，不断进行技术创新和产业升级，推动产业结构优化。一些酿造行业老字号企业开始采用现代生产工艺和设备，提高生产效率和产品质量，为城市产业发展注入新的活力。此外，老字号企业的发展对提升城市形象发挥着重要作用。例如，山西老陈醋集团等酿造行业老字号企业已经成为城市文化的代表，吸引了大量国内外游客，对城市旅游业的发展产生了积极影响。在传承和发扬传统文化方面，酿造行业老字号企业也发挥着不可替代的作用。通过传承和发扬传统文化，酿造行业老字号企业为城市文化事业的发展贡献力量。最后，酿造行业老字号企业的发展能够促进就业。酿造行业老字号企业的发展壮大，会为当地居民提供更多的就业岗位。

综上所述，酿造行业老字号企业的发展对城市转型具有重要的影响，在经济推动、产业升级、城市形象提升、传统文化传承和创造就业机会等方面发挥着积极作用。在城市转型过程中，政府和社会各界应当关注和支持酿造行业老字号企业的发展，充分发挥酿造行业老字号企业的积极作用。

（二）酿造行业老字号企业特点

酿造行业老字号企业通常需要独特的自然条件，这些条件对于酿造高质量产品至关重要。酿造行业老字号企业所处的地理位置是其成功的重要因素之一。例如，四川泸州老窖股份有限公司位于四川省川滇黔渝交界处，这里四季分明，气候温润，是中国白酒金三角的核心腹地。联合国粮食及农业组织曾在考察泸州后称赞："地处北纬28°沿长江两岸的泸州，最适合酿造优质纯正的蒸馏酒。"山西老陈醋集团有限公司的酿造基地位于享有"文化名城醋都葡乡"美誉的清徐县。清徐县的气候和物产为老陈醋的酿造提供了有利条件。除了地理位置和气候，水源和原料也是关键因素。泸州老窖以其独特的酿造水源而闻名，而山西老陈醋则依赖于适合生产高质量食醋原料的土壤。内蒙古河套酒业集团股份有限公司地处河套平原，其土壤适合种植酿造白酒的主要原料，如高粱、玉米和小麦，这些原料的质量对于酿造高质量产品至关重要。这些自然条件为中国酿造行业的老字号企业提供了独特的竞争优势。

（三）酿造行业老字号企业数量及分布

1. 行业细分

中国酿造行业老字号在醋、酱油、酒（白酒、黄酒、米酒、啤酒、葡萄酒等）、腐乳等细分领域都有代表性的企业，这些酿造行业老字号企业凭借独特的酿造工艺和产品，赢得了市场的认可和消费者的喜爱。

中国的醋酿造历史悠久，具有丰富的品种和独特的风味。老字号企业在醋领域有着举足轻重的地位，如山西的老陈醋、江苏的镇江香醋、四川的保宁醋等。这些老字号企业采用传统工艺酿造，产品具有浓郁的香气、醇厚的口感和丰富的营养价值，深受消费者喜爱。酱油作为中国传统的调味品，市场需求量大。老字号企业在酱油领域享有很高的声誉，如广东的致美斋、江苏的恒顺、山东的鲁花等。这些企业以传统酿造工艺为基础，不断创新，研制符合现代人口味的酱油产品，市场占有率较高。中国的酒文化源远流长，酿造技艺独特。在白酒、黄酒、葡萄酒、米酒等多个领域都有老字号酿酒企业，如贵州的茅台、四川的五粮液、北京的二锅头、浙江的古越龙山等。这些企业凭借独特的酿造工艺和产品，成为中国酿造行业的佼佼者。同时，老字号酿酒企业也在不断进行市场拓展和产品创新，扩大品牌影响力。腐乳是中国传统的发酵食品，具有独特的口感和营养价值。老字号企业在腐乳领域有着较高的声誉，如广东的广合腐乳、四川的夹江腐乳、浙江的绍兴腐乳等。

2. 产权性质

中国酿造行业老字号企业的产权性质不同，主要包括国有企业（6.10%）、私营企业（32.92%）、股份制企业（34.14%）、外商投资企业（1.22%）、个人独资企业（8.54%）、股份合作企业（4.88%）以及有限责任公司（12.20%）等类型，如图4所示。

第一，国有企业通常具有较强的经济实力和较高的市场份额，对于传承和发扬传统文化、提供高品质酿造产品具有重要作用。国有企业在酿造行业的发展中具有稳定市场、促进经济增长的作用。然而，国有企

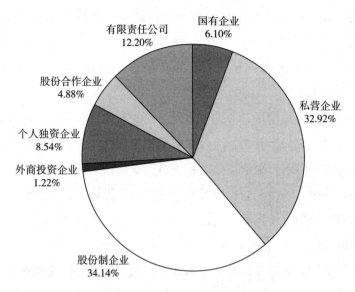

图4　酿造行业老字号企业产权性质分布

业的管理体制和经营机制相对保守，有时会限制企业的发展和创新。第二，在酿造行业中，私营企业成为推动行业发展的重要力量。私营企业通常具有较强的灵活性和创新意识，能够快速适应市场变化，满足消费者的多样化需求。此外，私营企业在发展过程中，往往更加注重企业品牌建设，有利于提升整个行业的竞争力。第三，股份制企业体现了产权制度的优势。股份制企业通过引入社会资本，实现了资本的多元化，有利于提高企业的资本运营效率和市场竞争能力。此外，股份制企业还具有完善的激励机制，有利于激发员工的积极性和创造力。在酿造行业中，股份制企业通过技术创新和产业结构调整，为行业的持续发展提供了有力支撑。第四，外商投资企业在酿造行业老字号企业中所占比例较小，但在引进先进技术和管理经验、提高行业整体竞争力方面具有重要作用。外商投资企业通常具有较高的技术水平和较强的资金实力，能够进行大规模的技术研发和产品创新。外商投资企业与国内企业合作，有助于推动国内酿造行业的技术进步和产业升级。第五，个人独资企业通常以家庭作坊或个体户的形式存在，对于传承地方酿造技艺和文化发挥重要作用。个人独资企业通过提供具有地方特色的酿造产品，丰富了市场供应，满足了消费者对于多样化、个性化产品的需求。第六，股份合作企业通常由多个股东共同出资设立，具有较强的合作意识。第七，有限责任公司通常具有较好的公司治理结构和风险控制能力。

综上所述，中国酿造行业老字号企业产权性质的多样化，反映了市场竞争和企业发展需求的多元化。在政策制定和实施过程中，政府应当关注不同类型企业的发展需求，采取有效措施支持企业创新、优化产业结构、提高市场竞争力。同时，各类企业也应当充分发挥自身优势，加强合作与交流，共同推动酿造行业的持续发展。

3. 地域分布

中国酿造行业老字号企业的地域分布广泛。本报告通过对酿造行业老字号企业的地区分布进行统计分析发现，酿造行业老字号企业中，35%分布于华中地区，31%分布于华东地区，18%分布于华北地区，11%分布于东北地区，5%分布于华南及其他地区（见图5）。

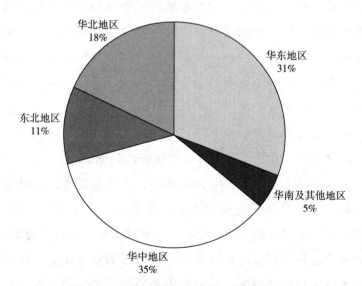

图5　酿造行业老字号企业地区分布

第一，华中地区的酿造行业老字号企业数量较多。这主要得益于华中地区拥有丰富的水源、优质的原料和悠久的酿造历史。华中地区的湖南、湖北、河南等地均有悠久的酿酒历史和丰富的酒文化，这为酿造行业的发展提供了良好的基础。此外，华中地区的消费市场庞大，对于各类酿造产品的需求较大，为企业提供了广阔的发展空间。第二，华东地区也是酿造行业老字号企业的重要聚集地。华东地区包括山东、江苏、安徽、上海、浙江、江西、福建、台湾等地，这些地区拥有悠久的酿酒历史，如江苏的洋河大曲、浙江的绍兴黄酒等，均具有较高的知名度。此外，华东地区经济发展水平较高，消费能力较强，为酿造行业老字号企业提供了广阔的市场。第三，华北地区也有一定数量的酿造行业老字号企业。例如，北京的二锅头、山西老陈醋等，都是华北地区的知名品牌。华北地区消费市场需求旺盛，且对高品质酿造产品有着较大的需求，这为企业提供了发展的动力。与此同时，华南及其他地区的酿造行业老字号企业数量相对较少。这主要是因为华南地区天气炎热潮湿，不利于传统酿造工艺的传承和发展。然而，随着消费者需求的变化和消费水平的提高，华南地区的酿造企业也在逐渐崛起，如广东的佛山酒、广西的桂林三花酒等，逐渐崭露头角。受地理环境、文化背景、消费市场等多种因素的影响，其他地区酿造行业老字号企业分布较少。这些地区虽然企业数量较少，但仍具有一定的地域特色，如西南地区的四川、重庆等地，拥有独特的酿酒资源和技艺，也具有较强的市场竞争力。

综上所述，各地区应充分发挥自身优势，支持酿造行业老字号企业的发展，推动行业创新和产业结构优化。同时，酿造行业老字号企业也应当根据市场需求和自身特点，加强品牌建设，提高市场竞争力，共同推动酿造行业的持续发展。

4. 规模分布

本报告对相关企业的分析显示，酿造行业老字号企业中，43.90%属于中小型企业，26.83%属于小微企业，20.73%属于中型企业，7.32%属于大型企业，1.22%属于大中型企业（见图6）。第一，中小型企业在酿造行业

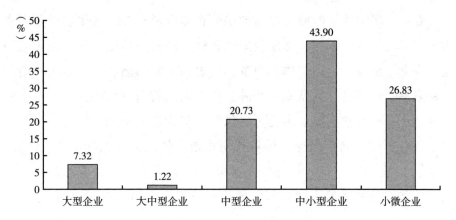

图6 酿造行业老字号企业规模分布情况

老字号中占据重要地位。这些企业在传承和发扬传统文化、提供高品质酿造产品方面发挥了重要作用,其通过不断创新和优化产品,满足了市场多样化需求,为行业注入了新的活力。此外,中小型企业的发展有助于促进地方经济发展,提高居民收入水平,推动产业结构优化。第二,小微企业是酿造行业老字号的重要组成部分。这些企业通常以家庭作坊或个体户的形式存在,对于传承地方酿造技艺和文化具有重要意义。小微企业通过提供具有地方特色的酿造产品,满足了消费者对于多样化、个性化产品的需求。同时,小微企业的发展有助于缓解就业压力。第三,在酿造行业老字号中,中型企业是较为重要的组成部分。这些企业通常具有一定的市场份额和生产规模,具备一定的技术创新能力。中型企业通过提高生产效率和产品质量,降低了生产成本,为行业提供了更多的优质产品。此外,中型企业的发展也有助于推动产业结构的优化和升级。大型企业和大中型企业虽然所占比例较小,但在推动酿造行业老字号发展和城市转型方面具有重要作用。大型企业和大中型企业通常具有较强的技术创新能力和资金实力,以及较高的市场份额,能够进行大规模的技术研发和产品创新,带动产业链上下游企业共同发展,推动产业升级。此外,大型企业往往具有较强的品牌影响力和抗风险能力,对于稳定市场、促进经济增长具有积极作用。综上所述,在酿造行业老字号企业中,中小型企业、小微企业、中型企业、大型企业和大中型企业在推动行业发展和城市转型方面均具有重要作用。

二 酿造行业老字号企业经营分析

（一）酿造行业老字号企业的规模与效益

本报告对酿造行业老字号企业的现有经营情况、未来是否会扩大规模和增加资金投入的态度进行了分析。

首先，酿造行业老字号企业对现有经营情况的满意度总体较高。如图7所示，32%的酿造行业老字号企业表示满意，这意味着这些企业在产品销售、市场份额、盈利能力等方面达到了一定的水平，能够满足基本的经营需求。31%的酿造行业老字号企业表示比较满意，这些企业可能认为在某些方面还有待改进，但整体发展稳定。12%的酿造行业老字号企业表示很满意，这部分企业可能具有较强的竞争优势，经营状况较好。然而，也有23%的酿造行业老字号企业表示不满意，这些企业可能正面临生产成本上升、市场竞争加剧、政策环境变化等方面的压力，经营状况不尽如人意。另外，还有2%的酿造行业老字号企业表示很不满意，这些企业可能正处于困境之中，需要采取积极措施改善经营状况。

其次，对于未来发展规划，64%的酿造行业老字号企业表示会扩大生产规模和增加资金投入（见图8）。这意味着这些企业对行业发展持乐观态度，希望通过扩大规模和增加投入来提升生产能力，提高产品质量，增强市场竞争力。这部分企业可能已经在市场中取得了一定的成绩，积累了丰富的经验，具备了进一步发展的条件和实力。

综上所述，酿造行业老字号企业对其现有经营情况的满意度总体较高，对未来发展规划持积极态度。在发展过程中，酿造行业老字号企业需要关注行业动态，把握市场机遇，加强品牌建设，提高产品质量，以适应不断变化的市场环境。同时，政府和社会各界也应给予酿造行业老

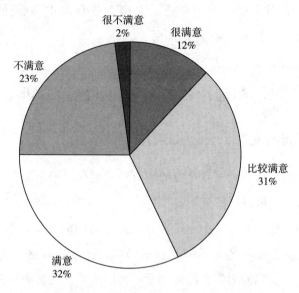

图 7　酿造行业老字号企业对其经营情况的满意度

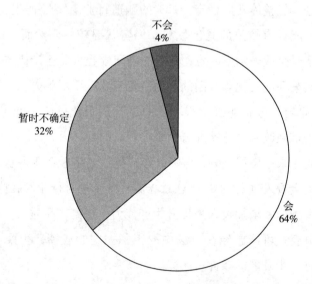

图 8　酿造行业老字号企业对扩大规模和增加资金投入的态度

字号企业更多的关注和支持，为其创造良好的发展条件和政策环境，共同推动酿造行业的持续发展。

（二）酿造行业老字号企业的营销策略

酿造行业老字号企业以其独特的传统工艺和优质的产品赢得了消费者的信赖。在当前市场竞争激烈的背景下，酿造行业老字号企业制定了一系列营销策略，坚守传统工艺，保证产品质量。企业在坚守传统工艺、保证产品质量的基础上，还可结合其他营销策略。第一，品牌建设。企业应注重品牌塑造，通过广告宣传、公关活动、赞助等方式，提高品牌的知名度和美誉度。同时，企业还可以利用网络营销、社交媒体等手段，加强与消费者的互动，提升品牌形象。第二，产品创新。在坚守传统工艺的基础上，企业可以适度进行产品创新，以满足消费者多样化的需求。例如，企业可以研发新口味、新包装的产品，或者在产品研发中融入时尚元素，推出限量版产品，吸引年轻消费者的关注。第三，渠道拓展。企业应充分利用线上线下多种渠道。线上渠道包括电商平台、官方网站等；线下渠道包括超市、专卖店、餐饮酒店等。此外，企业还可以与经销商、代理商合作，共同开拓市场。第四，价格策略。企业应根据产品定位和市场需求，制定合理的价格策略。在保证产品质量的前提下，企业可以通过促销活动、折扣优惠等，吸引消费者。第五，服务优化。企业应提高服务质量，提升消费者的购买体验。例如，企业可以提供完善的售后服务，包括退换货、咨询解答等。此外，企业还可以通过定制服务、赠送赠品等方式，提高消费者的满意度。

综上所述，酿造行业老字号企业在坚守传统工艺、保证产品质量的基础上，还可以制定一系列营销策略，以适应市场变化，满足消费者需求，实现企业的持续发展。在竞争激烈的市场环境中，酿造行业老字号企业应充分发挥自身优势，不断创新，为行业的繁荣发展做出贡献。

（三）酿造行业老字号企业的创新

传承是老字号企业发展的根基，创新是老字号企业发展的不竭动力，酿造行业老字号企业不断加大创新力度，以适应市场变化，提高竞争力。

1. 产品创新

酿造行业老字号企业在保持传统酿造工艺的基础上，结合现代科技和消费者需求，进行产品创新。

（1）口味创新。随着消费者口味的变化和市场需求的多样化，酿造行业老字号企业加大了口味创新力度，开发了许多符合现代消费者口味的新产品，通过调整原料比例、发酵时间、酿造工艺等方式，研发了口感更丰富、味道更醇厚、更具特色的新产品。

（2）功能创新。酿造行业老字号企业通过添加功能性成分，赋予产品新的健康功能。随着人们生活水平的提高和健康意识的增强，消费者对产品的功能性需求越来越明显。酿造行业老字号企业紧跟这一趋势，通过运用现代科技手段，研发具有保健、养生、美容等功能的酿造产品。

（3）包装创新。酿造行业老字号企业通过改变产品的包装形式，以适应不同消费场景和需求。在现代消费市场中，包装是产品的重要组成部分，直接影响消费者的购买决策。酿造行业老字号企业重视包装创新，采用现代设计理念和技术，为产品打造时尚、美观、环保的包装，根据不同产品的定位，设计符合消费者审美的包装，提高产品的附加值。

2. 技术创新

酿造行业老字号企业的技术创新是企业发展的重要策略，企业应在保持传统工艺的基础上，不断研发新技术，提高产品质量和生产效率。

（1）生产工艺改进。随着科技的进步和社会的发展，酿造行业老字号企业不断优化生产工艺，提高生产效率和产品质量；通过引进现代生产设备、自动化生产线，实现了生产工艺的升级。

（2）原料与菌种优化。优质的原料和菌种是保障酿造产品品质的基础。酿造行业老字号企业从源头保障产品品质；通过与科研院所合作，选育优质原料品种，提高原料的品质和产量；采用现代微生物技术，筛选优良的发酵菌种，提高产品的品质。

（3）节能减排。在当前环保意识日益强烈的背景下，酿造行业老字号企业积极履行社会责任，加大节能减排方面的技术创新；通过改进生产工艺、使用清洁能源、提高设备能效等措施，降低生产过程中的能耗和污染物排放。

（4）产品检测与分析。为确保产品质量，酿造行业老字号企业重视产品检测与分析技术的应用，建立了完善的质量检测体系，对产品进行全面的理化分析和感官评价。

3. 管理创新

改进企业管理模式，提高管理水平。例如，实施现代企业制度，优化组织结构，激发员工积极性；运用大数据、云计算等技术，实现企业信息化、数字化管理。

（1）创新企业制度。为了适应现代企业发展的需要，酿造行业老字号企业不断优化制度安排，激发企业内部活力，建立现代企业制度，实现产权清晰、权责明确、管理科学。

（2）创新管理方式。酿造行业老字号企业的管理方式创新包括标准化、信息化、数字化三个方面。标准化管理可以帮助老字号企业在生产经营、管理的过程中获得最佳秩序，使管理的各项流程更加有序、透明、高效，从而提高组织运行的效率。信息化管理是借助技术手段来提高管理的效率和效益。在全球数字经济的浪潮下，进行数字化转型，已经成为酿造行业老字号企业谋求生存和发展的必然选择。

（3）创新管理模式。为了应对市场竞争，酿造行业老字号企业不断优化管理模式，提升企业核心竞争力，通过市场调研，了解消费者需求和市场趋势，制定产品策略和营销策略。

4. 营销创新

酿造行业老字号企业在保持传统酿造工艺的基础上，结合现代营销理念与方法，对企业的销售渠道、营销策略等方面进行改革和创新，以提高企业的市场份额、品牌知名度和盈利能力。

（1）品牌宣传。酿造行业老字号企业借助新媒体（各电商平台、抖音、微信等）、传统媒体（电视、户外宣传）、大型商业活动（博览会）、重要会议、非商业性公益活动推广等渠道，宣传产品，树立企业形象。

（2）网络营销。酿造行业老字号企业充分利用互联网和社交媒体平台，拓宽销售渠道，降低营销成本。研究显示，仅有11%的酿造行业老字号企业没有利用线上平台进行营销（见图9）。

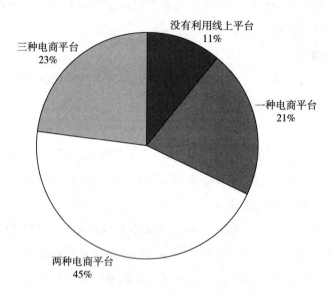

图9　酿造行业老字号企业营销渠道

（3）跨界合作。酿造行业老字号企业与相关行业的企业进行合作，推出合作产品或套餐，实现资源共享与互惠互利。

（4）市场细分。酿造行业老字号企业根据消费者需求和市场情况，制定精准的营销策略，进行有针对性地产品研发与销售。

（5）价格策略。酿造行业老字号企业通过市场调研，了解消费者对产品价格的接受程度，结合产品定位、成本和市场竞争情况，制定有竞争力的价格。

5. 文化创新

挖掘和弘扬企业文化，将传统文化与现代审美相结合，赋予产品更多的文化价值。

（1）传统与现代相结合。酿造行业老字号企业在传承优秀传统文化的同时，不断融入现代元素，实现传统与现代的有机结合，深入挖掘传统文化资源，将独特的酿造工艺、酒文化、地域文化等融入企业文化。

（2）创新品牌形象。在现代市场竞争中，品牌形象是企业重要的无形资产。酿造行业老字号企业重视创新品牌形象，通过运用广告、公关、网络营销等方式，提升企业品牌的知名度和美誉度。

总之，酿造行业老字号企业目前的创新主要涉及产品、技术、管理、营销、文化等方面。在创新过程中，企业还需注意保持传统酿造工艺的特色，实现传统与现代的有机结合。

（四）酿造行业老字号企业的传承与发展

1. 传承传统酿造工艺

（1）原料选育与采购。酿造行业老字号企业传承传统的原料选育方法，选用优质原料。

（2）原料处理。酿造行业老字号企业传承传统的原料处理方法，对原料进行精细化加工。

（3）菌种选用。酿造行业老字号企业传承传统的菌种选育方法，选用优良的发酵菌种。

（4）传统工艺。酿造行业老字号企业传承传统的酿造工艺，保持产品独特的风格与口感。

2. 创新发展

酿造行业老字号企业不断创新，研发满足现代人需求的产品。例如，五粮液推出了低度酒，以满足不同消费者的需求。同时，一些企业还通过引进现代酿造技术和设备，提高生产效率和产品品质。

（1）工艺改进。酿造行业老字号企业结合现代科技手段，对传统工艺进行改进，提高生产效率和产品质量。

（2）设备更新。酿造行业老字号企业根据生产需求，更新生产设备，提高生产效率和产品质量。

3. 品牌建设

酿造行业老字号企业在品牌建设方面具有得天独厚的优势。悠久的历史、深厚的文化底蕴以及世代传承的独特酿造工艺，是企业发展的核心竞争力。酿造行业老字号企业不断挖掘历史文化资源，并将其融入品牌建设中。

（1）梳理品牌历史。酿造行业老字号企业通过对品牌的历史进行系统梳理，挖掘品牌故事，总结品牌发展经验，为品牌建设提供丰富的历史素材。

（2）展示企业文化。酿造行业老字号企业通过建立企业文化展示馆、组织企业文化活动等方式，向外界展示品牌的历史文化，提升品牌形象。

（3）弘扬传统酿造工艺。酿造行业老字号企业将世代传承的传统酿造工艺视为瑰宝，并加大保护和传承力度，让消费者了解和认可产品的独特工艺。

（4）传播酿造文化。酿造行业老字号企业通过举办各类讲座、展览、品鉴会等活动，传播酿造文化，增强消费者对酿造行业的了解。

4. 社会责任

酿造行业老字号企业在长期的发展过程中，始终秉持"诚信经营、以人为本、环保可持续发展"的理念，积极履行社会责任。

（1）坚守诚信经营，树立良好口碑。酿造行业老字号企业始终把产品质量和服务质量作为企业的生命线，视信誉为企业立足之本，坚持以诚信赢得市场和消费者的信任。在生产经营过程中，酿造行业老字号企业严格遵守国家法律法规，确保产品安全、合格、可靠。

（2）以人为本，关注员工福利。酿造行业老字号企业非常重视员工的职业发展和福利待遇，坚持"以人为本"的管理理念，关心员工生活，为员工提供良好的工作环境和发展平台；同时也关注员工的薪酬和福利，努力增强员工的幸福感、获得感和归属感，并通过加强内部培训，提高员工的综合素质和技能水平，为企业的可持续发展奠定基础。

（3）注重环保与可持续发展，履行社会责任。酿造行业老字号企业加大环保投入，改进生产工艺，降低能耗和污染物排放，实现绿色生产；加强技术研发，降低生产成本，提高资源利用效率。此外，酿造行业老字号企业积极履行企业社会责任，参与公益活动，为社会的和谐发展贡献力量。

（4）积极应对市场变化，提升企业竞争力。在市场竞争日益激烈的背景下，酿造行业老字号企业能够积极应对市场变化，调整产品结构，优化生产流程，创新管理模式，提升企业竞争力，紧跟消费者需求变化，加大产品研发力度，不断推出符合市场需求的新产品，增加市场占有率。同时，酿造行业老字号企业还加强与上下游企业的合作，形成产业链竞争优势，为行业的发展注入新的活力。

总之，酿造行业老字号企业在传承与发展方面已经取得了一定的成果，并将继续努力。

三　酿造行业老字号企业面临的机遇与挑战

随着经济的发展和消费者生活方式的改变，酿造行业老字号企业的发展面临着前所未有的机遇与挑战。一方面，国家政策的支持、消费升级的推动、技术创新的引领等为行业的发展提供了良好的外部环境；另一方面，行业内部存在的市场竞争激烈、环保压力大等问题也给企业的经营带来了巨大的压力。因此，酿造行业老字号企业在传承传统文化、坚守传统酿造工艺的同时，应不断创新，提高产品品质，提升品牌形象，以应对激烈的市场竞争。

（一）酿造行业老字号企业面临的机遇

近年来，随着消费者对食品安全的关注，以及国家对非物质文化遗产的保护，酿造行业老字号企业迎来发展机遇。

（1）技术创新。许多酿造行业老字号企业正进行改革创新、转型升级，在保持传统特色的同时，融合现代科技，使产品质量和生产效率得到显著

提高。

（2）政策支持。近年来，政府对酿造行业给予了很多政策扶持。例如，政府出台了一系列税收优惠政策、产业扶持政策，降低了企业的成本，增强了企业的竞争力。同时，政府还加大了对食品安全的监管力度，有利于整个酿造行业的健康发展。

（3）消费升级。随着人民生活水平的提高，消费者对酿造产品的需求逐渐从满足基本生活需要转向追求品质、健康和口感。消费者对高品质、有特色的酿造产品的需求不断增加，为酿造企业提供了广阔的市场。

（4）产业融合。在"互联网+"的大背景下，酿造行业老字号企业与互联网、大数据、文化创意等产业进行深度融合。

（5）健康理念普及。随着健康理念的普及，消费者越来越关注健康和养生。因此，酿造行业老字号企业可以抓住这一机遇，加大对健康、养生产品的研发和推广，满足消费者的需求。

（6）区域特色产业发展。许多地区具有独特的酿造资源和传统工艺，当地政府和酿造行业老字号企业可以充分利用这些优势，发展具有地域特色的酿造产业，提升地区经济实力和知名度。

（二）酿造行业老字号企业面临的挑战

酿造行业老字号企业在发展过程中面临着诸多挑战。这些挑战既来自企业外部环境，也来自企业内部环境。

（1）市场竞争激烈。随着经济的发展和消费者需求的多样化，酿造行业的竞争越发激烈。在这种背景下，如何在竞争中脱颖而出，提高市场份额和竞争优势，成为酿造行业老字号企业发展过程中必须面对的问题。

（2）消费者需求变化。随着生活水平的提高，消费者对产品的需求越来越多样化，对品质、口感、健康、环保等方面有着更高的要求。酿造行业老字号企业需要在传承传统酿造技艺的同时，满足消费者不断变化的需求。此外，技术传承更加困难。酿造行业老字号企业拥有独特的传统酿造技艺，但这些技艺往往依赖于师徒制的传承方式。随着时代的发展，年轻人对传统酿造技艺的兴趣减弱，技艺传承面临困难。如何将传统酿造技艺传承下去，成为酿造行业老字号企业发展的关键问题。

（3）人才培养不足。酿造行业老字号企业在人才培养方面面临着一系列挑战，如人才流失、人才结构不合理等。如何吸引、培养人才，是酿造行业老字号企业发展过程中需要关注的问题。此外，许多酿造行业老字号企业在管理中缺乏创新。在现代企业制度的建立、企业信息化建设等方面，酿造行业老字号企业需要不断进行管理创新，以适应市场环境。

（4）环保和可持续发展的压力。随着消费者环保意识的增强，酿造行业老字号企业需要面对越来越严格的环保法规和标准。如何在保障产品质量安全的同时，实现环保和可持续发展，成为酿造行业老字号企业必须关注的问题。

（5）知识产权保护等问题。酿造行业老字号企业往往拥有独特的产品配方、工艺等，但这些知识产权容易被侵犯。如何加强知识产权保护是酿造行业老字号企业在发展过程中需要关注的问题。除此之外，政府对酿造行业的政策扶持和监管的力度不断加大，如税收政策、产业政策等。如何适应政策环境的变化，利用政策优势，提高自身竞争力，是酿造行业老字号企业在发展过程中需要关注的问题。

（6）融资难、融资贵等问题。酿造行业老字号企业多数为中小型企业，规模较小，财务状况相对不稳定，难以满足银行等金融机构的信贷要求。

总之，酿造行业老字号企业在发展过程中面临着诸多挑战。酿造行业老字号企业需要在市场竞争、消费者需求变化、人才培养、环保和可持续发展、知识产权保护以及融资等方面不断努力，以应对挑战，实现企业的可持续发展。

（三）酿造行业老字号企业高质量发展的对策

酿造行业老字号企业实现高质量发展具有重要的现实意义。在当前经

济环境下，酿造行业老字号企业要实现高质量发展，需要从多方面进行努力。

（1）在市场竞争方面，酿造行业老字号企业应根据市场需求，优化产品结构，开发多样化、高品质的产品，满足消费者的需求；应加大品牌宣传力度，提升品牌知名度和美誉度，增强消费者的品牌认同感。在应对消费者需求变化方面，酿造行业老字号企业需要加强对消费者需求的了解、分析。酿造行业老字号企业可以通过市场调查、消费者访谈等方式，收集和分析消费者对酿造产品的需求和期望，从而为产品研发和市场推广提供有力支持。酿造行业老字号企业还应提高服务水平，为消费者提供便捷、高效、优质的服务。酿造行业老字号企业还应注重消费者的反馈，及时调整服务策略，以提高消费者满意度。在技术传承方面，酿造工艺的传承是酿造行业的核心问题。然而，随着时代变迁，部分传统酿造工艺面临失传的危险。酿造行业老字号企业应加大对传统酿造技艺的传承力度，通过技能比赛、非物质文化遗产申报等方式，将技艺传承下去，并结合现代科技手段对传统技艺进行改良和创新，提高生产效率和产品质量。

（2）在人才培养方面，酿造行业老字号企业需要制定有效的人才培养和激励措施，吸引、留住、培养优秀人才；通过提供良好的工作环境和发展平台，激发员工的工作积极性和创新能力；通过加强内部培训等方式，提高员工的综合素质和技能水平。在管理创新方面，酿造行业老字号企业应摒弃保守的管理观念，积极推进现代企业制度建设，实现企业管理的科学化、规范化、信息化；加强企业内部的沟通与协作，提高组织效率；创新管理模式，激发企业活力。在环保和可持续发展方面，酿造行业老字号企业要重视环保问题，加大环保投入，改进生产工艺，实现绿色生产；加强对废弃物处理和资源循环利用的技术研发，降低生产成本，提高资源利用效率。此外，酿造行业老字号企业应履行社会责任，积极参与公益活动，树立良好的企业形象。在知识产权保护方面，酿造行业老字号企业需要增强知识产权保护意识，通过申请专利、注册商标、著作权等方式，对产品配方、工艺等核心知识产权进行有效保护。同时，酿造行业老字号企业应加强对知识产权的监管和维权，打击侵权行为。

（3）在政策环境变化方面，酿造行业老字号企业要关注政策动态，及时了解和掌握政策信息，充分利用政策优势，提高自身竞争力，加强与政府部门的沟通和协作，积极参与政策制定，为企业发展创造有利的政策环境。在金融支持方面，政府和金融机构应加大对中小型酿造行业老字号企业的支持力度，创新金融产品和服务，降低融资门槛，降低融资成本。

总之，酿造行业老字号企业需要根据自身实际情况，有针对性地制定发展策略，充分利用外部资源，发挥自身优势，不断克服发展过程中的困难，为实现高质量发展奠定坚实基础。

四　结语

本报告深入探讨了酿造行业老字号企业在行业中的优势以及面临的挑战，旨在为行业内企业以及关注该领域的同仁提供全面、深入的研究资料。总体来说，酿造行业老字号企业在长期的经营过程中，积累了丰富的经验，形成了独特的企业文化，为行业发展做出了重要贡献。然而，面对市场竞争和消费者需求的变化，酿造行业老字号企业也面临着一些挑战，如传统酿造工艺的传承、品牌建设、市场拓展等。为了应对这些挑战，酿造行业老字号企业需要进一步加强对传统酿造工艺的研究和保护；注重产品创新，提高产品品质，满足消费者多样化的需求；加强品牌建设，提升品牌知名度和美誉度，增强市场竞争力。在这个过程中，政府、企业和行业协会都发挥着重要作用。政府应加大对传统酿造工艺保护和支持的力度，为企业创新和发展提供良好的政策环境；企业应加大投入，提升产品品质和研发能力，传承和发展传统酿造工艺；行业协会则应发挥桥梁和纽带作用，促进企业间的交流与合作，共同推动行业的发展。

B.5

2023年服装纺织行业老字号企业
发展分析报告

舒　萍*

摘　要：　本报告以相关数据和个案资料为基础，对2020~2023年国内服装纺织行业发展状况进行分析和总结。本报告认为服装纺织行业老字号企业的发展机遇与挑战并存。一方面，企业凭借其品牌影响力、传统工艺和技术、良好的口碑等优势，能够在激烈的市场竞争中脱颖而出，赢得消费者的信赖；另一方面，企业面临着创新能力不足、国际市场竞争激烈、人才流失和环保压力大等挑战。服装纺织行业老字号企业的发展趋势将主要体现在传承与创新并重、品牌建设与市场拓展、转型升级与产业协同、线上线下融合与多元化经营、文化传承与社会责任五个方面。

关键词：　服装纺织行业　老字号企业　高质量发展

　　中国服装纺织行业老字号企业是指在中国服装纺织行业中具有悠久历史和丰富经验的企业。这些老字号企业通常有着几十年甚至上百年的历史，积累了丰富的品牌文化，在中国服装纺织行业中具有较高的知名度。中国服装纺织行业老字号企业代表着中国传统的工艺和文化，在市场竞争中具有一定的优势，但同时也面临着一系列挑战，部分企业正积极地进行变革和创新。本报告主要以相关数据、个案资料为基础，对2020~2023年国内服装纺织行业发展状况及未来发展趋势进行分析。

＊　舒萍，山东大学副教授，研究领域为经济人类学。

一　2020～2023年国内服装纺织行业发展状况

2020～2023年，国家出台了有关国内服装纺织行业的新政策。2021年6月，中国纺织工业联合会第四届第九次常务理事扩大会议在上海市举行，并发布了《纺织行业"十四五"发展纲要》及《科技、时尚、绿色发展指导意见》，明确了"十四五"时期服装纺织行业在整个国民经济中的定位，提出了2035年行业的远景目标，为行业发展指明方向。在新的发展时期，加快发展数字经济，深入实施制造强国战略，实现数字化转型，成为"十四五"时期的重点任务。2022年6月，中国纺织工业联合会发布了《纺织行业数字化转型三年行动计划（2022—2024年）》，以深化新一代信息技术与纺织工业融合发展为主线，以智能制造为主攻方向，以工业互联网创新应用为着力点，加快推动纺织行业数字化转型。

2020年，服装市场成交额6040.40亿元，布料及纺织品市场成交额7449.69亿元。① 服装法人企业数6407家。② 2021年作为"十四五"开局之年，对纺织服装行业的发展至关重要，2021年，服装市场成交额6358.05亿元，布料及纺织品市场成交额8347.35亿元。③ 服装法人企业数6789家。④ 2022年，国内外各种风险挑战远超预期，纺织行业面临各种压力。中国纺织工业联合会数据显示，规模以上纺织企业工业增加值同比下降1.9%，营业收入52564亿元，同比增长0.9%；利润总额2067亿元，同比下降24.8%。⑤

据中国纺织工业联合会流通分会统计，2016～2020年，我国万平方米以

---

① 国家统计局，https：//data. stats. gov. cn/easyquery. htm？cn＝C01&zb＝A0I0904&sj＝2020。

② 国家统计局，https：//data. stats. gov. cn/search. htm？s＝2020%20%E6%9C%8D%E8%A3%85%E4%BC%81%E4%B8%9A。

③ 国家统计局，https：//data. stats. gov. cn/search. htm？s＝2021%20%E7%BA%BA%E7%BB%87%E5%B8%82%E5%9C%BA。

④ 国家统计局，https：//data. stats. gov. cn/search. htm？s＝2021%20%E6%9C%8D%E8%A3%85%E4%BC%81%E4%B8%9A。

⑤ 张楠：《2022年纺织行业整体平稳运行》，《中国工业报》2023年2月7日。

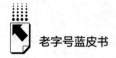

上纺织服装专业市场数量、市场经营面积、市场商铺数量、市场商户数量连续增长，但自 2021 年开始出现下滑，2022 年继续下滑。行业新增市场数量逐年降低，歇业重装、关停倒闭、转变业态等市场数量增加，总量规模下滑。2023 年行业发展有所恢复，2023 年 4 月，中国纺织行业首个价值千亿元级区域品牌"柯桥纺织"诞生。柯桥纺织已基本形成从化纤、织造、印染、服装、家纺到纺机装备的完整产业链。①

2020~2023 年国内服装纺织行业具有以下几个特点。

第一，大众对中国元素的关注度大幅增加。中国品牌搜索热度占比从 2016 年的 45% 提升至 2021 年的 75%，国产品牌广受关注。2020 年有 66% 的消费者倾向于消费国产品牌，消费者对国产品牌的接受度已经达到较高水平。②

第二，随着"新零售"升级，服装行业正在悄然发生转变。"95 后""00 后"成为消费主力。年轻消费群体在服装的消费观念以及消费方式等方面都发生了变化，因此市场需求也发生了新的变化，中国服装行业正在不断创新，主要表现为：细分市场兴起；线上线下合二为一；消费群体年轻化、个性化；销售渠道和原运营模式彻底变革；视觉营销趋势更加明显；服装行业人工智能全面升级。③

第三，服装纺织行业将数字化转型作为改造提升传统动能、培育发展新动能的重要手段，并在智能制造、新一代信息技术推广等领域获得新进展。除此之外，工业互联网的融合应用也在一些服装纺织行业龙头企业的推动下取得了一系列成果。

第四，流媒体直播、短视频等新型营销迅速崛起。一些新锐品牌采用"线下+线上"双渠道融合模式，构建"社区+电商"运营模式，适应用户

① 《2912 亿元！中国纺织行业首个价值千亿级区域品牌诞生》，http：//www.cnga.org.cn/html/fxyj/hytx/2023/0412/55639.html。

② 《国货服装品牌全面崛起势不可挡》，http：//www.cnga.org.cn/html/fxyj/hytx/2021/0817/53543.html。

③ 《2020 年中国服装行业 10 大最新发展趋势》，《网印工业》2020 年第 2 期。

消费习惯的转变，在短时间内完成对品牌快速塑造。

第五，在全球环保意识不断提高的背景下，国内服装纺织行业更加注重可持续发展。服装纺织行业企业采取了更多的环保措施，如使用环保材料，推行循环经济发展模式，减少废弃物的产生。

第六，个性化定制。随着消费者对个性化定制的需求不断增加，服装纺织行业更加注重满足消费者的个性化需求。服装纺织行业企业提供了更多的定制选项，如定制尺寸、款式和图案，以满足消费者的个性化需求。

二　服装纺织行业老字号企业发展概况

在中国古代，人们使用丝绸和麻布等材料制作衣物。丝绸是中国的特产，被广泛用于制作华丽的服装。麻布则被用于制作普通人的衣物。在宋朝，中国的纺织技术达到巅峰，丝绸和棉布成为主要的纺织品。宋朝还建立了专门的纺织工坊，用于生产和销售纺织品。明清时期，中国的纺织业进一步发展。丝绸和棉布仍然是主要的纺织品，但新的纺织技术和纺织设备也被引入，如织布机和纺纱机。这些技术和设备的引入提高了生产效率，使中国的纺织业更加繁荣。然而，中国的服装纺织行业在19世纪遭遇了挑战。随着西方工业革命的兴起，机械化生产和规模化生产使西方国家的纺织业迅速发展。中国的传统手工纺织业无法与西方的机械化纺织业竞争，中国的纺织业逐渐衰落。20世纪初，中国的纺织业开始复苏，随着现代化进程加快，纺织技术得到了改进和提升。到了20世纪末，中国的服装纺织行业迎来了快速发展期。中国的服装纺织企业开始走向国际市场，成为全球纺织市场的重要供应商，但目前中国的服装纺织行业仍面临一些挑战。随着劳动力成本的上升和环保压力的增加，一些服装纺织企业不得不转向其他国家或地区进行生产。此外，中国的服装纺织企业还面临着知识产权保护和市场竞争等问题。

中国服装纺织行业有许多老字号企业，中国服装纺织行业老字号企业可分为三大类。第一类是丝绸之路老字号。中国的丝绸之路是世界上较早的贸易路线之一，许多丝绸制造商在这条路线上兴起。第二类是纺织工业老字号。中国的纺织工业在 20 世纪初兴起，许多老字号企业在这个时期创立。第三类是服装制造老字号。中国的服装制造业在 20 世纪中期开始迅速发展，许多老字号企业也在这个时期崭露头角。中国服装纺织行业老字号企业经历了中国的社会变革和经济发展，不断适应市场需求，保持了自己的竞争力，并为中国的经济繁荣做出了重要贡献。

2020~2023 年，国家出台了新的有关老字号企业发展的指导意见。2023 年 1 月，商务部等 8 部门印发了《关于促进老字号创新发展的意见》，提出支持老字号跨界融合发展，引导老字号企业将传统经营方式与大数据、云计算等现代信息技术相结合，升级营销模式，发展新业态、新模式，营造消费新场景，推动电商平台设立老字号专区。在此背景下，服装纺织行业老字号企业力图从多方面谋求改革创新，其中不乏成功案例。本报告以典型案例为基础，从工艺技术、经营理念和社会责任等方面分析服装纺织行业老字号企业近几年的发展状况。

案例一：瑞蚨祥①

瑞蚨祥高级定制服务围绕"九大流程"，即由专属助理、形象顾问、量体师、制版师、剪裁师、缝纫师、整烫师、盘扣技师以及刺绣技师组成的多人团队，实现"一个团队为一个人服务"，满足消费者高档次、个性化、一站式、体验型的消费需求。

2021 年 4 月 10 日，瑞蚨祥受邀参加国潮优选品牌高峰论坛。2021 年 9 月 5 日，瑞蚨祥参加了北京服贸会第十五届国际"新发展格局下中国服务贸易改革创新与开放"高峰论坛。会议期间，瑞蚨祥与北京第二外国语学院达成战略合作伙伴关系。2021 年 11 月，瑞蚨祥参加了第四届中国国际进口博览会，展会期间，瑞蚨祥的重绣喜服、时尚雅致的原创丝巾、经典华丽的手包都被观众争相预订采购，独具创意的微缩中式服装也吸引了大批观

---

① 瑞蚨祥官方网站：http://www.refosian.com./。

众。2022 年国庆前夕，在北京前门大栅栏瑞蚨祥总店的古建筑内，举办了一场纪念瑞蚨祥品牌创建 160 周年的品牌历史文化活动，将瑞蚨祥的代表性产品和品牌发展历程，通过多种形式，全方位进行了展示。2023 年 3 月 16 日，瑞蚨祥非物质文化遗产手工技艺传习班在北京前门大栅栏瑞蚨祥总店正式启动，瑞蚨祥多名中青年员工参与了本次学习。

瑞蚨祥的发展体现了服装纺织行业老字号企业在文创产品上不断推陈出新，通过联合设计工作室、高校等方式，力求研发出群众喜爱的优质产品。此外，瑞蚨祥还在传统节庆假日等重要节点，组织非遗宣传、展示、展览等系列活动，有效地增强了非遗影响力，这也是服装纺织行业老字号企业履行其社会责任的重要体现。

案例二：利工民①

广州轻工集团利工民公司以"利工人、利民众"为初心，历经百年发展，目前是华南地区唯一的贴身服饰类中华老字号。1923 年利工民的创始人冯寿如在广州龙津路锦云里创办利工民福记织造厂。

2020 年 11 月 5~10 日，利工民参加了第五届中国国际进口博览会。这是利工民作为百年老字号企业首次登上进博会的国际大舞台。2022 年 12 月，利工民和广州市宝生园股份有限公司举行企业战略合作签约仪式。双方将在产品互采、渠道共享、联名开发等领域共同发展。利工民坚持守正创新，全面激发老字号发展动力，推进企业进入增速发展快车道。2021 年、2022 年公司营业收入分别同比增长 18%、11%。

在营销方式上，利工民全面开展数字营销，以"新零售品牌运营商"为运营定位，搭建新媒体运营矩阵；与社交媒体 KOL 博主达人合作互动推广品牌，吸引了众多年轻消费者。利工民搭建了会员营销体系，发展社群经济和分销模式。此外，利工民还推出"一站式"团购服务，涵盖家纺产品、

---

① 广州轻工集团利工民公司官网 http://ppsi.com.cn/ligongmin.html。

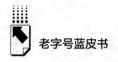

团体工装定制、抗疫礼包系列，整合团购柔性供应链。

利工民在疫情防控工作中充分体现了老字号企业的社会责任担当。2023年3月利工民公司再次获得"广州市救灾物资应急保障企业"牌匾，成为31家应急保障企业签约单位之一。

利工民的案例充分体现了服装纺织行业老字号企业的责任担当。此外，利工民注重增加曝光率，这不仅能够提升企业的品牌影响力和竞争力，也有利于企业了解客户的需求，对原有产品进行创新。利工民还专注产品设计和运营方式的革新，在保持制作精良、舒适耐用、环保健康产品形象的同时，还致力于满足新消费需求，通过新工艺、新面料不断延伸产品线，向时尚化、年轻化转换。

案例三：雷蒙①

"雷蒙"是北京京工服装集团有限公司旗下具有悠久辉煌历史的男装品牌。

近几年，雷蒙作为北京老字号，不断拓展产品品类、提升服务质量，针对不同消费群体进行产品细分，同时恢复高级定制业务，目的就是更好地传承和发扬雷蒙品牌悠久的历史和厚重的品牌文化。一套"雷蒙·1940"高级定制西服，工艺程序至少300余道，在制作过程中"推、归、拔、烫"这些精髓工序能够让半成品毛样达到一次试穿成功的效果。2020年，在品牌创立80周年之际，雷蒙在北京时装周上首次推出女装系列。2020年雷蒙的品牌价值达到146.19亿元，荣获"紫禁城品牌大奖"。2021年，雷蒙依托北京京工服装集团的"京工1961"社区店，提供多元化产品，让老字号进社区，将雷蒙的传统技艺、优质服务带进了更多社区，更好地履行国有企业的社会责任。2021年7月19日，雷蒙与北京首钢篮球队明星球员雷蒙进行代言签约，探索体育与时尚跨界融合，让更多的年轻人关注和了解北京老

---

① 北京京工服装集团有限公司官网：https//www.jgfzh.com.cn/。

字号品牌服饰文化，增强了老字号品牌在年轻人群中的影响力，不断传承弘扬、创新发展老字号品牌。2021年9月16日，北京京工服装集团与北京京华茶业签署战略合作。两家老字号企业希望通过跨界融合实现"破圈"。

雷蒙近年的发展体现了服装纺织行业老字号企业通过走进社区、服务社区等形式履行社会责任。同时，雷蒙创新产品，不断谋求跨界合作，与老字号企业联手，在创新中传承京城非遗。雷蒙重视青年消费者，在服装设计上打破了原有的性别窠臼，开始进军女性服装市场，并且得到业界和消费者的关注。

由上述案例可见，服装纺织行业老字号企业既具有自身优势资源，又面临许多挑战。服装纺织行业老字号企业的自身优势体现在以下几个方面。

第一，品牌影响力。服装纺织行业老字号企业拥有悠久的历史和丰富的品牌故事，具有较高的品牌影响力。这些企业的品牌往往代表着传统、质量和信誉，深受消费者的认可和喜爱。

第二，传统工艺和技术优势。服装纺织行业老字号企业通常承袭了多代人的传统工艺和技术，拥有独特的生产工艺和技术。这些企业在纺织、染色、织造等方面具有丰富的经验和技术储备，能够生产高品质的产品。

第三，原材料优势。服装纺织行业老字号企业通常与供应商建立了长期稳定的合作关系，能够获得优质的原材料。这些企业对原材料的选择和采购有着丰富的经验，能够确保产品的质量和稳定性。

第四，品质保证。服装纺织行业老字号企业注重产品的品质控制，对每一个环节都进行严格的监控和管理。这些企业往往拥有完善的质量管理体系，能够确保产品符合国家标准和消费者的需求。

第五，社会口碑。服装纺织行业老字号企业通过服务社区、普及非遗知识等方式，积极履行社会责任，为社会的可持续发展做出贡献。这也成为企业的一种经营理念和行为准则。

可见，服装纺织行业老字号企业凭借其品牌影响力、传统工艺和技术优势、原材料优势、良好的社会口碑等，能够在激烈的市场竞争中脱颖而出，赢得消费者的信赖和支持。

近年来，服装纺织行业老字号企业在发展过程中也面临种种挑战。

第一，随着时代的发展和消费者需求的变化，服装纺织行业老字号企业需要不断创新产品，以适应市场的需求。然而，由于延续传统的生产工艺和经营模式，服装纺织行业老字号企业可能面临着创新能力不足的问题。

第二，随着全球化进程的推进，国际市场竞争也更加激烈。服装纺织行业老字号企业需要面对来自国内外各种品牌的竞争，这些品牌可能具有更先进的技术和更具吸引力的产品。服装纺织行业老字号企业需要提高自身的竞争力，以在市场中保持地位。

第三，服装纺织行业老字号企业面临着人才流失的问题。由于延续传统的生产工艺和经营模式，服装纺织行业老字号企业可能无法吸引年轻人的加入，导致人才流失和传统技艺的失传。这对服装纺织行业老字号企业的可持续发展构成了威胁。

第四，服装纺织行业老字号企业需要应对环保和可持续发展的压力。随着人们环保意识的不断增强，消费者对于环保产品的需求也在增加。服装纺织行业老字号企业需要采取措施，减少对环境的影响，并推出符合环保标准的产品。

可见，服装纺织行业老字号企业面临着创新能力不足、国际市场竞争激烈、人才流失和环保压力大等挑战。只有通过不断创新和提高竞争力，服装纺织行业老字号企业才能在激烈的市场竞争中生存和发展。

三　服装纺织行业老字号企业发展趋势

老字号是我国经济发展中的重要商业载体，推动老字号的创新发展势在必行。当下，老字号品牌的发展机遇与挑战并存，服装纺织老字号企业发展趋势主要体现在以下几个方面。

第一，传承与创新并重。服装纺织行业老字号企业将同时注重传承与创新。首先，传承是保持企业独特性和提升品牌价值的重要方式。服装纺织行业老字号企业通常拥有悠久的历史和独特的工艺技术，这些传统的技艺和文化是企业的核心竞争力和品牌优势。通过传承，企业能够保持自身的独特性，吸引消费者对其产品的关注。其次，创新是适应市场变化和满足消费者需求的必要手段。随着时代的发展和消费者观念的变化，市场需求也在不断变化。服装纺织行业老字号企业如果只停留在传统的产品和经营模式上，很难适应市场的变化、满足消费者的需求。因此，创新是企业持续发展的关键，通过引入新的设计理念、技术和营销方式，企业能够不断推出符合市场需求的新产品、增强市场竞争力。最后，传承与创新并重可以实现企业的可持续发展。传承保持了企业的历史文化和品牌价值，创新则使企业能够不断适应市场变化和满足消费者需求。传承与创新相结合，可以使企业在竞争激烈的市场中保持竞争力，实现长期稳定的发展。简言之，服装纺织行业老字号企业要"传承与创新并重"，保持企业的独特性和提升品牌价值，适应市场变化和满足消费者需求，实现可持续发展。

第二，品牌建设与市场拓展。服装纺织行业老字号企业在发展中将注重品牌建设和市场拓展，通过加强品牌形象塑造、提升产品质量和服务水平、开拓国内外市场，来提高品牌知名度和扩大市场份额。品牌建设可以提升企业的知名度和声誉，增加消费者对产品的信任度。在竞争激烈的市场中，一个有影响力的品牌可以吸引更多的消费者，提高销售额；可以帮助企业树立独特的形象。通过品牌塑造，企业与消费者之间可以建立起情感连接，从而形成品牌忠诚度。通过开拓新的市场，企业可以获得更多的销售机会，提高销售额和利润，降低市场风险。品牌建设和市场拓展并重可以帮助企业增强竞争力和长期发展能力。有影响力的品牌和广泛的市场渠道可以为企业带来更多的机会和资源，使企业能够在竞争中立于不败之地，并实现长期稳定的发展。

第三，转型升级与产业协同。随着消费者需求的不断变化，服装纺织行业老字号企业将需要不断创新和升级产品，以适应市场的需求。转型升级可以帮助企业引进先进的生产技术，开发新的产品线，满足消费者对时尚、个性化和高品质产品的需求。随着科技的不断发展，新的生产技术和工艺不断涌现，服装纺织行业老字号企业需要引进新的技术和设备，提高生产效率和产品质量；转型升级还可以帮助企业引进环保技术，提高产品的环保性能。随着人们环保意识的增强，消费者对环保产品的需求也在增加。服装纺织行

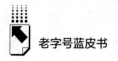

业老字号企业在生产过程中需要减少对环境的污染。服装纺织行业老字号企业可与其他产业协同发展，通过整合资源和技术，共享资源和技术，提供更多元化的产品和服务，来满足消费者的不同需求，提高企业的综合竞争力。不同产业之间的合作可以带来不同的思维和经验，激发创新的火花，推动企业不断进行技术创新和产品创新。

第四，线上线下融合与多元化经营。随着互联网的普及和消费者购物习惯的改变，线上购物已经成为一种主流消费方式。为了满足消费者的需求，服装纺织行业老字号企业需要将线上线下相融合，提供多样化的购物渠道和体验。线上线下融合可以帮助企业拓展更广阔的市场、吸引更多的消费者。通过线上渠道，企业可以突破地域限制，将产品推广到更多的地区。线上线下融合可以提升企业的知名度。通过线上渠道，企业可以进行品牌宣传和推广，吸引消费者的关注。线上线下融合可以提升企业的经营效率。通过线上渠道，企业可以实现更高效的销售和配送，减少库存，提高资金周转率。线上线下融合可以降低企业的运营成本。线上渠道，可降低企业的店面租金和人员成本，提高资源利用效率。因此，线上线下融合和多元化经营对于服装纺织行业老字号企业来说，是适应市场需求、提升竞争力和实现可持续发展的重要举措。

第五，文化传承与社会责任。服装纺织行业老字号企业通常有着悠久的历史和独特的传统工艺技术。文化传承可以赋予企业独特的品牌价值和竞争力。通过将传统文化元素融入产品的设计和制作过程中，企业可以打造具有独特魅力和文化内涵的产品，吸引消费者的关注。注重文化传承可以让消费者感受到企业对传统文化的尊重和保护，增强消费者对企业的认同感，从而促进企业的发展。服装纺织行业老字号企业通常在当地有着深厚的历史文化和较大的社会影响力，注重文化传承与社会责任可以帮助企业履行社会责任、回馈社会。通过支持文化活动、参与公益事业等方式，企业可以积极参与社会发展，提升品牌形象。总之，服装纺织行业老字号企业注重文化传承与社会责任是为了保护和传承传统文化，增强品牌价值和竞争力，增加消费者认同感和忠诚度，以及履行社会责任。这些举措有助于企业的可持续发展。

B.6

2023年手工艺行业老字号企业
发展分析报告

李吉星　杨昊晴*

摘　要： 手工艺行业老字号企业具有悠久的历史，在国内外享有较高声誉，在传承与发展传统工艺方面具有重要地位。面对现代市场的挑战和机遇，手工艺行业老字号企业需要不断创新和发展，以适应时代发展并保持市场竞争力。手工艺行业老字号企业应结合多种方式有效传承，继承与创新并举，增强企业竞争力。

关键词： 手工艺行业　老字号企业　品牌发展

引　言

　　手工艺行业老字号企业是老字号企业的重要组成部分。由于手工艺行业的特殊性，手工艺行业老字号企业常常与非物质文化遗产紧密联系在一起，这也为手工艺行业老字号企业的发展提供了发展契机。改革开放以来，涌现了杭州王星记扇、惠山大阿福泥人、北京红星宣纸等一批优秀老字号品牌。然而，社会发展必然会影响人们的生活习惯和思想观念，一些手工艺行业老字号企业面临着后继乏人、创新不足等困境，并逐渐湮没在历史长河中。2022年3月18日《商务部等8部门关于促进老

---

　　* 李吉星，云南省社会科学院民族学研究所所长、研究员，云南省老字号专家认定委员会委员；杨昊晴，云南大学历史与档案学院硕士研究生。

字号创新发展的意见》明确提出要"以习近平新时代中国特色社会主义思想为指导，全面贯彻党的十九大和十九届二中、三中、四中、五中、六中全会精神，坚持稳中求进工作总基调，完整、准确、全面贯彻新发展理念，加快构建新发展格局，实施老字号保护发展五年行动，建立健全老字号保护传承和创新发展的长效机制，促进老字号持续健康高质量发展，将老字号所蕴含的中华优秀传统文化更多融入现代生产生活，更好满足国潮消费需求，促进中华优秀传统文化的创造性转化和创新性发展，满足人民日益增长的美好生活需要。"[①] 因此，探索手工艺行业老字号企业发展模式，刻不容缓。

一 手工艺行业老字号企业发展现状

（一）产业发展现状

从产业发展规模来看，手工艺行业老字号企业是老字号企业的重要组成部分，以中小企业为主。根据老字号企业课题组于 2023 年开展的调查，554家老字号企业中共有 93 家老字号企业从事手工艺行业，占样本总数的16.8%。其中，中小企业占44%，是主要的经营活动主体，并且有72%的手工艺行业老字号企业表示未来会扩大生产规模。从产业发展情况来看，手工艺行业老字号企业经营状况较好，发展前景非常好。93 家手工艺行业老字号企业中有82.8%的企业对于目前的经营状况感到满意，85%的企业表示对于未来发展前景保持乐观态度。从产业发展融合来看，手工艺行业老字号企业借助互联网进行线上经营成为常态，但仍不成熟。共有 73.1%的手工艺行业老字号企业在第三方电商平台销售产品，淘宝（含天猫）、京东、抖音、微信、拼多多成为主要销售平台。另外，已有 46.2%的手工艺行业老

---

① 《商务部等 8 部门关于促进老字号创新发展的意见》，http：//www.mofcom.gov.cn/zfxxgk/article/gkml/202203/20220303286657.shtml。

字号企业已经开通网络直播带货。但实际上 61.2%的手工艺行业老字号企业电商平台的销售收入占销售总收入的比例在 10%以下。

（二）产品发展现状

在产品创新方面，手工艺行业老字号企业有很大的发展空间。在"国潮国货"背景下，有 67.7%的手工艺行业老字号企业关注的是产品创新、包装创新问题；仅有 15%的手工艺行业老字号企业认为我国老字号企业在新产品创新方面存在问题。在产品品牌塑造方面，品牌影响力仍待加强。93家手工艺行业老字号企业中有约 50.5%的企业认为，相对于其他品牌，我国老字号企业经营存在品牌影响力不足的问题；大多数手工艺行业老字号企业已经意识到品牌是自身发展的巨大优势，约有 87%的手工艺行业老字号企业认为"品牌影响大""时间长"是企业发展的优势。在产品宣传方面，手工艺行业老字号企业的宣传方式多种多样，并取得一定成效。手工艺行业老字号企业的宣传方式包括新媒体（如各电商平台、微信）、传统媒体（如纸媒、电视）、大型商业活动（如博览会、展销会）推广、非商业性公益活动推广；此外，有 26.9%的手工艺行业老字号企业会将"品牌老""质量好""传统工艺"作为品牌宣传的重点。

二 手工艺行业老字号企业基本特征

（一）以手工艺专业人才为基础

手工艺通常指以手工劳动制造有用之物的技艺和知识。手工劳动就必然以人为载体，尽管如今越来越多的手工劳动被大机器取代，部分手工艺行业也在尝试通过机械生产、提高生产效率，来提升竞争力。但因手工艺产品制作精密复杂，且机器制造无法体现手工艺产品的文化内涵，目前手工艺专业艺人仍然是手工艺行业老字号企业发展的基础。我们熟知的荣宝斋木版水

印、吴鲁衡万安罗盘、黄古林草席等老字号都对手工艺专业人才有着极高的要求。

（二）与传统文化结合更为紧密

各类手工艺产品也承载着独特的精神内涵。与酿造、医药等行业的老字号企业体现的"制造文化"不同，手工艺行业产品带有文化习俗印记。惠山大阿福泥人就是体现百姓对于和谐幸福生活追求的民艺造物[①]；吴鲁衡万安罗盘作为测量风水的工具，则是风水、天文学等民俗文化的具象载体[②]。传统文化在企业发展中如何定位，也是当前手工艺行业老字号企业需要正视的问题。

（三）代际传承周期长

手工艺行业的代际传承通常包括家族式传承、地域性传承，也就是我们常说的子承父业、师徒相授。家族式传承包括所有权、管理权、手工技艺传承，接班人的培养基本是从孩童时期开始，在中年时期才能彻底交接完成，老字号的形成通常需要几代人的努力。基于血缘关系的家族式传承通常"传男不传女""传内不传外"，这并不利于手工技艺的传播与企业规模的扩大，因此师徒相授成为重要的补充方式。传统的"一对一"师徒模式，是一种高效的培养模式，但由于手工技艺的复杂性，仍需要长时间的"言传身教"，因此手工艺行业代际传承的周期较长。[③]

（四）市场需求弹性大

手工艺产品由于制作周期长、工艺精美，价格一般也比较昂贵，如一把做工考究的王星记扇的官方定价是 200～1000 元。同时，由于生活方

---

① 黄永飞、刘少牛：《从惠山泥人大阿福看民间和谐观》，《南京工程学院学报》（社会科学版）2008 年第 2 期。

② 王文馨：《万安罗盘制作技艺传承与保护现状调查》，《中国艺术时空》2017 年第 4 期。

③ 潘俊：《传统手工艺企业代际传承研究》，云南大学博士学位论文，2021。

式的变化，许多手工艺产品已经失去实用性。因此，在消费者眼中许多手工艺产品也慢慢地转变为"奢侈品"，消费者在喜爱、好奇或者促销等因素的促使下也许会产生购买欲望，但回购率不高，市场需求弹性大。

三 手工艺行业老字号企业的发展困境

（一）消费市场萎缩

生活方式与思想观念的转变，严重影响了手工艺行业老字号企业的发展，人们更加倾向选择方便智能的现代产品，部分手工艺产品因失去使用功能而逐渐被淘汰。如宁波黄古林草席，早在唐朝时期就已远销各地，宋元时期作为特产销往海外，到清朝时期已销至东南亚、欧洲、非洲等地区。虽然2009 年黄古林草席编织工艺被列入浙江省非物质文化遗产保护名录，且蔺草草编制品已于 2002 年获得"原产地标志认证"，宁波西乡甚至获得"中国蔺草之乡"的美誉，但其知名度并不高。还有过去用来测量风水的主要工具吴鲁衡万安罗盘，历史上徽州素有崇尚风水的习俗，罗盘制造业也随之兴旺发达。然而随着社会的进步，人们更相信科学，不再使用此类产品。罗盘技艺传承人吴兆光说："每年生产的罗盘，75%是风水师购买（包括研究风水、建筑、天文等专业），10%是学校购买用于教学，10%是用于收藏，5%是其他用途。"[1] 此外，年轻消费群体具有个性化、趣味化、多元化的消费心理，手工艺行业老字号往往带给他们陈旧、落后、复杂的品牌形象。因此，相较于饮食、医药等行业的老字号企业，手工艺行业老字号企业先天不足，根本无法享受老字号带来的品牌红利。

（二）大机器生产冲击产品质量与内涵

目前，手工艺行业老字号企业也通过运用现代化的生产技术来提高产业

---

① 王文馨：《万安罗盘制作技艺传承与保护现状调查》，《中国艺术时空》2017 年第 4 期。

效率，提升企业竞争力，获得更高的利润，但机器如何能做出精密的手工艺产品？手工艺产品独特的文化内涵又如何体现？黄古林草席的制作者崔文兵表示："草席机械化生产后，确实省时省力，效率大大提升，但通过机械化生产的草席，无法体现精湛的编织技艺和我们仲一村独特的地方文化价值。"在把草编产业做大做强的同时，更要把传统工艺发扬光大，留存工艺匠心。① 大机器生产是时代进步的表现，但手工技艺也并非糟粕，对于手工艺行业老字号企业来说，独特的手工技艺恰恰是企业的生存之本，如何平衡好两者之间的关系还需要进行不断的探索。

（三）缺乏知识产权保护

知识产权是一种无形产权，是指智力创造性劳动取得的成果，并且是由智力劳动者对其成果依法享有的一种权利。近几年，国内对于知识产权保护尤为重视。2023 年 3 月，国家知识产权局印发的《2023 年全国知识产权行政保护工作方案》指出，要"强化法治保障、严格产权保护，坚持改革驱动、质量引领，全面加强知识产权行政保护，继续加大对重点领域、关键环节侵犯知识产权行为的打击和治理力度，高质量推进知识产权行政保护工作"。② 手工艺行业老字号企业在知识产权方面问题频出。例如，红星宣纸面临假冒伪劣产品以及海外剽窃工艺的问题。目前，国内外的假冒伪劣宣纸有很大一部分来自安徽泾县。调查数据显示，每年从安徽泾县流出的假冒伪劣宣纸有 400 吨。③ 拥有近 200 年历史的中华老字号珠宝品牌"宝庆"也深陷知识产权的困境。具体表现为："商标权利人与商标被许可人之间的多起民事诉讼、消费者对于宝庆品牌的疑惑、宝庆品牌自身发展规划的混乱与无序。"④可见，手工艺行业老字号企业在知识产权保护的道路上，任重而道远。

① 罗丹纳、沈世伟：《宁波黄古林蔺草-水稻轮作系统及草席编织技艺的旅游开发研究》，《浙江工商职业技术学院学报》2021 年第 1 期。
② 《2023 年全国知识产权行政保护工作方案》，https：//www.cnipa.gov.cn/art/2023/3/7/art_53_182582.html。
③ 叶锋：《宣纸出口现状分析与对策研究——以安徽省泾县为例》，《今日印刷》2012 年第 5 期。
④ 崔文宇：《民族银楼品牌"宝庆"何去何从?》，《中国知识产权报》2011 年 5 月 13 日。

（四）传承难，收徒艰

手工艺行业老字号企业正面临着技艺失传、收徒困难的问题。例如，早期厦门漆线雕都是以师传口授或家族秘传的传统传授方式为主，几乎没有系统的文字记载和规范的理论研究体系，仅靠个人经验和天赋来学习掌握这门技艺。这就导致在历史变迁过程中，有些绝技容易失传。① 传承人掌握的手工技艺是确保手工艺行业老字号企业生生不息、代代相传的重要的基础。在商品经济中，老手艺人逐渐老去，手工难度大，传承时间长，此外，除了要掌握基本的手工艺制作方法，更需要领会其中的精神内涵。由于短期经济效益低，许多年轻人不愿学习，手工艺行业老字号企业陷入后继无人的尴尬境地。部分手工艺行业老字号企业正面临着严峻的生存问题。

四　影响手工艺行业老字号企业发展的因素

（一）内部因素

内部因素主要是指手工艺行业老字号企业的运行、决策经营，特别是对企业传承与创新核心能力的培养。北京工美集团深化改革，通过集体资产管理来获得企业集体投资，发展保持稳定。另外，该集团还在总结过去经验的基础上，明确员工职责、创新工作方式，最终实现了企业内部的有效管理。② 朵云轩品牌的创始人朱旗曾言："朵云轩创立之初就开宗明义提出'鱼网龙须早结名流之契，鹤翎凤尾奉扬君子之风'，'结名流之契'和'扬君子之风'不仅是笺与扇的基本功用，也成为朵云轩传承百年的企业文

---

① 王艳君：《厦门漆线雕艺术的传承与发展研究》，《雕塑》2013年第5期。
② 马晓飞、薛倩琳、王丹谊：《深耕传统技艺 打造自主品牌——北京工美集团艺术研究院院长申文广访谈》，《中国艺术》2021年第2期。

化——恪守诚信经营的理念、倡导风清气正的风尚。"① 创新是引领发展的第一动力，安徽省绩溪县良才墨业的传承人冯良才就曾颇有感触地说："善于创新才能持久发展，善于继承才能不贫乏。"手工艺行业老字号企业必须在创新上下足功夫。②

（二）外部因素

1. 社会因素

社会发展以及相关政策的出台都影响着手工艺行业老字号企业的发展。创始于1875年的王星记，在民国时期由于战乱迁至香港，扇庄名存实亡。20世纪50年代王星记作为杭州仅存的杭扇代表企业，稍有发展，却因市场经济形式不稳定等因素，艰难经营，到20世纪90年代以后更是濒临破产。进入21世纪，王星记抓住机遇，2010年登录电商平台大力发展互联网销售，不断拓展线上销售渠道，销售额迅速增长。③可见，社会因素对较为脆弱的手工艺行业老字号企业影响较大。

2. 文化因素

文化因素主要是指对手工艺行业老字号企业的社会文化支持。近年来，"国潮国货"受到高度关注，《百度2021国潮骄傲搜索大数据》显示，"国潮"在过去10年关注度上涨528%。"国潮"一词，可以拆解成"中国元素"与"潮流文化"。"国"自然是指中国，即对中国传统文化的传承与发扬，"潮"指代"国"内部的潮流文化风尚，代表了一种文化流动、未来态势。《2022多多新国潮消费报告》显示，2021年拼多多平台国货品牌的入驻数量同比增长超过270%，先后涌现了327个过亿品牌，其中包括50多个

---

① 刘礼福、朱旗：《朵云轩的"文商并举"新布局》，《艺术市场》2020年第12期。
② 佚名：《制墨世家 当代大师 传世工艺 国之魁宝——记安徽省绩溪县良才墨业有限公司争创中国名牌之路》，《中国品牌》2007年第7期。
③ 梁荣生、姚雪松：《"新零售+跨界"：老字号的营销新模式——以杭州"王星记"扇业为例》，《企业改革与管理》2020年第3期。

过亿的老字号品牌，老字号重获新生。① 另外，以亲属血缘关系为核心的宗族文化也影响着手工艺行业老字号企业的代际传承。

五　手工艺行业老字号企业的发展路径

（一）结合多种方式，有效传承

要解决手工艺行业老字号企业如何发展的问题，就必须首先解决如何延续的问题。手工艺行业老字号企业可以通过"学"、数字化保存两个方面传承技艺。首先，手工艺行业老字号企业可以将手工技艺带入学校课堂，或通过网课等形式，让学生们学习老字号的独特文化和制作技术。手工技艺通常需要花费大量的时间和精力，学生们通过学习模仿既可以了解传统手工艺品的制作程序，还可以培养耐心与细心，学习工匠精神。其次，加强手工艺行业老字号企业与各类院校合作，这样既可以解决高校学生的就业问题，同时也可以为企业注入新的活力。如王星记与中国美术学院联合主办"中华扇艺创意创新人才培养项目"，培养了一大批专业的后备人才。年轻人的新思路、新设计，为王星记吸引了更多的新顾客，进一步扩大了品牌在年轻消费群体当中的知名度，也让扇子工艺的传承问题得到妥善解决。② 另外，使用数字化保存也是传承技艺的有效办法。数字化是指利用信息系统、各类传感器、机器视觉等信息通信技术，将物理世界中复杂多变的数据、信息、知识，转变为一系列二进制代码，引入计算机内部，形成可识别、可存储、可计算的数字、数据，再以这些数字、数据建立起相关的数据模型，进行统一处理、分析、应用，这就是数字化的基本过程。③

---

① 孙婧一、李晋红：《"老字号"遇上"新国潮"：平台经济下品牌资产的提升路径》，《商业经济研究》2022年第22期。
② 王扬程：《互联网时代老字号产品创新路径研究——基于杭州王星记扇业的案例分析》，《中国市场》2022年第23期。
③ 肖勇：《关于银行网点数字化转型的思考》，《现代营销》（下旬刊）2022年第5期。

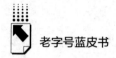

这种方式可以长期保存珍贵的手工技艺。荣宝斋木版水印技艺的保存就利用了现代化手段，对工艺进行记录、整理，如录制了影像资料、拍摄了图片资料等。[①] 北京工美集团则采用建立现代化博物馆的形式，具象生产历史与方式，在留存记忆的同时还与旅游结合起来，增强宣传效果。

（二）继承与创新并举，增强企业竞争力

手工艺行业老字号企业应保持本土文化特色，创新多产业融合，增强企业核心竞争力。例如，北京工美集团为满足消费者不同层次的需要，打造了三个自主品牌：工美造办、京工美作、工美文创。其中，工美造办由北京工美集团的国礼设计团队精心打造，工艺美术大师和顶尖的工匠完全用手工的方式进行创作，将东方美学和现代美好生活完美融合，满足了人们对高端生活艺术品和礼赠品的需要。京工美作则是以工艺为切入点，旨在打造具有当代审美的品质生活，重在将工艺与创意结合。而工美文创主要是以中国工艺和中国文化为特色，融合工业化的表现手法，进行创意和创新，为人们的生活提供更多美的享受。此外，一些手工艺行业老字号企业还将民间传说故事、传统戏剧、民俗、人生礼俗等融入产品的设计，如无锡惠山泥人推出了全新的"NANIMOMO"形象。[②] 多产业融合，主要是寻求跨界带来的新契机，利用不同产业的活动区域扩大市场，也迎合如今"联名"风头极盛的"新鲜"消费观。例如，万事利与王星记这两个品牌持续进行产品的创新融合，两个品牌联合推出的"最忆是杭州"丝绸礼扇手包套装成为经典的杭州伴手礼，并随着G20杭州峰会带来的影响力，走出国门。此外，王星记和《齐天大圣》等影视作品合作，将传统文化和传统手工艺融入现代影视作品，利用影视作品传播快且广的特点，进一步拓展了年轻群体的市场。[③]

---

① 刘畅：《荣宝斋木版水印的历史发展与传承》，《艺术与设计》（理论）2014年第9期。

② 谢飞君：《泥人咖啡馆，让"大阿福"重回百姓家》，《解放日报》2023年1月28日。

③ 于量：《龙泉宝剑转型记》，《解放日报》2022年3月16日。

专题篇

B.7
老字号企业与城市发展调查与分析报告

徐鹤溱　张心语　尉建文*

摘　要： 本报告依据老字号企业课题组收集的 554 家老字号企业的调查数据，从老字号企业对城市发展影响、"老字号一条街"现状和企业参与城市发展方式三个方面进行分析。研究发现：老字号企业对城市发展影响较大，在推动城市中老商街建设的同时，还助力城市转型发展；"老字号一条街"对城市发展有较大影响，品牌价值是"老字号一条街"的主要竞争优势；助力打造城市品牌与促进就业是老字号企业参与城市发展的主要方式。本报告认为老字号企业参与城市发展时需具体关注企业的盈利能力、资产规模、财务稳定性、技术实力和创新能力等对城市发展的影响，并制定相应的发展战略，助力城市发展。

关键词： 老字号企业　城市发展　品牌价值

---

* 徐鹤溱，北京师范大学社会学院博士研究生；张心语，北京师范大学社会学院硕士研究生；尉建文，南开大学社会学院教授。

一　调查背景

老字号企业在促进城市经济发展、传承文化遗产、塑造城市形象、提升城市竞争力等方面发挥着重要意义。2006年至今，《商务部关于实施"振兴老字号工程"的通知》《中华老字号示范创建管理办法》等文件相继发布，全力促进老字号企业发展。然而，我国消费结构的转变、新兴企业的竞争、城市现代化建设的要求都使老字号企业发展面临着挑战。

为此，老字号蓝皮书编委会、老字号工作委员会以及学术委员会积极探索当前老字号企业的经营发展现状，将老字号企业的经营发展置于经济社会结构转型中来考察。本报告依据老字号企业课题组收集的554家老字号企业的调查数据，对我国老字号企业经营状况与城市发展现状展开分析。本报告探讨"传统—现代"转型产业结构升级中老字号企业的发展问题，以及以老字号为中心发展出的老商街与城市发展等问题，充分发挥老字号企业的文化价值与经济价值，以实现传统老字号企业的高质量发展，并促进现代化城市快速发展。

本报告的研究对象为全国554家老字号企业。从地区分布来看，河南省的老字号企业所占比例最多，为43.86%，其次是山东省，占比为20.22%，排名第三的为山西省，占比为14.08%。从行业来看，老字号企业中食品行业企业占比最多，为36.82%，日用化工行业企业占比最少，为0.18%。从企业规模来看，中小型企业最多，占比为40.79%，大型企业占比最少，为3.07%。从所有制类型来看，私营企业最多，占比为54.87%，港、澳、台企业与外商投资企业占比均只有0.18%。从消费群体来看，中年群体是消费主力军，占比为85.74%，儿童群体占比仅有10.64%。从级别标准来看，省级老字号企业最多，占比为66.79%，中华老字号企业最少，仅占12.82%（见表1）。

表1 样本基本特征描述性统计

单位：%

变量	占比	变量	占比
级别标准		行业	
中华老字号	12.82	餐饮	14.08
省级老字号	66.79	零售	5.23
市级老字号	20.40	食品	36.82
消费群体		酿造	14.80
儿童	10.64	医药	9.75
青少年	16.6	服装	1.26
青年	68.77	文化用品	4.15
老年	74.00	日用化工	0.18
中年	85.74	酒店	1.08
企业规模		其他行业	12.64
大型企业	3.07	所有制类型	
大中型企业	4.33	国有企业	4.33
中型企业	13.54	集体所有制	1.26
中小型企业	40.79	私营企业	54.87
小微企业	38.27	股份制企业	21.48
地区分布		外商投资企业	0.18
福建省	6.14	个人独资企业	13.36
广东省	7.94	港、澳、台企业	0.18
河南省	43.86	股份合作企业	1.44
香港特别行政区	0.18	其他行业	2.89
江苏省	1.44		
辽宁省	5.96		
山东省	20.22		
山西省	14.08		
天津市	0.18		

二 老字号企业与城市发展现状

（一）老字号企业对城市发展的影响

1. 老字号企业在推动城市老商街建设的同时，助力城市转型发展

城市发展不仅需要以物质为载体，更需要持续创新发展，在此过程中，

老字号企业的作用不容忽视。具体来看，老字号企业的稳健发展不论对城市老商街的建设，还是对城市转型发展都有较大的影响。从老商街发展来看，有 58.66% 的老字号企业认为企业的发展对城市老商街发展有非常大的影响；有 32.13% 的老字号企业认为有比较大的影响；而仅有 0.36% 的老字号企业认为企业的发展对城市老商街发展有比较小的影响（见图 1）。绝大多数老字号企业都能自觉认识到自身发展对城市老商街发展的重大意义，并担负相应的社会责任。

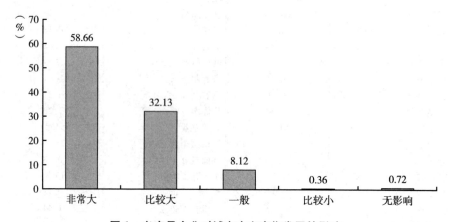

图 1　老字号企业对城市中老商街发展的影响

城市转型需要老字号企业的参与，同时城市转型也可以为老字号企业的进一步发展释放创新的发展空间。从城市转型发展来看，有 47.65% 的老字号企业认为企业的发展对城市转型发展的影响非常大；37.73% 的老字号企业认为影响比较大；11.73% 的老字号企业认为影响一般；2.17% 的老字号企业认为影响比较小；仅有 0.72% 的老字号企业认为企业的发展对城市转型发展无影响（见图 2）。由此可见，老字号企业对城市转型发展的意义已经得到广泛认可。

2. 从级别标准来看，省级老字号企业更能认识到企业对城市发展的重大影响

不同级别标准的老字号企业对城市发展的态度略有差异，但总体持肯定

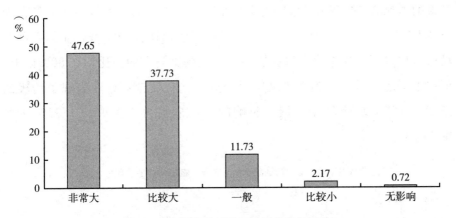

图2　老字号企业对城市转型发展的影响

态度，其中省级老字号企业的表现最为突出。在城市老商街的发展方面，如图3所示，有60.54%的省级老字号企业认为老字号企业对城市老商街的影响非常大；其次是市级老字号企业，认为影响非常大的占比为55.75%；最后是中华老字号企业，认为影响非常大的占比为53.52%（见图3）。

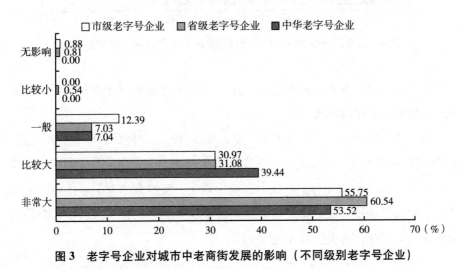

图3　老字号企业对城市中老商街发展的影响（不同级别老字号企业）

在城市转型发展的方面，有51.89%的省级老字号企业认为老字号企业对城市转型发展的影响非常大；其次是中华老字号企业，认为影响非常大的占比为 39.44%；市级老字号企业认为影响非常大的占比略低，为 38.94%。整体来看，各个级别的老字号企业都认为老字号企业的发展对城市转型发展意义重大，选择影响非常大或比较大的占比均在 80% 以上。但在中华老字号企业和市级老字号企业中，有极少数企业表现了消极的态度，选择对城市转型发展无影响的占比分别为 1.41% 和 1.77%（见图 4）。

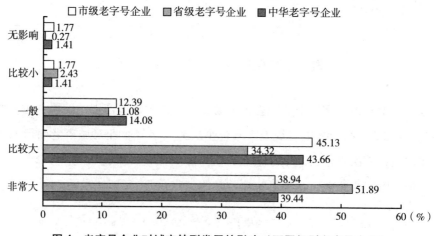

图 4　老字号企业对城市转型发展的影响（不同级别老字号企业）

3. 从企业规模来看，企业规模①越大的老字号企业对城市中老商街发展和城市转型发展的作用越大

规模不同的企业，对城市老商街发展和城市转型发展的影响也有所差别。有 68.29% 的大型老字号企业认为老字号企业对城市中老商街发展的影响非常大，26.83% 的大型老字号企业认为影响比较大，没有大型老字号企业认为无影响。中型老字号企业选择影响非常大或比较大的占比在 90% 以上。但小微企业中有 1.89% 认为无影响（见图 5）。

---

① 本数据共涉及 5 种企业规模类型，为便于分析本报告将其合并为 3 种，分别为大型企业（包括：大型企业、大中型企业）、中型企业（包括：中型企业、中小型企业）以及小微企业。

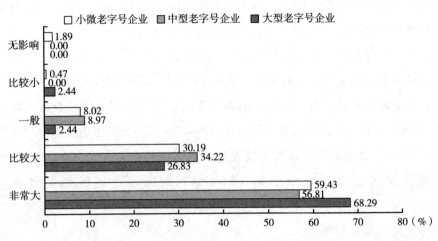

图5 老字号企业对城市中老商街发展的影响（不同规模老字号企业）

对城市转型发展的影响方面，有60.98%的大型老字号企业认为企业对城市转型发展的影响非常大，认为老字号企业对城市转型发展影响非常大的中型老字号企业和小微老字号企业占比分别为46.18%和47.17%。认为影响比较大的中型老字号企业占比为40.53%，小微老字号企业占比则为35.85%。（见图6）。

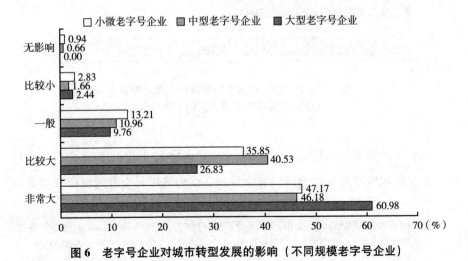

图6 老字号企业对城市转型发展的影响（不同规模老字号企业）

4. 从经济发展程度①来看，相较于发达地区和欠发达地区，较发达地区老字号企业对城市老商街发展和城市转型发展的影响更大

经济状况是老字号企业对城市发展的重要影响因素。如图7所示，较发达地区的老字号企业在城市老商街发展和城市转型发展两个方面的影响力更大。在老商街发展方面，认为影响非常大的较发达地区老字号企业占比为59.47%，略高于发达地区老字号企业（56.82%）和欠发达地区老字号企业（58.70%）。认为影响比较大的较发达地区老字号企业占比为34.21%，同样高于发达地区老字号企业（31.82%）和欠发达地区老字号企业（30.80%）。此外，认为对城市老商街发展无影响的欠发达地区老字号企业占比最高，为1.09%。

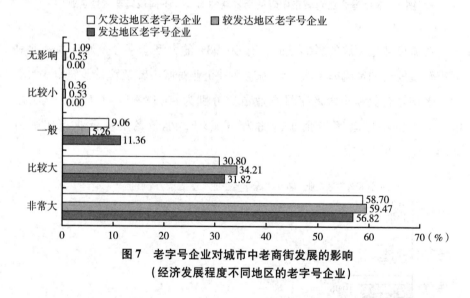

图7　老字号企业对城市中老商街发展的影响
（经济发展程度不同地区的老字号企业）

在城市转型发展方面，不同经济区域的老字号企业也体现了不同的特征。欠发达地区和较发达地区的老字号企业认为老字号企业对城市转型发展

---

① 数据来源：国家统计局以及国际货币基金组织（IMF）发布的我国2022年人均GDP数据。本数据共涉及7个省，1个特别行政区，1个直辖市，为便于分析依据经济属性将其分为三种经济区域：发达地区（包括：天津市、香港特别行政区、江苏省、福建省、广东省）；较发达地区（包括：山西省、山东省）；欠发达地区（包括：河南省、辽宁省）。

影响非常大的占比最高，分别为 48.55% 和 48.42%，而发达地区的老字号企业在该项上的占比为 43.18%。整体来看，较发达地区老字号企业选择对城市转型发展影响非常大或比较大的占比最高，为 88.95%，略高于发达地区老字号企业（85.23%）和欠发达地区老字号企业（82.97%）。此外，欠发达地区老字号企业认为老字号企业对城市转型发展影响比较小和无影响的占比均最高，分别为 2.54% 和 1.09%（见图 8）。

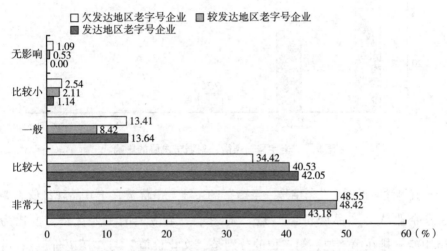

图 8 老字号企业对城市转型发展的影响（经济发展程度不同地区的老字号企业）

（二）"老字号一条街"的发展现状

1. "老字号一条街"对城市发展有较大影响，品牌价值是"老字号一条街"的主要竞争优势

"老字号一条街"是城市历史文化的象征，不仅代表着城市的历史，也是城市发展的重要组成部分。"老字号一条街"的店铺，承载着城市的历史记忆，见证了城市的发展历程，不仅为市民提供了商品和服务，也为游客提供了独特的购物体验和文化感受。从"老字号一条街"对城市发展的影响来看，有 57.22% 的老字号企业表示"老字号一条街"在城市发展中发挥非常大的作用；有 33.75% 的老字号企业表示"老字号一条街"在城市发展中

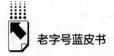

发挥比较大的作用；仅有 0.36% 的老字号企业表示"老字号一条街"对城市发展没有影响；有 0.90% 的老字号企业表示"老字号一条街"对城市发展影响比较小（见图 9）。

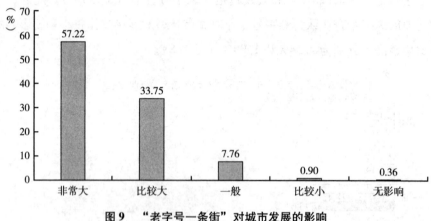

图 9 "老字号一条街"对城市发展的影响

值得注意的是，"老字号一条街"的主要竞争优势在于其品牌价值。老字号企业认为"品牌价值"是"老字号一条街"的主要优势，占比为 86.10%；排在第二位、第三位的分别是"文化价值"与"历史价值"，占比分别为 83.94%、52.89%。然而，仅有 26.35% 的老字号企业认为"老字号一条街"的主要竞争优势在于"社会价值"（见图 10）。

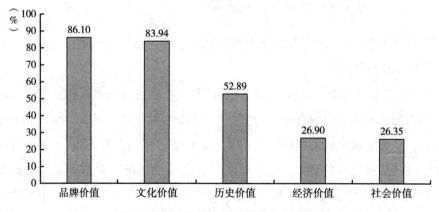

图 10 "老字号一条街"的竞争优势

2. 从级别标准来看，省级老字号企业认为"老字号一条街"对城市发展的作用更为重要

不同级别标准的老字号企业对"老字号一条街"在城市发展中的作用态度略有差异，但总体持积极态度。数据显示，有 60.81% 的省级老字号企业认为"老字号一条街"对城市发展的作用非常大；认为作用非常大的中华老字号企业的占比排在第二位，占 54.93%；而认为作用非常大的市级老字号企业占比最低，为 46.90%。与此同时，认为"老字号一条街"对城市发展的作用比较大的各级别老字号企业也均在 30% 以上。具体来看，认为"老字号一条街"对城市发展作用比较大的市级老字号企业占比最高，为38.94%；其次，有 33.80% 的中华老字号企业认为"老字号一条街"对城市发展作用比较大，占比排在第二位；而省级老字号企业则排在第三位，有32.16% 的省级老字号企业认为"老字号一条街"对城市发展作用比较大。此外，认为"老字号一条街"对城市发展作用比较小的各级老字号企业占比均较低。具体来看，有 1.08% 的省级老字号企业认为"老字号一条街"对城市发展作用比较小；有 0.88% 的市级老字号企业认为"老字号一条街"对城市发展作用比较小（见图 11）。

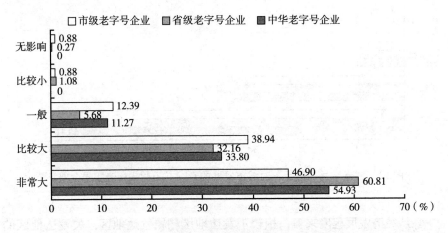

图 11 "老字号一条街"对城市发展的影响
（不同级别标准老字号企业）

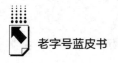

3. 从企业规模来看，企业规模越大的老字号企业认为"老字号一条街"对城市发展的作用越大

不同企业规模的老字号企业对"老字号一条街"的发展态度略有差异。数据显示，超过90%的大型老字号企业认为"老字号一条街"对城市发展会产生较大影响，其中有63.41%的大型老字号企业认为"老字号一条街"的作用非常大，在所有选项中占比最高；有31.71%的大型老字号企业认为作用比较大，在所有选项中占比排第二位；同时，有54.49%的中型老字号企业认为"老字号一条街"对城市发展有非常大的影响，在所有选项中占比最高；有36.88%的中型老字号企业认为作用比较大；而有89.63%的小微老字号企业认为"老字号一条街"对城市发展会产生较大影响，其中认为作用非常大的小微企业占比为59.91%，认为作用比较大的小微企业占比为29.72%。分别有2.36%和0.94%的小微企业认为"老字号一条街"对城市发展的影响比较小或无影响；而没有大型企业和中型企业选择此选项（见图12）。

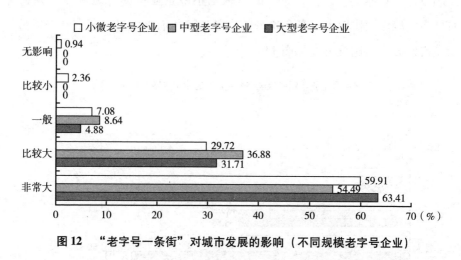

图12 "老字号一条街"对城市发展的影响（不同规模老字号企业）

4. 从经济发展程度来看，相较于发达地区和较发达地区，欠发达地区的老字号企业认为"老字号一条街"对城市发展的作用较大

不同经济发展程度的地区对于传统的、具有地方特色的文化符号和商业形态有不同的理解。数据显示，在欠发达地区，有60.14%的老字号企业认为"老字号一条街"对城市发展的作用非常大；在较发达地区，有56.32%的老字号企业认为"老字号一条街"对城市发展的作用非常大；而在发达地区，认为"老字号一条街"对城市发展作用非常大的老字号企业则仅有50.00%。同时，认为"老字号一条街"对城市发展作用比较大的各地区老字号企业也均在30%以上，其中，发达地区的老字号企业占比最多，为37.50%。此外，认为"老字号一条街"对城市发展无影响的各地区老字号企业占比均较小。有0.72%的欠发达地区的老字号企业认为"老字号一条街"对城市发展无影响，而发达地区和较发达地区均无老字号企业选择这一选项（见图13）。

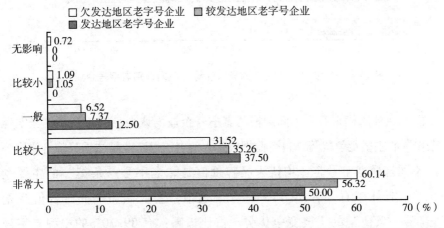

图13 "老字号一条街"对城市发展的影响（经济发展程度不同地区的老字号企业）

5. 从级别标准来看，中华老字号企业和省级老字号企业认为品牌价值是"老字号一条街"的主要竞争优势，而市级老字号企业则更注重文化价值

不同级别的老字号企业在品牌价值、文化价值、社会价值、历史价值、经济价值等方面有不同的关注点，这也体现并决定了其各自的竞争优势和发展策略。数据显示，有87.57%的省级老字号企业和85.92%的中华老字号企业认为"品牌价值"是"老字号一条街"的主要竞争优势。有87.61%的市级老字号企业认为"文化价值"是"老字号一条街"中的

主要竞争优势。此外，认为"社会价值"是"老字号一条街"的主要竞争优势的中华老字号企业和省级老字号企业占比较少，分别为 23.94% 与 26.49%；而仅有 18.58% 的市级老字号企业认为"经济价值"是"老字号一条街"的主要竞争优势（见图 14）。

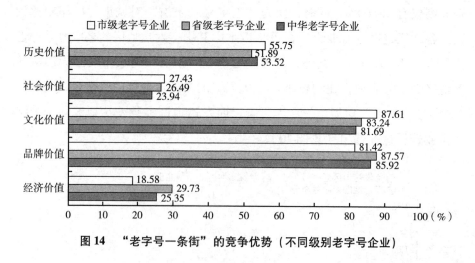

图 14　"老字号一条街"的竞争优势（不同级别老字号企业）

6. 从企业规模来看，不同规模的老字号企业均认为品牌价值是"老字号一条街"的主要竞争优势，且企业规模越大的老字号企业越注重品牌价值优势

不同规模老字号企业均认为品牌价值是"老字号一条街"的主要竞争优势。具体来看，有 92.68% 的大型老字号企业认为"品牌价值"是"老字号一条街"的主要竞争优势，占比最高；有 89.70% 的中型老字号企业持相同意见；同时有 79.72% 的小微老字号企业认为"品牌价值"是"老字号一条街"最主要的竞争优势。可以看出，品牌价值是各规模老字号企业均注重的竞争优势，且企业规模越大，注重的品牌价值的企业越多。

值得注意的是，相比其他规模的老字号企业，大型老字号企业认为"老字号一条街"的主要竞争优势在于品牌价值和文化价值、经济价值。分别有 92.68%、87.80% 和 31.71% 的大型老字号企业认为"老字号一条街"的主要竞争优势在于其"品牌价值"、"文化价值"和"经济价值"；分别有89.70%、87.04%和26.58%的中型老字号企业认为"老字号一条街"的主要优势在于其"品牌价值"、"文化价值"和"经济价值";而相比之下仅有26.42%（经济价值）、79.72%（品牌价值）和78.77%（文化价值）的小微老字号企业持相同意见,占比在所有规模企业中最低。有28.77%和59.91%的小微老字号企业分别认为"社会价值"与"历史价值"是"老字号一条街"的主要竞争优势;持相同意见的大型老字号企业分别仅有21.95%（社会价值）与51.22%（历史价值）,如图15所示。

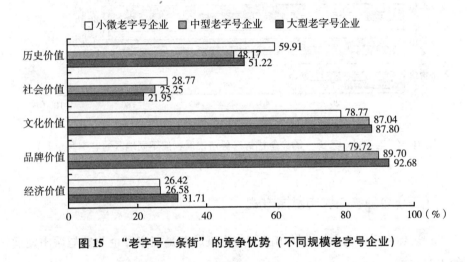

图15 "老字号一条街"的竞争优势（不同规模老字号企业）

7.从经济发展程度来看,发达地区的老字号企业认为文化价值是"老字号一条街"的主要竞争优势;而较发达地区和欠发达地区的老字号企业则更注重品牌价值

不同经济发展程度的地区的老字号企业对于"老字号一条街"所能发挥的文化价值、品牌价值、经济价值、历史价值、社会价值等注重程度不同。具体来看,有86.36%的发达地区老字号企业认为"文化价值"是"老字号一条街"的主要竞争优势;而较发达地区和欠发达地区的老字号企业则认为"品牌价值"是"老字号一条街"的主要竞争优势,占比分别为88.95%和84.78%;与此同时,仅有17.05%发达地区的老字号企业认为"经济价值"是"老字号一条街"的主要竞争优势;认为"社会价值"是

"老字号一条街"主要竞争优势的较发达地区和欠发达地区的老字号企业占比分别为24.74%和25.72%（见图16）。

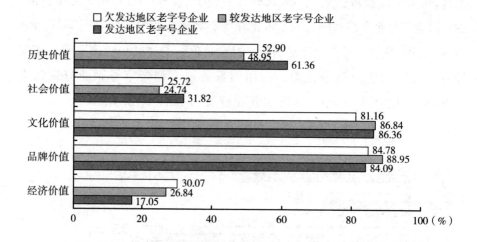

图16 "老字号一条街"的竞争优势（经济发展程度不同地区的老字号企业）

（三）企业参与城市发展方式

1.总体来看，助力打造城市品牌与促进就业是老字号企业参与城市发展的主要方式

老字号企业作为城市经济的重要组成部分，在城市品牌建设与促进就业等方面的作用不容忽视。老字号企业通过积极参与城市品牌建设可以提升自身的知名度和美誉度；通过提供更多的就业岗位，可以带动相关产业发展，为城市经济发展做出贡献。具体来看，有59.03%的老字号企业认为"助力打造城市品牌"是其参与城市发展的最主要方式，且占比最高；认为"增加本地人就业岗位"是其参与城市发展的最主要方式的老字号企业排在第二位，占比为43.86%；还有38.81%的老字号企业认为"企业承担社会责任"是其参与城市发展的最主要方式，排在第三位；仅有5.78%的老字号企业认为"企业营销策划与城市规划相衔接"是其参与城市发展的最主要方式（见图17）。

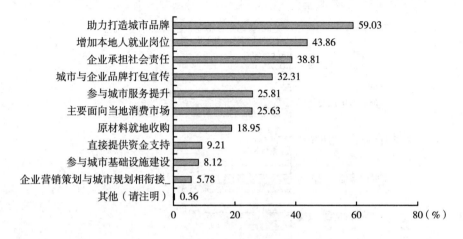

助力打造城市品牌 59.03
增加本地人就业岗位 43.86
企业承担社会责任 38.81
城市与企业品牌打包宣传 32.31
参与城市服务提升 25.81
主要面向当地消费市场 25.63
原材料就地收购 18.95
直接提供资金支持 9.21
参与城市基础设施建设 8.12
企业营销策划与城市规划相衔接 5.78
其他（请注明） 0.36

0   20   40   60   80（%）

图 17　老字号企业参与城市发展的方式

2. 从级别标准来看，助力打造城市品牌是中华老字号企业和省级老字号企业参与城市发展的主要途径，市级老字号企业则倾向于通过促进就业来参与城市发展

中华老字号企业和省级老字号企业主要通过助力打造城市品牌参与城市发展，市级老字号企业则通过增加本地人就业岗位来参与城市发展。数据显示，分别有 50.70% 的中华老字号企业和 64.59% 的省级老字号企业通过"助力打造城市品牌"参与城市发展；而持此观点的市级老字号企业占比为 46.02%。市级老字号企业则更倾向于通过"增加本地人就业岗位"来参与城市发展，占比达 47.79%；而持此观点的中华老字号企业和省级老字号企业占比仅为 32.39% 和 44.86%（见图 18）。

3. 从企业规模来看，城市品牌建设是各规模老字号企业参与城市发展的最主要的方式，但仍略有不同

三种不同规模的老字号企业参与城市发展的主要途径均为助力打造城市品牌。具体来看，大型老字号企业、中型老字号企业和小微老字号企业都认为"助力打造城市品牌"是其近年来参与城市发展的最主要方式，占比分别为 63.41%、56.48% 和 61.79%；有 48.78% 的大型老字号企业认为"企

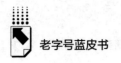

老字号蓝皮书

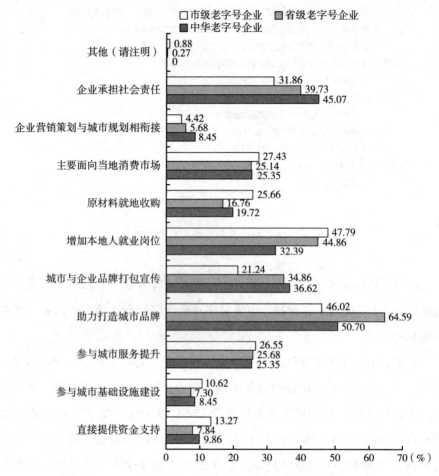

图18　老字号企业参与城市发展的方式（不同级别老字号企业）

业承担社会责任"是近年来参与城市发展的最主要方式；然而，有47.51%
的中型老字号企业和41.98%的小微老字号企业则认为"增加本地人就业岗
位"是近年来老字号企业参与城市发展的主要途径。可以看出，在参与城
市品牌建设的过程中，大型老字号企业更注重企业社会责任的承担，而中型
老字号企业和小微老字号企业则更偏重于通过增加本地人就业岗位来参与城
市发展（见图19）。

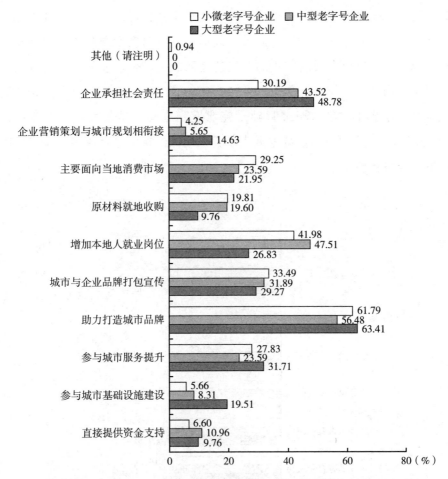

图 19　老字号企业参与城市发展的方式（不同规模老字号企业）

4. 从经济发展程度来看，较发达地区老字号企业和欠发达地区老字号企业参与城市发展的最主要方式为助力城市品牌建设；而企业承担社会责任与促进就业则是发达地区老字号企业参与城市发展的最主要方式

在不同经济发展程度的地区，老字号企业参与城市发展的方式也有所不同。数据显示，有 64.21% 的较发达地区的老字号企业和 60.87% 的欠发达地区的老字号企业近年来通过"助力打造城市品牌"来参与城市发展，而仅有 42.05% 的发达地区老字号企业选择这一选项；与此同时，分别均有

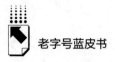

44.32%的发达地区老字号企业通过"企业承担社会责任"和"增加本地人就业岗位"来参与城市发展。此外，选择"企业营销策划与城市规划相衔接"这一参与城市发展的方式的较发达地区老字号企业和欠发达地区的老字号企业均最低，分别仅有5.79%和5.07%；在发达地区则仅有5.68%的老字号企业选择"参与城市基础设施建设"来参与城市发展，占比最低（见图20）。由此可见，经济发展程度不同地区的老字号企业参与城市发展的方式也略有差异。

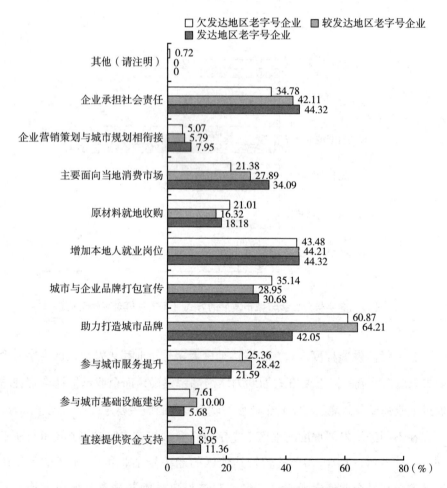

图20 老字号企业参与城市发展的方式（经济发展程度不同地区的老字号企业）

老字号与"国潮国货"：调查与分析报告

张莹姗*

摘　要： 近年来，在中国年轻消费群体中，出现了"国潮国货"消费热潮。老字号企业课题组于 2023 年在全国展开"2023 年老字号企业调查"，调查问卷设计了"对老字号与'国潮国货'关系的看法"部分。本报告基于该问卷调查结果，对老字号企业与"国潮国货"的发展现状进行描述；对老字号企业与"国潮国货"的发展机遇进行分析；从关注用户需求、关注产品创新、关注品牌文化、关注传播渠道四个方面提出老字号企业与"国潮国货"结合的发展建议。面对"国潮国货"消费趋势，希望本报告能为老字号企业提供一些创新转型的启示。

关键词： 老字号　国潮国货　品牌建设

老字号企业课题组设计了"2023 年老字号企业调查问卷"。基于近年的"国潮国货"消费热潮，问卷设计了"对老字号与'国潮国货'关系的看法"部分。本报告基于该问卷数据进行了分析。

一　老字号与"国潮国货"的调查现状

近年来，在中国年轻消费群体中，出现了将中国传统文化与时尚潮流相结合的"国潮国货"消费热潮。2018 年，在中国最大的电商消费平台阿里巴巴上，与中国传统文化元素相关的关键词累计搜索量超过 126

---

*　张莹姗，泰国宣素那他皇家大学博士研究生。

亿次，"国潮"一词在中国互联网成为高频热搜词；2019年1~7月，各大电商平台关于"国潮"的关键词搜索量同比增长了392.66%；中国人民网研究院与百度热搜联合发布的《百度2021国潮骄傲搜索大数据》显示，2021年与2011年相比，"国潮"一词的百度搜索热度上涨528%，并且呈持续上涨趋势。将中国传统元素与现代商品结合的潮流形成了年轻人的"国潮国货"消费热潮。2022年"双十一"期间各大电商平台国货品牌交易量增加，2022年10月31日天猫平台预售环节数据显示，100多个品牌成交额过亿元，其中，国货品牌占比过半，部分国货品牌在第一个小时的成交额就已超过了2021年11月1日全天的交易额。2023年9月，"李佳琦花西子直播事件"再次掀起新一轮年轻人对"国潮国货"的现象级消费。

本次调研基于当下的"国潮国货"消费热潮，针对老字号企业的相关举措进行问卷调查，对所收集的554份有效问卷进行分析。

（一）老字号企业基本情况

地区分布情况。问卷数据显示，老字号企业数量排前三位的分别是河南省、山东省、山西省，如表1所示。

表1　老字号企业地区分布

单位：家

地区	老字号企业数量	地区	老字号企业数量
河南省	243	福建省	34
山东省	112	江苏省	8
山西省	78	天津市	1
广东省	44	香港特别行政区	1
辽宁省	33		

行业分布情况。554家老字号企业遍布食品、餐饮、酿造、医药、零售、文化用品、服装、酒店、日用化工等行业，并包含了茶叶、轻工、纺

织、传统工艺、家具、建筑、生产加工等在内的其他行业。问卷数据显示，老字号企业数量最多的三个行业分别是食品行业、酿造行业、餐饮行业，如表2所示。

表2　老字号企业行业分布

单位：家

行业	老字号企业数量	行业	老字号企业数量
食品行业	204	文化用品行业	23
酿造行业	82	服装行业	7
餐饮行业	78	酒店行业	6
医药行业	55	日用化工行业	1
零售行业	28	其他行业	70

规模性质情况。在554家老字号企业中，中华老字号71家、省级老字号370家、市级老字号113家。从老字号企业规模看，大型企业17家、大中型企业24家、中型企业75家、中小型企业226家、小微企业212家。从老字号企业的所有制性质看，国有企业24家、集体所有制企业7家、私营企业304家、股份制企业119家、外商投资企业1家、个人独资企业74家、港澳台企业1家、股份合作企业8家，其他包含中外合资企业、个体工商户等共16家。

消费群体情况。554家老字号企业中，消费群体覆盖儿童、青少年、青年、中年、老年，目前老字号的产品所针对的主要消费群体是中老年，其次是青年，如表3所示。

表3　老字号企业消费群体

单位：家

产品涵盖的消费主体	老字号企业数量	产品涵盖的消费主体	老字号企业数量
中年	475	青少年	92
老年	410	儿童	59
青年	381		

（二）老字号企业电商平台使用情况

随着线上消费的发展，老字号企业开始布局线上销售平台。

电商平台选择情况。被调查的554家老字号企业中，已经开通电商销售平台的企业有428家，还未开通电商销售平台的企业有126家。其中，应用最多的电商销售平台是淘宝（含天猫）、抖音、京东、微信、拼多多，如表4所示。

表4 老字号企业应用的电商销售平台

单位：家

应用的电商销售平台	老字号企业数量	应用的电商销售平台	老字号企业数量
淘宝（含天猫）	263	拼多多	122
抖音	202	快手	26
京东	177	小红书	10
微信	178	苏宁易购	2

电商平台收入情况。已经开通电商销售平台的428家老字号企业中，在电商销售平台收入占营销总收入的比重超过80%的老字号企业有3家，在电商销售平台收入占营销总收入的比重在51%~80%的有8家，占总收入比重在31%~50%的有36家，在电商销售平台收入占营销总收入的比重在11%~30%的有144家，在电商销售平台收入占营销总收入的比重在10%及以内的有237家。

直播情况。被调查的554家老字号企业中，已经开通网络直播带货的老字号企业有217家，计划2023年内开通网络直播带货的老字号企业有195家，暂不计划开通的有142家。在已经开通和计划开通的412家老字号企业中，认为直播带货提高销售量的企业有325家，认为提高了企业知名度的企业有332家，认为直播带货对消费者有益的企业有230家。

（三）老字号企业"国潮国货"发展情况

"国潮国货"的消费热潮使老字号企业迎来新的发展机遇，被调查的

554 家老字号企业，都不同程度地关注"国潮国货"。

"国潮国货"元素的应用。"国潮国货"重要的部分就是中国元素，554
家老字号企业分别在产品、包装、工艺、传播媒介、营销策略、广告文案、
形象代言人等方面展示中国元素，其中，在产品、包装的呈现上，应用中国
元素最多，如表 5 所示。

表5　老字号企业应用中国元素情况

单位：家

中国元素主要体现方面	老字号企业数量	中国元素主要体现方面	老字号企业数量
产品	384	广告文案	107
包装	344	传播媒介	103
工艺	275	形象代言人	11
营销策略	142		

老字号企业对"国潮国货新需求"的关注，涵盖了消费者反馈信息、迎
合时尚消费、产品更新、包装更新、增加环保和绿色产品、年轻人的需求、
中老年人的需求、工薪族的需求、高档消费的需求等方面，其中关注度最高
的三个部分是消费者反馈信息、产品更新、迎合时尚消费，如表 6 所示。

表6　老字号企业关于"国潮国货新需求"的关注点情况

单位：家

关于"国潮国货新需求"关注点	老字号企业数量	关于"国潮国货新需求"关注点	老字号企业数量
消费者反馈信息	344	增加环保和绿色产品	107
产品更新	282	中老年人的需求	93
迎合时尚消费	236	高档消费的需求	54
包装更新	145	工薪族的需求	34
年轻人的需求	124		

面对"国潮国货"消费热潮，老字号企业也在设立营销部门、增加电
商宣传、增加广告投入、加大优惠力度、关注消费者新需求、传统节庆搞营

销 、增加营销人员数量、高薪引进营销人才、提高营销人员待遇、参加
"国潮国货"节等方面采取相关营销策略,如表 7 所示。

表 7　老字号企业在"国潮国货"营销方面采取措施情况

单位:家

营销措施	老字号企业数量	营销措施	老字号企业数量
增加电商宣传	300	参加"国潮国货"节	128
关注消费者新需求	253	加大优惠力度	76
设立营销部门	162	增加营销人员数量	48
传统节庆搞营销	150	高薪引进营销人才	35
增加广告投入	130	提高营销人员待遇	13

　　面对"国潮国货"消费热潮,老字号企业认为产品应该有相应的调整
和变化,如种类更多元、包装设计更具特色、制作工艺更考究、迭代更新更
快、质量更加上乘等。老字号企业认为产品变化程度最高的是包装设计更具
特色,如表 8 所示。

表 8　关于"国潮国货"给老字号产品带来的变化情况

单位:家

老字号产品发生的变化	老字号企业数量	老字号产品发生的变化	老字号企业数量
包装设计更具特色	364	质量更加上乘	253
种类更多元	360	迭代更新更快	111
制作工艺更考究	356		

　　就老字号企业推动"国潮国货"发展而言,554 家老字号企业中,363
家认为非常重要,152 家认为比较重要,38 家认为一般,仅 1 家认为比较不
重要。整体而言,老字号企业在"国潮国货"崛起的过程中所发挥的作用
是不可替代的。

二 老字号与"国潮国货"结合发展的趋势与机遇

年轻消费群体的崛起、消费者个体需求的出现、互联网技术的发展，这些既是当下"国潮国货"面临的发展机遇，也是老字号企业面临的发展机遇。

（一）年轻消费群体崛起与老字号企业的发展机遇

年轻消费群体的崛起在全球范围内都引起了广泛的关注，年轻消费群体通常指的是年龄为18~34岁这一群体。了解年轻消费群体的消费特征和消费需求，就是了解市场。

当下年轻消费群体有自己鲜明的特征。一是数字原生。年轻消费群体对移动体验非常熟悉，他们更倾向于在线购物、使用社交媒体以及通过移动应用程序来解决问题。二是注重个性和自我表达。年轻人强调自己的独特性，他们喜欢个性化的产品、服务和体验，并倾向于支持能够反映自己价值观的品牌。三是受社交媒体和意见领袖的影响较大。社交媒体在当下年轻人的生活中扮演着重要角色，他们常常依赖社交媒体来获取购物信息，并容易受到意见领袖的影响。四是具有国家认同感和社会责任感。当代年轻人具有较强的国家认同感和文化认同感，愿意为民族品牌、国货、中国文化付费；年轻人还更支持环保品牌、公益品牌，愿意为可持续产品消费。五是品牌忠诚度有限。与其他年龄的消费群体不同，年轻消费群体的品牌忠诚度相对较低，他们更愿意在不同品牌之间切换，寻找更适合自己的产品和体验。六是热衷在线分享、评论。年轻消费群体喜欢在消费前查看在线评论和评分，了解产品的质量和其他消费者的体验，在消费和使用产品后，他们也乐于分享自己的感受。七是追求体验感。年轻消费群体更愿意把钱花在体验上，如旅行、餐饮、音乐和活动。八是喜欢多渠道购物。年轻消费群体通常通过多个渠道购物，喜欢流畅的购物体验。九是追求独立自主。年轻消费群体更倾向于

自主决策，他们习惯独立解决问题，因此需要自主购物和服务。十是更具多样性和包容性。年轻消费群体对多元文化、多样性和包容性价值观非常敏感，因此，老字号企业需要关注文化敏感性和多样性，保持产品与品类创新，吸引年轻消费群体。

了解年轻消费群体的消费特征对老字号企业来说非常重要。老字号企业需要不断了解和满足年轻人的需求，以建立长期的品牌关系。

（二）消费者个体需求与老字号企业的发展机遇

一是开展个性化定制。消费者个体需求为企业提供了开发个性化定制产品和服务的机会。企业通过了解客户的需求，提供独特的产品、服务和消费体验，可以提高客户满意度，增加重复购买率。二是进行市场细分。满足消费者个体需求可以使企业专注于特定的目标市场，精确地定位企业产品和服务的创新方向，制定有效的市场策略。三是积极创新增强竞争力。满足消费者个体需求可以促使老字号企业进行创新，有助于企业在竞争激烈的市场中增加市场份额、增强竞争力。四是关注客户忠诚度。通过满足消费者个体需求，企业可以与客户建立更深层次的关系，强化客户忠诚度。忠诚的客户通常更愿意为企业宣传，并长期购买产品和服务。五是维护良好口碑。当企业能够满足客户的个体需求时，客户会更积极地分享消费体验，有利于企业降低营销成本，增加品牌知名度。六是数据驱动决策。满足消费者个体需求需要对大量消费数据进行分析，因此，企业可以利用数据分析工具更好地了解客户，并根据数据制定经营策略。

满足消费者个体需求不仅有助于提高客户满意度和忠诚度，还为老字号企业提供了拓展市场的机会。老字号企业应积极使用数据分析消费者的需求，并根据个体需求来调整产品、服务和营销策略。满足消费者个体需求有助于企业与客户建立良好的关系，增强用户的品牌认同。

（三）互联网技术的发展与老字号企业的发展机遇

互联网技术的不断发展为老字号企业转型提供了新机遇。数字化技术可以帮助企业提高效率、降低成本、创新产品，以及更好地满足客户需求。

一是开拓海外市场。互联网使企业触及海外市场，企业无论规模大小，都可以通过在线销售和数字营销的方式来扩展业务，拓展新市场。二是关注在线销售和电子商务。互联网技术为企业提供了在线销售和电子商务的机会，企业可以通过建立电子商务网站等，吸引消费者。三是重视数据分析和大数据监测。通过互联网技术应用，企业可以收集、存储和分析大量用户消费数据，这有助于企业更好地了解用户消费行为、市场趋势。四是充分利用社交媒体和数字营销等方式。企业可以利用社交媒体平台和数字营销等方式，与消费者良性互动，进行产品和品牌的推广。

（四）讲好中国品牌故事与老字号企业的发展机遇

一是树立国际化的发展目标。中国品牌可以积极开拓国际市场，传播中国企业文化，在国际市场上提升品牌知名度。二是注重企业品牌文化和中国文化的输出。老字号企业可以借助中国传统文化元素，定制产品，吸引海外用户。三是加强品牌建设。国家支持中国品牌走向世界，老字号企业应该加强品牌的建设，提升品牌形象。四是保障产品品质。产品品质是企业发展的核心，保障企业产品品质是进一步走向国际市场的前提。五是重视文化创意发展。老字号企业可以在电影、音乐、艺术和娱乐等文化创意领域寻找合作和联名机会。

三　老字号企业与"国潮国货"结合发展的思考与建议

本报告将从关注用户需求、关注产品创新、关注品牌文化、关注传播渠道四个方面进行论述并提出相关建议。

（一）关注用户需求

"国潮国货"的主要消费群体是年轻人，通过关注年轻消费群体的需

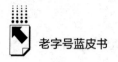

求，老字号企业可以更好地满足这一消费群体的需求，培养年轻消费群体的品牌忠诚度。年轻消费群体通常具有强大的购买力和社交媒体影响力，因此老字号企业应提升对年轻消费群体的吸引力。

一是充分进行市场研究和调查。老字号企业了解年轻消费群体的需求和喜好，包括年轻消费群体的购物习惯、消费偏好、兴趣爱好和价值观等方面的信息，有助于产品与服务创新。二是重视社交媒体的用户互动。通过社交媒体，老字号企业与年轻消费群体进行互动，了解年轻消费者在社交媒体上的观点、评论，更好地了解他们的需求；利用社交媒体平台有针对性地进行广告宣传，吸引年轻消费群体。三是重视产品创新。老字号企业可根据市场调查的结果，设计符合年轻消费群体需求和喜好的产品，可以从包装、设计、颜色和功能等方面进行创新。四是尝试进行数字化转型。老字号企业可进行数字化转型，以满足年轻群体的需求。五是尝试跨界联名和品牌合作。老字号企业可以与年轻人喜欢的品牌、设计师、意见领袖合作，增强品牌对于年轻消费群体的吸引力。六是尝试增强用户个性化体验。老字号企业可提供个性化的购物体验，包括个性化推荐、定制化选项和专属折扣，以满足年轻消费群体的需求。七是重视与消费者的互动。鼓励消费者分享购物体验，并定期举办投票、挑战、比赛等互动活动。

（二）关注产品创新

在"国潮国货"消费热潮下，老字号企业可以通过不断地关注产品创新来满足当下消费者的需求，增强竞争力。创新是一个动态过程，需要保持持续性。

一是关注市场趋势。老字号企业应该定期进行市场调研，了解当前消费者的需求和喜好，动态定位企业产品的创新方向。二是重视消费者的反馈。老字号企业应积极收集消费者的反馈，消费者的意见可以为产品改进和创新提供重要指导。三是关注技术发展。技术发展是产品创新的重要支撑，老字号企业应根据企业需求进行新技术研发，开发新的产品和服务。四是追求可持续发展。产品研发应考虑产品的可持续性，环保、低碳也是现代年轻消费者关注的方向。五是与传统文化相融合。老字号企业在产品创新中可以融入中国传统文化，满足消费者需求。六是关注产品的市场测试。老字号企业在正式推出新产品之前，应该进行市场测试，评估新产品在市场中的表现，收集反馈信息并进行必要的调整。

（三）关注品牌文化

关注品牌文化不仅可以提升品牌的知名度，还可以吸引消费者并建立品牌忠诚度。

一是传承和弘扬中华优秀传统文化。老字号企业可以通过创新传承来塑造品牌文化，注重创新与传统相融合。二是关注品牌故事叙述。品牌故事叙述可以增强企业与消费者之间的情感联系。三是品牌视觉和品牌设计的年轻化。面对"国潮国货"消费热潮，老字号企业对品牌标志、包装、广告和宣传进行年轻化处理，有利于拉近与年轻消费群体的距离。四是参与文化活动和推广。举办文化活动、展览和推广活动，推动品牌文化的传播，并吸引消费者参与和体验。

（四）关注传播渠道

老字号企业可以通过关注互联网传播渠道来顺应"国潮国货"消费趋势，扩大品牌影响力，吸引年轻消费群体，更好地与年轻消费群体进行互动。

一是搭建新媒介传播矩阵，建立线上品牌的存在感。老字号企业可以通过建立官方网站和社交媒体账号，展示产品、分享品牌故事，与消费者互动。二是注重社交媒体营销。老字号企业可利用社交媒体平台，如微博、微信、抖音、快手等，发布内容多元有趣、形式丰富多样的信息，吸引消费者的关注，积累自己的私域流量。三是尝试投放在线广告。在互联网广告平台（如百度、腾讯、阿里巴巴等）投放在线广告以提高品牌的搜索率和热度。四是尝试与电商平台合作。电商平台线上消费是当下年轻群体主要的消费方

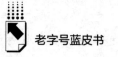

式，老字号企业可在淘宝、天猫、京东等电子商务平台建立自己的线上商店，拓展在线销售渠道。五是监测互联网传播，维护移动应用程序。互联网传播是一个动态过程，需要进行风评和热点监测，以达到最好的传播效果。老字号企业应开发移动应用程序，为消费者提供便捷的购物体验，同时要注重运营维护，确保应用程序易于使用。

B.9
老字号品牌创新与企业现代转型

王 焯*

摘 要： 老字号是承载着中华优秀传统文化的自主品牌，具有鲜明的时代特征。多年来，老字号在品牌创新方面取得了显著的成绩，但是也存在品牌保护意识薄弱、品牌价值较低、产品优势不足、宣传和营销方式落后等问题。老字号在现代转型进程中，应依托坚实的政策保障和丰厚的价值土壤，通过深耕细作加强老字号品牌文化的保护开发，积极实施创新驱动的发展战略，拓宽老字号品牌文化的发展渠道。

关键词： 老字号品牌 企业转型 老字号企业

老字号历史悠久，拥有世代传承的产品、技艺或服务，具有深厚的文化底蕴，得到社会广泛认同。作为我国工商业的自主品牌，老字号具有丰富的历史传统文化和较深远的国内外影响力。近年来，随着市场竞争越发激烈，老字号面临着巨大的生存挑战，许多老字号正处于被淘汰的边缘。在企业现代转型的浪潮中，应当重视挖掘、保护和研究老字号文化，做好品牌创新这篇大文章。

一 老字号品牌的历史发展特点

老字号品牌发展历史大致呈现七个特点。

---

* 王焯，辽宁社会科学院社会学研究所副所长、研究员，研究领域为文化人类学。

一是门类较多，与人们的日常生活关系密切。老字号涉及餐饮业、服饰业、医药业、手工艺业、建筑业、机械制造业、出版业和金融业等。其中，餐饮业、手工艺业和医药业老字号历史较为悠久，生命力较强。服饰业老字号具有灵活性，并有时代特点。出版业、金融业和机械制造业老字号与经济发展密切相关，地域差别明显。

二是在所有权方面。清朝末期以前创立的老字号基本都是家族企业，清朝末期和民国时期兴起的一些新兴实业老字号如"中国通商银行""阜康票号"等则以官商合办为主。新中国成立后，绝大多数老字号通过公私合营成为国营企业。改革开放后，随着转企改制的推进，大部分老字号企业仍为国有企业，部分转为民营企业。

三是组织形式。一些老字号家族企业不仅拥有所有权，而且拥有经营权，多数独门手艺传内不传外、传男不传女，甚至传儿媳不传女儿。有的老字号为了保证质量曾坚持不开分店，如"叶开泰"。还有一些老字号则是任人唯贤，将所有权与经营权分离，如"日升昌"票号便由伙计雷履泰负责经营。

四是管理制度。大多数老字号都立下严格的铺规店规或世袭祖训。如"胡庆余堂"，开业之初，创办者胡雪岩便亲笔书写"戒欺"匾额，匾额上书写其经营理念："凡百贸易均着不得欺字，药业关系性命，尤为万不可欺。余存心济世，誓不以劣品弋取厚利，惟愿诸君心余之心，采办务真，修制务精，不至欺予以欺世人，是则造福冥冥，谓诸君之善为余谋也可，谓诸君之善自为谋也亦可。"胡庆余堂一直奉行匾额中所书的"采办务真，修制务精"理念来经营和管理店铺，这也是其兴盛百年的原因。同仁堂则曾奉行"自东自掌"的祖训家规，即"一切不假手外人""不用徒弟，不用资方代理人，不准子孙经营其他业务"。

五是竞争优势。老字号多历经百年而兴盛不衰，其原因是勇于创新和刻苦钻研，并能坚守品质和保证信誉。例如，杭州最为著名的丝织业老字号"都锦生"，创办者都锦生对织锦具有浓厚的兴趣，并怀有实业救国的理想，他和学生一起努力钻研织锦工艺，终于研制出了既传承杭州织锦文化又符合时代审美的织锦产品。马应龙的创办者马金堂对中国传统医学尤其是眼科有一定的研究，他研制出定州眼药选材讲究而名贵，疗效上佳，深受百姓好评。

六是地域特点。老字号具有区域不平衡性，多集中于历史古都、商业和文化名城，且每个地区老字号的行业和规模各有特点，如天津、上海与广州等通商口岸的西餐厅和洋服店等。此外，各个地区不同行业的老字号创办者也具有地域相近性，如北京的服饰业老字号大多为山东人开办，"八大祥"就是由山东济南府章丘县旧军镇的孟姓大家族经营。茶庄则多由徽商经营，北京"六大茶商"中的方、吴、张、汪都来自安徽。

七是深受经济、政治、文化因素的影响。老字号的兴衰沉浮，与政治、经济和文化发展有着千丝万缕的联系。商业鼎盛时期，老字号往往较为兴盛；战乱或社会动荡时期，老字号就会生存艰难。此外，各时期的城市布局也影响老字号的发展。唐朝、宋朝、元朝、明朝和清朝时期，我国城市发展迅速，商贸发达，集市规模大，商品种类丰富，因此老字号便从初具规模发展到了遍地开花。

二　老字号品牌发展的现状与问题

目前，我国老字号企业有数千家，其中经商务部于 2006 年、2011 年、2024 年认定的中华老字号共有 1455 家。上海和北京是我国中华老字号数量居前两位的地区，其次是江苏、浙江、山东，如图 1 所示。

虽然历史上许多老字号多集中于历史古都、商业和文化名城，但挖掘和传承力度不足也导致了老字号资源的流失。很多老字号的管理模式不能与时俱进，缺乏与市场相适应的管理体系，大部分老字号营销手段落后、宣传形式单一。老字号文化资源丰富，却未发挥其应有的社会价值，存在许多发展问题。例如，我国有很多经营了上百年的老字号，虽然品牌影响深远，却由于经营理念和制作工艺落后、产品种类和形式单一、知识产权保护意识薄弱或城市拆迁等原因，面临着勉强维持生计甚至濒临倒闭的窘境。2006 年，

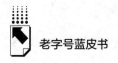

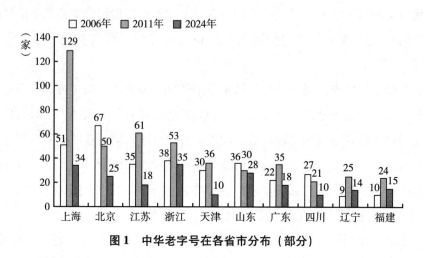

图1　中华老字号在各省市分布（部分）

在申报中华老字号时，许多老字号的商标或企业名称被他人抢注。还有的老字号因为商标过期或变更信息不及时等问题引起较多法律纠纷。社会热议的"王老吉"与"加多宝"、"南北稻香村品牌之争"等事件也说明老字号应增强知识产权保护意识。

老字号企业课题组收集的数据显示，品牌影响力既是老字号企业最重要的优势，也是未来最需要提升的方面。老字号企业认为自身"品牌影响大"是相较于其他品牌的主要优势，且占比最高，达到63.00%；排在第二位的是"传统工艺技术"，占比为61.19%；"品牌时间长"排在第三位，占比为55.78%（见图2）。提升品牌影响力是未来老字号企业增强自身竞争力的主要发展方向。具体来说，有51.99%的老字号企业表示"提升品牌影响力"是未来需要改进的主要方面，且占比最高；排在第二位的是"技术创新"，占比为40.43%；有38.09%的老字号企业认为"政府支持"是未来企业发展需要改进的方面，排在第三位。

同时，宣传广告不够是老字号企业目前面临的经营困境。具体来看，有46.03%的老字号企业认为相较于其他品牌，企业自身的"宣传广告不够"，且占比最高；有43.86%的老字号企业认为"政府支持不够"影响其发展；有42.42%的老字号企业认为"品牌影响不够"是目前相较于其他品牌存在

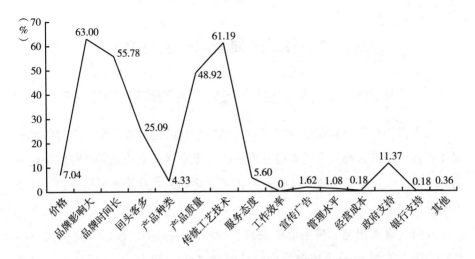

图2　老字号企业认为其具备的优势

的不足；而仅有2.35%的老字号企业认为"产品质量不高"是相较于其他品牌存在的不足，占比最低（见图3）。

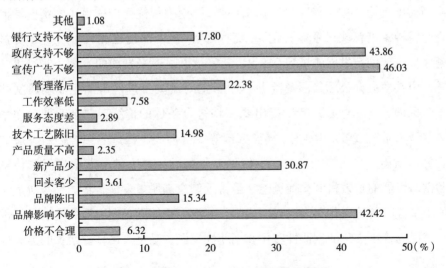

图3　老字号企业认为其经营面临的问题

三 老字号品牌创新的机遇与挑战

（一）多措并举，为老字号品牌创新提供了坚实的政策保障

从大量历史资料和调研资料可知，老字号独特的品牌文化、宝贵的无形资产和核心价值，都具有重要的社会功能。老字号的本质就是一种传统商业品牌，老字号企业只有紧紧抓住优秀传统文化和品牌这两个发展要素，才能实现现代转型。

政府一直重视老字号企业的发展。1991 年，中华人民共和国国内贸易部将中国大陆的 1600 余家老牌企业认定为"中华老字号"。2006 年，商务部开始实施"振兴老字号工程"。2008 年，商务部等 14 个部门联合印发了《关于保护和促进老字号发展的若干意见》。2017 年初，中共中央办公厅、国务院办公厅印发了《关于实施中华优秀传统文化传承发展工程的意见》，明确提出支持"中华老字号"做精做强，"用中华优秀传统文化的精髓涵养企业精神，培育现代企业文化"。商务部等 16 个部门也颁布了《关于促进老字号改革创新发展的指导意见》。老字号再次迎来发展的春天。2021 年 8 月，中共中央办公厅、国务院办公厅印发的《关于进一步加强非物质文化遗产保护工作的意见》特别提出要"将符合条件的传统工艺企业列入中华老字号名录"。2022 年 3 月，《商务部等 8 部门关于促进老字号创新发展的意见》指出，要实施老字号保护发展五年行动，建立健全老字号保护传承和创新发展的长效机制，促进老字号持续健康高质量发展，将老字号所蕴含的中华优秀传统文化更多融入现代生产生活，更好满足国潮消费需求，促进中华优秀传统文化的创造性转化和创新性发展，满足人民日益增长的美好生活需要。

老字号定义的落脚点是自主品牌，品牌是质量强国战略的重要抓手。近几年，国家设立并举办品牌发展国际论坛、自主品牌展览等活动，社会各界对品牌的重视度越来越高。国家举办品牌系列活动，旨在引导企业大力弘扬专业精神、工匠精神，希望在市场公平竞争、消费者自主选择的环境中涌现更多享誉世界的中国品牌。

"让文物活起来"是新时代中国特色社会主义文化思想的重要观点之一。习近平总书记曾多次提出，各级党委和政府要增强对历史文物的敬畏之心，树立保护文物也是政绩的科学理念，要全面贯彻"保护为主、抢救第一、合理利用、加强管理"的工作方针。很多老字号企业都是非物质文化遗产代表性项目保护单位，许多可移动或不可移动文物都承载着老字号的文化记忆，因此，文化遗产保护的问题需要得到老字号研究者的重视。

中华老字号南京云锦研究所在落实《中华优秀传统文化传承发展工程"十四五"重点项目规划》工作要求方面，做了许多创新尝试。该公司主要在记忆、传承、创新、传播四个方面着力，从汉服文化及相关产品的宣传推广入手，将中华优秀传统文化以崭新的面貌展现在世人面前。南京云锦汉服被誉为汉服"天花板"。随着汉服受到越来越多人的关注，许多青年人投身汉服文化产业。南京云锦研究所投入近 500 万元打造汉服项目，开拓市场，研发符合现代人审美的服饰，设计男装 2 款、女装 9 款、相关配饰 4 款、联名女装 12 款、联名童装 8 款、联名配饰 1 款，广受市场好评。

（二）资源丰厚，为老字号品牌创新提供了基础

基于老字号的发展特点，应深耕老字号品牌文化研究，尤其是其承载的中华优秀传统文化，使其成为经营转型的重要驱动力和创新力。从老字号三个历史发展阶段来看，老字号品牌文化具有重要的历史价值、教育价值和宣传价值。

第一个发展阶段：清朝末期，老字号与实业救国。清朝末期，外国商品进入中国市场，而"因民智闭塞，未谙外情，一切生产事业类皆固步自封，不求改良"。随着洋务运动的开展，面对民族经济的衰退，许多有识之士、民营资本家和爱国华侨等心怀"国非富不强，富非实业不张"

的理想，通过努力革新技术、投资办厂和开办实业等方式发展国货。例如，始创于 1892 年的张裕葡萄酒。我国酿制葡萄酒的历史虽然非常悠久，但 17 世纪中期，由于玻璃制皿和葡萄酒酿制技术的进步，法国等一些国家的葡萄酒业发展较为迅速。张裕的创始人张弼士在国外学习了酿制葡萄酒的技术，转而回国实业兴邦。1915 年，张裕公司出品的白兰地荣获"美国巴拿马太平洋万国博览会金奖"。此外，还有宝时木钟厂、鸵鸟墨水厂和中国铅笔厂等，这些老字号的兴起与发展也使中国产品在国际上崭露头角。

第二个发展阶段：抗日战争时期，老字号的民族气节。许多老字号在抗日战争时期虽然饱受摧残，但却尽显民族气节，拥有顽强的生命力。例如，留日归国人士吴羹梅于 1935 年创办的中国铅笔厂。抗日战争爆发后，铅笔厂沦于炮火之下，后数迁厂址，发展之路可谓异常艰辛。当时，该厂是大后方唯一的铅笔厂，缓解了当时缺少文化书写用品的燃眉之急。

第三个发展阶段：在改革开放进程中，老字号发挥表率作用。新中国成立后，老字号重新恢复生机。20 世纪 50 年代，经过公私合营后，大部分老字号企业成为国营企业。1978 年，改革开放的浪潮开始席卷全国。老字号不仅纷纷恢复了名号，而且在国有企业转企改制进程中发挥了表率作用。许多老字号企业改制成了股份制公司，并在上交所或深交所上市，以其百年信誉和传统经营理念在市场经济中焕发新的生机。例如，广州著名餐饮业老字号"广州酒家"，现已跻身全国餐饮业十强。北京老字号"瑞蚨祥"在改革开放后，将传统服饰文化与现代审美相结合，将现代科技与传统工艺相结合，不断升级产品和服务，在展示东方传统服饰方面取得了可喜的成绩。

四 老字号品牌创新的路径与建议

由于老字号品牌文化具有的内涵价值、资源基础和时代优势，老字号在现代转型进程中，应该将老字号品牌文化纳入传承中华优秀传统文化体系之中，积极传承和弘扬中国传统商业文化，助推"中国制造"向"中国品牌"转变。

（一）深耕细作，加强老字号品牌文化的保护开发

加快建立全国层面的老字号名录体系和信息档案库，全面梳理和掌握我国老字号的发展历史和现状，充分利用文字、录音、录像、多媒体等方式，加强对老字号传统技艺、发展史料和实物的收集、整理工作，加快抢救即将失传或受到破坏的老字号技艺、重要文献、珍贵实物。大力挖掘老字号的历史资源，并可以结集成册、制作纪录片等，开展立体化宣传，例如苏州李顺号洋服店（1879 年）、太平馆餐厅（1885 年）、中西药房（1888 年）、张裕公司（1892 年）、李占记钟表行（1912 年）、宝时木钟厂（1915 年）、鸵鸟墨水厂（1934 年）、中国铅笔厂（1935 年）等。"传承 500 年比做 500 强更重要"，这是老字号品牌振兴的基本理念。应该积极加强、规范中华老字号和省市级老字号的申报、认定与振兴工作，鼓励符合条件的老字号申报非物质文化遗产，开展品牌价值评价，加大品牌推广力度。

南京云锦研究所作为中华老字号，在品牌文化的深耕方面做出了表率。该研究所是国家文物局古代丝绸文物复制研究试验基地，近百台传统大花楼木织机用于云锦的手工生产、文物复制、科研及展示。南京云锦研究所曾先后受北京定陵博物馆、湖南长沙市博物馆、美国波士顿博物馆等国内外知名博物馆委托，复制完成了古丝织文物，并通过研究复制技术，进一步挖掘、整理了传统的织造技艺。近年来，南京云锦研究所紧跟中国传统文化复兴浪潮，分别布局了汉服、文创、云锦艺术收藏、云锦嫁衣服饰以及云锦文化IP 衍生等相关业务。例如，2020 年，南京云锦研究所联合中华老字号佛慈制药共同研制开发健康产品"中药香囊"。此外，南京云锦研究所还在织造工艺、品类规格、新材料选用、题材亮点等方面都做了很多尝试。

同时，应高度重视品牌保护工作。大量历史资料和实地调研资料显示，老字号确实存在着大批"一枝多叶"的现象，其原因有历史上的分店独立、子女分家等。历史原因造成的老字号品牌共用现象非常多，也曾经产生了许

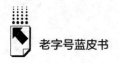

多产权纠纷问题，如南京和上海的"吴良材"案件，至今仍未能解决。老字号品牌不仅具有重要的商业价值，也具有重要的文化价值、历史价值和社会价值，不能被利益驱使而造成同行恶性竞争，得不偿失。应该对老字号注册商标进行特殊管理。对"一枝多叶"的老字号品牌，应以尊重历史为前提，通过区域名称进行补充注册和区分。相关部门应该对老字号进行注册商标更改，明确以地名进行区分，如标明"北京稻香村"和"苏州稻香村"、"南京吴良材"和"上海吴良材"，并且要求文图不得混淆。"一号两标"甚至"多标"的案件也可以由国家进行统筹裁夺。随着老字号的发展壮大，其品牌影响力也逐渐增强，历史原因造成的老字号品牌之争势必会有增无减，为此还需要加强专业的老字号商标保护人才队伍建设，包括司法人才等，来协助老字号进行商标维权和管理工作。

（二）标杆引领，提高老字号品牌文化的溢价能力

老字号企业课题组收集的数据显示，老字号对城市发展有较大影响，助力打造城市品牌是老字号参与城市发展的主要方式。

老字号应在行业或地区充分发挥表率作用，作为地方经济的名片进行推广和宣传，扩大品牌影响。目前，许多老字号发展规模不断壮大，不仅分店遍及全国，而且在国外许多地区也开设分店。如同仁堂、马应龙、王老吉、恒顺、茅台、老凤祥、中国宣纸（红星）和健民制药（叶开泰）等都已成为上市公司。中国宣纸股份有限公司不仅已发展成全国最大的文房四宝生产企业、手工造纸领袖企业，也是非遗"宣纸传统制作技艺"项目申报单位和保护与传承的代表性单位、宣纸标准和书画纸国家标准起草单位，还被授予"全国最具影响力国家文化产业示范基地""国家级非遗保护示范基地""国家重点文化出口企业""国家级高新技术企业""全国首批研学游示范基地""全国工业遗产"等称号，品牌溢价能力较强。依托中国宣纸博物馆建设的宣纸文化园大力发展宣纸研学、写生旅游等产业。目前，中国宣纸股份有限公司、中国宣纸博物馆和文化园正打造"中国宣纸小镇"，以"中国特色、世界唯一"为目标，突出宣纸和非遗特色，聚集宣纸及文房四宝产业，

吸引一批书画艺术家落户小镇，建设一批艺术馆、展示交流馆，致力打造"宣纸圣地、文创高地、艺术宝地、旅游胜地"。

（三）创新驱动，拓宽老字号品牌文化的发展渠道

新媒体是当下老字号企业主要的产品宣传方式。老字号企业课题组收集的数据显示，有 76.53% 的老字号企业的主要广告和宣传方式是新媒体（如各电商平台、微信）宣传，排在第一位；大型商业活动（如博览会、展销会）推广等宣传方式排名第二位，占比 61.19%；排在第三位的是传统媒体（如纸媒、电视、户外）等宣传方式，占比 50.90%。从宣传的投入方面来看，新媒体"广告和宣传"的投入仍有待提升。有 62.27% 的老字号企业在新媒体广告宣传的投入占整个营销投入的比重为 10% 及以下，占比最高；而仅有 30.69% 的老字号企业在新媒体广告宣传的投入占整个营销投入的比重为 11%~30%，占比略低。与此同时，超过 60% 的老字号企业表示在未来几年会加大在新媒体广告和宣传的投入，占比最高。

老字号企业应积极促进新渠道、新媒介、新业态的发展，更新发展理念，适应时代发展潮流。以江苏恒顺集团为例，其作为镇江香醋的创始者，基于中国醋文化博物馆平台，将中华文化、老字号品牌故事、非遗工艺、国家工业遗产等重点宣传项目从线下搬到线上，重点开发几大线上平台，以直播互动、短视频放送、VR 全景游等形式，面向更广泛的群体。在新媒体宣传转型过程中，恒顺集团更加注重长期的文化影响和品牌蓄能。2021 年，恒顺集团启动"云游醋博"智慧平台，加大官方抖音号及微信视频号运营投入，2022 年，连续举行多场网上直播活动，通过"国民料包，恒顺味道""文化之旅，非遗印象"等直播吸引了大量对中华文化、非遗工艺、恒顺品牌感兴趣的观众。同时，为了满足消费者需求，恒顺集团制作了"有味道的博物馆""小刘带你游醋博""五四青年诗朗诵""教你如何戴口罩"等高质量短视频，用讲故事、赏美景的方式吸引了大量网友，累计观看量超 20 万人次，部分视频被"学习强国""水韵江苏""玩转镇江"等平台转发。据统计，2022 年媒体关于恒顺直播及企业博物馆的宣传报道共计达 52

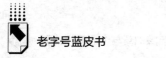

次，吸引了一批对酿造文化、非遗技艺有一定兴趣的忠实粉丝。值得一提的是，恒顺集团还积极走进社区进行品牌推广，在学校开展文化讲坛、酱醋文化节等活动。2022 年上半年，恒顺集团将醋文化博物馆镇馆之宝"九龙坛"数字藏品发布在"数藏中国"平台，3400 份数字藏品一经发售就被抢购一空，获得了数藏界的充分认可。

B.10
技术创新促进老字号品牌成长
作用机制研究报告

赵巧艳　郭鑫鑫*

摘　要： 老字号品牌成长对新时代我国实现经济高质量发展有着重要的社会价值和经济价值，技术创新是实现老字号品牌成长的关键因素，但目前对两者关系的研究十分有限。本报告引入创新文化、市场化水平和治理水平三个方面的情境因素，探究技术创新对老字号品牌成长影响的内在机制，通过回归分析和模糊集定性比较分析（fsQCA）进行假设检验和路径探索。回归分析结果表明：技术创新正向促进老字号品牌成长；创新文化、市场化水平和治理水平均正向调节技术创新与老字号品牌成长的关系。同时，fsQCA分析结果表明：处于高市场化水平下的非国有企业，技术创新是其实现品牌成长的关键条件，企业规模和创新文化的差异导致其品牌成长的路径不同。对于国有企业，规模较小的企业技术创新对其品牌成长的积极影响更显著。本报告的结论为老字号企业在不同情境下进行技术创新和促进品牌成长，提供了经验证据。

关键词： 老字号企业　技术创新　创新文化　市场化水平　治理水平

引　言

老字号作为传统商业文化的集中代表，具有巨大的社会价值和商业价

---

* 赵巧艳，山西财经大学文化旅游与新闻艺术学院教授、博士研究生导师，研究领域为文化旅游；郭鑫鑫，山西财经大学工商管理学院博士研究生，研究领域为创新创业管理。

值，是经济社会生活中不可忽视的重要部分。① 虽然随着社会环境的变迁和消费需求的变化，许多老字号企业已风光不再，发展陷入瓶颈。② 但仍有一些百年老字号（如杏花村汾酒、同仁堂、稻香村等）依然获得市场的高度认可。技术创新作为触发老字号企业成长的关键因素③，已得到学术界和企业界的广泛认可。然而，技术创新具有高风险、周期长的特点，因此一些老字号企业对技术创新望而却步。那么，技术创新是否能够促进老字号品牌成长？不同的老字号品牌进行技术创新的路径是否有区别？根据制度理论，企业的所有行为都会受企业所处环境的影响，且每家企业所拥有的资源以及自身能力也有差异。这些因素都会对老字号企业的品牌成长产生影响。

不同于新兴品牌，老字号企业拥有基于传统文化塑造的品牌形象、传统工艺以及工匠精神等优势④，可以形成独特的竞争优势。但是同样受到传统文化的影响，内部创新文化建设的缺失，也使得部分老字号企业固步自封，倚老卖老，始终没有迈出创新的步子，慢慢被时代遗忘。⑤ 此外，老字号企业的内外部环境也是影响品牌成长的重要方面。老字号企业所处地区的市场化水平作为其发展的重要外部环境因素，能够对技术创新及企业成长产生重要的影响。老字号企业进行技术创新的权责利配置在公司框架内运作，其内部治理水平同样会影响品牌的成长方向和发展效果。那么在创新文化、市场化水平、治理水平这三种情境因素的影响下，技术创新对老字号品牌成长的影响如何？有哪些关键的成长路径？

---

① 王肇、王成荣：《老字号企业研发创新与品牌成长关系研究》，《管理评论》2020 年第 12 期。

② 许晖、张海军、冯永春：《传承还是重塑？本土老字号品牌活化模式与机制研究——基于品牌真实性与价值迁移视角》，《管理世界》2018 年第 4 期。

③ 李园园、柯迪、段珅、刘建华：《技术创新是否能够促进老字号企业成长？——传统文化和市场化水平的双重伦理格局视角》，《研究与发展管理》2020 年第 6 期。

④ 许晖、张海军、冯永春：《传承还是重塑？本土老字号品牌活化模式与机制研究——基于品牌真实性与价值迁移视角》，《管理世界》2018 年第 4 期。

⑤ 杨桂菊、徐秀秀、曲旸：《机会窗口、文化传承与老字号创新成长》，《科学学研究》2020 年第 12 期。

为回答上述问题，本报告以老字号企业上市公司为研究样本，采用回归分析和模糊集定性比较分析两种方法探究技术创新影响老字号品牌成长的作用机制，以及实现老字号高品牌成长的组态路径。具体来说，首先通过采用多元回归分析方法检验在创新文化、市场化水平以及治理水平三种不同的研究情境下，技术创新对老字号品牌成长的作用机制。其次，通过模糊集定性比较分析方法识别在不同条件因素组合下，老字号实现高品牌成长的等效路径。

一　理论分析与研究假设

1. 技术创新与老字号品牌成长

老字号企业以其诚信经营、质量保障、独特配方及特殊工艺等赢得消费者的青睐。但随着社会环境和消费理念的变化，老字号企业如果不能因势而动，就会慢慢失去品牌价值。因此，老字号企业需要通过技术创新来适应不断变化的环境[1]，满足新时代消费者的需求，为品牌成长注入新的动力。

首先，技术创新在我国已经逐渐成为一种社会性的制度规范[2]，老字号企业进行技术创新符合社会大众的认知规范，同时能够向消费者传递企业具有核心竞争优势的积极信息，提升消费者对品牌的认知，从而提升品牌的市场认可度，促进品牌可持续发展。其次，老字号企业千百年来延续的"师徒传承制"以及"纯手工制作"的生产方式[3]，难以实现规模化生产，且生产速度慢、效率低、成本高[4]。先进的生产技术作为一种异质

---

① Wang M., S. Pang, I. Hmani, I. Hmani, C. Li, and Z. He, "Towards Sustainable Development: How Does Technological Innovation Drive the Increase in Green Total Factor Productivity?", *Sustainable Development* 29 (1), 2021: 217-227.

② 唐未兵、傅元海、王展祥：《技术创新、技术引进与经济增长方式转变》，《经济研究》2014 年第 7 期。

③ 李园园、柯迪、段珅、刘建华：《技术创新是否能够促进老字号企业成长？——传统文化和市场化水平的双重伦理格局视角》，《研究与发展管理》2020 年第 6 期。

④ 王肇、王成荣：《老字号企业研发创新与品牌成长关系研究》，《管理评论》2020 年第 12 期。

性资源，能够使老字号企业在保持产品特色的基础上，实现生产的规模化、标准化和数字化，达到降本增效、提升竞争优势的目的，最终提升品牌价值。最后，新时代背景下，快速变化的消费需求要求老字号通过技术创新推出独具特色的产品，促进其品牌成长。基于此，本报告提出以下研究假设。

假设1：技术创新能够促进老字号品牌成长。

2. 创新文化、技术创新与老字号品牌成长

创新文化作为一种非正式制度，是实现企业成长和可持续发展的关键，体现了组织开放性地接纳新事物和新想法的文化倾向[1]，对企业的技术创新行为及行为结果有着重要影响。首先，在创新文化浓厚的环境中，企业具有冒险性和创造性，以开放的态度接受新事物，鼓励技术创新，积极主动寻找新资源、应用新技术、开发新产品，以促进品牌的成长与发展。其次，企业创新活动始于对新产品和新技术潜力的认知，终于将产品和技术商业化。创新文化浓厚的企业，会较早认识到某项新技术和新产品的重要性并应用和转化。[2] 最后，创新文化具有鼓励承担风险、包容失败的特点[3]，可以降低技术创新失败带来的压力。面对可能的失败和损失，在创新文化浓厚的环境中，企业会支持技术创新，并进一步使文化与技术创新产生正向的协同效应，增加技术在环境中的适应性[4]，提高创新能力，促进企业成长。基于此，本报告提出以下研究假设。

假设2：创新文化在技术创新与老字号品牌成长的关系中发挥正向调节作用。

---

[1] 王文华、何杭娟、钟海连：《员工持股计划与企业创新绩效——基于创新文化的中介效应》，《经济与管理评论》2023年第4期。

[2] 李京勋、郑润坤：《高新技术企业创新文化对企业绩效影响研究——双元创新和营销能力的作用》，《北京航空航天大学学报》（社会科学版）2021年第6期。

[3] 王炳成、傅晓晖、崔巍：《商业模式创意如何才能得到顺利应用？——企业创新文化调节下动态能力的中介作用》，《济南大学学报》（社会科学版）2021年第5期。

[4] 肖忠意、林琳、陈志英、徐定宝：《企业金融化与上市公司创新研发投入——基于董事会治理与创新文化的调节作用的实证分析》，《南开经济研究》2021年第1期。

3.市场化水平、技术创新与老字号品牌成长

市场化水平作为制度环境的直接反映，在不同区域之间存在着显著差异。由于企业行为会受到制度环境的影响，因此市场化水平的高低势必会对企业的技术创新行为及其经济后果产生影响。首先，市场化水平反映了市场资源配置的能力。[①] 市场化水平高的地区由市场主导资源配置，完善的市场机制能够发挥外部治理的作用，保证企业在技术创新过程中对创新资源的投入。其次，老字号企业发展受限的一个重要原因是资金短缺。[②] 在市场化水平较高的地区，金融市场发展也较为完善，能够为企业提供透明、高效的融资服务，为企业进行技术创新提供资金支持。最后，市场化水平越高意味着市场竞争越激烈。企业为了避免陷入产品同质化、低端化的低价恶性竞争[③]，会积极进行技术创新，提高产品技术含量，提升产品和服务的价值，实现产品和服务的差异化、高端化，最终形成企业比较竞争优势，促进品牌成长。基于此，本报告提出以下研究假设。

假设3：市场化水平在技术创新与老字号品牌成长的关系中发挥正向调节作用。

4.治理水平、技术创新与老字号品牌成长

老字号企业进行技术创新的权责利配置是在公司框架内运作的[④]，治理水平的不同导致技术创新的投入、产出以及利益分配的差异，从而影响企业的长期发展。第一，技术创新具有风险高、投资回报期长的特点，短期内对企业成长的作用不明显。基于委托代理理论，公司治理水平较低时，由于信息不对称，高管人员可能会为了追求个人利益产生短视行为，导致

---

① 伍先福、李欣宇：《工业互联网对制造企业创新绩效的影响机制》，《科技进步与对策》2023年第23期。

② 李园园、柯迪、段珅、刘建华：《技术创新是否能够促进老字号企业成长？——传统文化和市场化水平的双重伦理格局视角》，《研究与发展管理》2020年第6期。

③ 郑爱琳、蓝海林：《多重制度逻辑、企业异质性与技术创新绩效——来自125家上市新能源汽车企业的模糊集定性比较分析》，《科技进步与对策》2023年第17期。

④ 易颜新、裘凯莉：《"重奖轻罚"能推动企业创新吗？——基于内部控制与内部治理调节作用的视角》，《南京审计大学学报》2020年第5期。

技术创新不足或者投资过度，对企业的发展产生不利影响。当公司治理水平提高时，高管和股东的利益一致性程度相应提高①，有助于激发高管的创新热情，对其形成正向激励。第二，治理水平较高的企业会具有较强的监督功能。② 在公司内部完善的治理体系下，股东不仅能够监督高管的决策，还会对技术创新的执行过程进行监督③，确保创新计划能够达到预期效果，从而更好地促进企业整体目标的实现。基于此，本报告提出如下研究假设。

假设4：治理水平在技术创新与老字号品牌成长的关系中发挥正向调节作用。

二　研究设计

（一）样本选取与数据来源

本报告选取2009~2022年A股上市的老字号企业作为研究样本，并在此基础上，按照以下标准对原始数据进行筛选：①剔除已经退市的老字号企业样本；②剔除数据不全以及没有进行研发投入的样本；③对样本数据进行上下1%的缩尾处理，以去除极端值的影响。通过以上筛选，本报告共得到49家397个非平衡面板数据的观测值。本报告所用数据来源于国泰安数据库、万德数据库、中国分省份市场化指数数据库等。

（二）变量定义与测量

1.被解释变量

选择老字号企业品牌价值（Bgr）作为老字号品牌成长的衡量指标。该

---

① 麻艳琳：《治理水平对企业技术创新的作用理论分析——兼论制度调节因素》，《科学管理研究》2016年第1期。
② 易颜新、裘凯莉：《"重奖轻罚"能推动企业创新吗？——基于内部控制与内部治理调节作用的视角》，《南京审计大学学报》2020年第5期。
③ 易颜新、裘凯莉：《"重奖轻罚"能推动企业创新吗？——基于内部控制与内部治理调节作用的视角》，《南京审计大学学报》2020年第5期。

指标数据来源于《中国 500 最具价值品牌》中的企业品牌价值，其能够充分反映企业财务状况和经营状况，通过该指标可以直观判断企业品牌价值。考虑到该数据库以企业上年度数据作为计算标准，为保持研究口径一致，本报告假设：若该企业在上一年度品牌价值排行榜上，该变量则赋值为对应的品牌价值；若企业未上榜，则赋值为 0。

2. 解释变量

技术创新（Tech）。技术创新通常有技术创新投入和技术创新产出两种衡量方式。由于技术创新的高风险性，创新投入转化为产出的难度较大，使用技术创新投入进行衡量可能会高估企业技术创新能力，因此本报告采用企业的专利产出数据来衡量企业的技术创新。[1] 本报告参考孔东民等的研究，将发明专利、实用新型专利和外观设计专利三种类型的专利申请数加总来衡量技术创新。[2]

3. 调节变量

创新文化（Cul）。肖忠意、王文华等认为，一个企业若在核心价值观、企业精神和经营理念中倡导"创新"要素，则认定为该企业具有创新型的企业文化。[3] 在此基础上，本报告基于企业公司年报、社会责任报告及企业官网进行内容分析，查询在对企业文化的描述中是否包含对"创新文化"要素的描述，如果内容中存在"创新""变革""科技引领""技术突破"等字样，则将企业创新文化赋值为 1，否则赋值为 0。

市场化水平（Ins）。市场化水平由中国分省份市场化指数的数据来衡量。

治理水平（Gci）。本报告参考高敬忠等的研究，基于股权集中度、两

---

[1] 唐松、伍旭川、祝佳：《数字金融与企业技术创新——结构特征、机制识别与金融监管下的效应差异》，《管理世界》2020 年第 5 期。

[2] 孔东民、徐茗丽、孔高文：《企业内部薪酬差距与创新》，《经济研究》2017 年第 10 期。

[3] 肖忠意、林琳、陈志英、徐定宝：《企业金融化与上市公司创新研发投入——基于董事会治理与创新文化的调节作用的实证分析》，《南开经济研究》2021 年第 1 期；王文华、何杭娟、钟海连：《员工持股计划与企业创新绩效——基于创新文化的中介效应》，《经济与管理评论》2023 年第 4 期。

职合一、高管持股比例、董事会规模和独立董事比例五个基础指标，采用主成分分析法构造治理水平综合指数，衡量样本企业的公司治理水平。[①] 其中，股权集中度（Top1）以公司前十大股东持股比例来衡量；两职合一（Dual）采用虚拟变量衡量，如果董事长和总经理由同一个人兼任，则赋值为1，否则赋值为0；高管持股比例（Share）以高管持有股份占公司股份比例来衡量；董事会规模（Board）以董事会总人数来衡量；独立董事比例（Outratio）以董事会中独立董事人数占比来衡量。

4. 控制变量

本报告参考崔也光等的研究，进一步控制其他可能影响老字号品牌成长的相关因素，包括企业规模（Size）、企业性质（Soe）、企业年龄（Old）、股权集中度（Top1）、独立董事占比（Idr）、行业竞争环境（HHI）。[②] 本报告各变量的含义如表1所示。

表 1　主要变量含义

变量	变量名称	变量符号	变量含义
被解释变量	品牌成长	Bgr	企业品牌价值，来源于《中国500最具价值品牌》披露
解释变量	技术创新	Tech	三类专利申请数量加总
调节变量	创新文化	Cul	企业公司年报等公开信息中有相关词语赋值为1，否则赋值为0
	市场化水平	Ins	中国分省份市场化指数
	治理水平	Gci	由五个基础指标运用主成分分析法构造指数
控制变量	企业规模	Size	资产总额的自然对数
	企业性质	Soe	企业为国有性质则赋值为1，否则赋值为0
	企业年龄	Old	当前年份-企业成立年份+1
	股权集中度	Top1	第一大股东持股比例
	独立董事占比	Idr	独立董事人数/董事会总人数
	行业竞争环境	HHI	采用赫芬达尔指数衡量

① 高敬忠、王天雨、王英允：《经济政策不确定性与"双高现象"》，《外国经济与管理》2021年第4期。

② 崔也光、王肇、鹿瑶：《创新动机会影响品牌成长吗？——基于经济政策不确定性调节作用的实证研究》，《经济与管理研究》2021年第4期。

（三）模型设定

为识别老字号企业技术创新对其品牌成长的影响，本报告以技术创新为解释变量，以老字号品牌成长为被解释变量，构建如下计量模型：

$$Bgr_{i,t} = \alpha_0 + \alpha_1 Tech_{i,t} + \alpha_2 Ctrl_{i,t} + Indcd + Year + \varepsilon_{i,t} \tag{1}$$

为验证创新文化、市场化水平、治理水平的调节作用，构建以下模型：

$$Bgr_{i,t} = \beta_0 + \beta_1 Tech_{i,t} + \beta_2 Cul_{i,t} + \beta_3 Tech_{i,t} \times Cul_{i,t} + \beta_4 Ctrl_{i,t} + Indcd + Year + \varepsilon_{i,t} \tag{2}$$

$$Bgr_{i,t} = \beta_0 + \beta_1 Tech_{i,t} + \beta_2 Ins_{i,t} + \beta_3 Tech_{i,t} \times Ins_{i,t} + \beta_4 Ctrl_{i,t} + Indcd + Year + \varepsilon_{i,t} \tag{3}$$

$$Bgr_{i,t} = \beta_0 + \beta_1 Tech_{i,t} + \beta_2 Gci_{i,t} + \beta_3 Tech_{i,t} \times Gci_{i,t} + \beta_4 Ctrl_{i,t} + Indcd + Year + \varepsilon_{i,t} \tag{4}$$

其中，下标 i 表示企业，t 表示时间，Bgr 表示老字号企业品牌成长，$Tech$ 为技术创新，Cul、Ins 和 Gci 分别代表创新文化、市场化水平和治理水平，$Ctrl$ 为控制变量集合，$Indcd$ 和 $Year$ 表示老字号企业所属的行业和年份固定效应，分别用来控制随行业和时间变化而无法观测的影响，ε 为误差项。

三　数据分析与结果

（一）描述性统计分析

如表 2 所示，老字号品牌成长水平的平均值为 0.156，表明从整体来看，样本中老字号品牌的成长较好；技术创新的平均值为 13.652，表明样本老字号企业对技术创新的投入水平较弱；创新文化的标准差为 1.289，表明样本老字号企业之间创新文化的差异较大；市场化水平的标准差为 2.192，表明样本老字号企业受到不同市场化水平的影响；样本老字号企业治理水平标准差为 1.028，最小值为 0.169，最大值为 2.289，表明样本老字号企业的治理水平存在较大差异。

表 2　描述性统计和相关系数分析

变量	Wbl	Tech	Cul	Ins	Gci	Size	Soe	Age	Top1	Idr	HHI
Wbl	1										
Tech	0.378**	1									
Cul	0.241*	0.092	1								
Ins	0.167*	0.082	0.207**	1							
Gci	0.217**	0.077*	0.182	0.205	1						
Size	0.061	0.156	0.021*	0.085**	0.147	1					
Soe	0.128*	0.062	0.092***	0.231	0.067*	0.029	1				
Age	0.056	0.301*	0.129	0.091**	0.281	0.048*	0.327	1			
Top1	0.062	0.158	0.281**	0.363*	0.294	0.218***	0.091	0.162**	1		
Idr	0.107	0.173*	0.331	0.149**	0.192	0.021	0.035*	0.102	0.097	1	
HHI	0.259	0.267*	0.096*	0.342**	0.128*	0.112*	0.170***	0.217	0.328*	0.092	1
平均值	0.156	13.652	6.267	8.288	1.421	23.973	0.628	17	0.337	0.375	0.295
标准差	0.218	1.272	1.289	2.192	1.028	1.273	0.524	7.260	0.126	0.058	0.162
最小值	-0.392	6.237	1.263	1.721	0.169	20.461	0	1	0.092	0.320	0.081
最大值	1.152	25.671	17.281	14.297	2.289	30.267	1	31	0.729	0.682	0.987

注：***、** 和 * 分别表示 1%、5%和 10%的显著性水平，下同。

从相关系数分析结果可以看出，老字号企业技术创新与品牌成长在5%的水平下显著正相关，本报告假设1得到了验证。创新文化与老字号品牌成长在10%的水平下显著正相关，市场化水平与老字号品牌成长在5%的水平下显著正相关，治理水平与老字号品牌成长在5%的水平下显著正相关。从相关系数来看，各个变量之间的系数均低于0.6，表明不存在严重的多重共线问题，可以进行回归分析。

（二）模型回归结果分析

本报告的回归结果如表3所示。第（1）列为仅计入技术创新的估计结果，此时技术创新的回归系数显著为正。第（2）列的结果表明，在加入控制变量后，技术创新的回归系数依然显著为正，说明技术创新能够促进老字号品牌成长，假设1得到验证。第（3）列显示创新文化与技术创新的交互项系数为0.029（$P<0.01$），说明老字号企业内部的创新文化能够强化技术创新对品牌成长的促进作用，即创新文化在二者之间起到正向调节作用，假设2得到验证。第（4）列报告了市场化水平与技术创新的交互项系数为0.032（$P<0.01$），说明老字号企业所在地区的市场化水平能够强化技术创新对品牌成长的促进作用，即市场化水平在二者之间起到正向调节作用，假设3得到验证。第（5）列报告了治理水平与技术创新的交互项系数为0.028（$P<0.01$），说明老字号企业内部治理水平能够强化技术创新对品牌成长的促进作用，即治理水平对二者关系起到正向调节作用，假设4得到验证。

表3　模型回归结果

变量	（1）	（2）	（3）	（4）	（5）
Tech	0.047 ***	0.039 ***	0.036 ***	0.041 ***	0.029 ***
	(4.278)	(4.128)	(3.976)	(4.023)	(3.912)
Cul_Tech			0.029 ***		
			(4.301)		
Ins_Tech				0.032 ***	
				(3.159)	

续表

变量	(1)	(2)	(3)	(4)	(5)
Gci_Tech					0. 028 *** (4. 027)
Size		0. 146 ** (2. 469)	0. 162 (1. 427)	0. 167 * (1. 859)	0. 149 ** (2. 173)
Soe		0. 072 (1. 272)	0. 067 * (1. 776)	0. 029 (1. 072)	0. 048 (1. 183)
Age		−0. 165 * (−1. 827)	−0. 213 ** (−2. 562)	−0. 172 ** (−1. 986)	−0. 186 ** (−2. 311)
Top1		−0. 172 * (−1. 832)	−0. 157 * (−1. 792)	−0. 201 * (−1. 743)	−1. 634 * (−1. 692)
Idr		0. 053 (1. 118)	0. 083 (1. 267)	0. 067 (1. 298)	0. 069 (1. 097)
HHI		−0. 276 * (−1. 783)	−0. 289 * (−1. 954)	−0. 201 * (−1. 825)	−0. 269 (−1. 772)
固定效应	是	是	是	是	是
R^2 值	0. 284	0. 227	0. 312	0. 306	0. 283
F 值	3. 182	3. 561	4. 323	5. 612	3. 325

（三）稳健性检验

1. 内生性检验

考虑到可能的内生性问题，本报告对主要解释变量技术创新投入选取了工具变量重新对模型进行了实证检验。参考徐飞的研究，本报告以同年同地区的平均技术创新投入作为技术创新的工具变量[①]；参考唐雪松等的研究，本报告使用地理位置哑变量作为市场化水平的工具变量，若所在地区属于沿海省份则赋值为 1，否则赋值为 0[②]。结果发现，在模型中控制了内生性问题后，检验结果依然保持稳定，说明本报告的估计结果是稳健的。

---

① 徐飞：《银行信贷与企业创新困境》，《中国工业经济》2019 年第 1 期。
② 唐雪松、罗莎、王海燕：《市场化进程与政府审计作用的发挥》，《审计研究》2012 年第 3 期。

2. 更换变量测度

本报告采用替换品牌成长的测量方式来进行稳健性检验，参考王刚刚等的研究，设置上榜品牌虚拟变量，以 Brand 表示。①如果企业当年进入《中国最具价值品牌》榜单，则 Brand 赋值为 1，否则赋值为 0。重复对回归估计结果进行再次检验，结论依然保持一致，说明本报告的估计结果稳健。

四 模糊集定性比较分析

上述实证研究论证了老字号企业技术创新对品牌成长的影响，以及创新文化、市场化水平、治理水平的调节作用。然而由于传统回归分析方法只关注某单个条件对品牌成长的净效应，忽略了多个条件组合对其的影响，所以也就无法深入研究技术创新、企业创新文化以及市场化水平等因素之间的相互作用、相互组合对老字号品牌成长的组态效应。因此，本报告使用 fsQCA 方法，探究技术创新、创新文化、市场化水平、治理水平以及相关情境因素共同影响老字号品牌成长的复杂机制，以期解释老字号在品牌成长性上的差异，为管理者提供整体视角下实现品牌成长的路径。

（一）变量的选取与校准

结合实证研究结果及老字号品牌成长的相关情境因素，本报告选取技术创新、创新文化、市场化水平、治理水平、企业性质和企业规模 6 个变量为前因条件。选取原因有两个。第一，本报告通过实证研究发现，技术创新、创新文化、市场化水平以及治理水平均对老字号品牌成长具有重要意义，且需要深入探究这些变量的复杂性关系，明确实现老字号品牌成长的具体路径。第二，本报告结合老字号企业特征选取前因条件变量，包括

---

① 王刚刚、谢富纪、贾友：《R&D 补贴政策激励机制的重新审视——基于外部融资激励机制的考察》，《中国工业经济》2017 年第 2 期。

企业性质及企业规模。老字号企业发展历史悠久，老字号企业的企业性质与现代企业相比有着明显的差异。此外，老字号企业是根植于中国传统文化和地区文化的独特本土企业，但很多老字号对此依赖，长期固步自封、难以顺应时代发展等问题较为突出。将老字号企业的性质和规模作为前因条件，有助于对老字号企业品牌成长进行更深入的分析。综上，得出本报告具体模型，如图1所示。

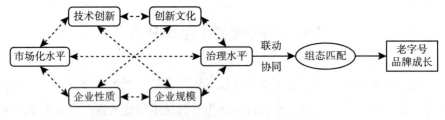

图1　模糊集定性比较分析模型

根据 fsQCA 的运算法则，在分析之前，需要对条件变量（技术创新、创新文化、市场化水平、治理水平、企业性质、企业规模）与结果变量（老字号品牌成长）进行校准，企业性质为 0~1 变量不需要校准。本报告采用直接法把变量校准为模糊集。参考杜运周等学者的研究，本报告将样本的完全隶属点、完全不隶属点及交叉点选取为描述性统计的上四分位数、下四分位数与两者的均值。① 条件变量与结果变量的校准结果和描述性统计如表4所示。

表4　校准阈值及描述性统计

前因条件和结果	模糊集校准		
	完全不隶属点	交叉点	完全隶属点
技术创新（Tech）	11.378	16.592	20.851
创新文化（Cul）	6.382	8.489	13.781

---

① 杜运周、刘秋辰、程建青：《什么样的营商环境生态产生城市高创业活跃度？——基于制度组态的分析》，《管理世界》2020 年第 9 期。

前因条件和结果	模糊集校准		
	完全不隶属点	交叉点	完全隶属点
市场化水平(Ins)	5.289	9.762	12.569
治理水平(Gci)	0.538	1.379	1.933
企业性质(Soe)	0	/	1
企业规模($Size$)	23.671	25.529	28.374
老字号品牌成长(Bgr)	-0.174	0.579	1.128

（二）分析结果

1. 单个条件的必要性分析

在进行组态分析之前，首先需要进行各个条件变量对结果变量的必要性分析，明确单个条件变量与结果变量之间的关系。当某个条件变量的一致性水平高于0.9时，可以认为该条件变量是结果变量的一个必要条件，即当结果变量发生时，该前因变量必然发生。如表5所示，所有单个前因条件的一致性水平均没有超过0.9的判定标准，所以其均不能单独构成老字号实现品牌成长性的必要条件。

表5　单个条件的必要性检验结果

前因条件	老字号品牌成长	
	一致性	覆盖度
技术创新($Tech$)	0.641	0.673
~技术创新($\sim Tech$)	0.673	0.659
创新文化(Cul)	0.516	0.529
~创新文化($\sim Cul$)	0.573	0.518
市场化水平(Ins)	0.573	0.675
~市场化水平($\sim Ins$)	0.516	0.626
治理水平(Gci)	0.586	0.437
~治理水平($\sim Gci$)	0.532	0.431
企业性质(Soe)	0.481	0.429
~企业性质($\sim Soe$)	0.245	0.287
企业规模($Size$)	0.489	0.477
~企业规模($\sim Size$)	0.417	0.432

2. 条件组态的充分性分析

本报告借助 fsQCA 4.0 软件，对 2019 年的 47 家老字号企业数据进行分析。在进行模糊集真值表分析时，参考张明和杜运周的研究，将案例频数阈值设置为 1，一致性阈值设置为 0.8，PRI 设置为 0.7，通过标准分析，最终得到相应的复杂解、简约解和中间解，并识别出核心条件。[①] 参考杜运周和贾良定的研究，在中间解与简约解中同时出现的为解的核心条件，只在中间解中出现的为边缘条件。[②] 分析结果如表 6 所示。

表 6　产生老字号品牌高成长性的组态结果

前因条件	H1	H2	H3	H4
技术创新（Tech）	●	●	⊗	●
创新文化（Cul）	•	⊗	⊗	
市场化水平（Ins）	●	•	●	⊗
治理水平（Gci）		●	•	⊗
企业性质（~Soe）	⊗	⊗	●	●
企业规模（Size）	⊗	●	●	⊗
一致性	0.875	0.928	0.891	0.919
覆盖度	0.113	0.214	0.252	0.167
唯一覆盖度	0.032	0.052	0.105	0.031
解的一致性	0.804			
解的覆盖度	0.725			

注：●表示核心条件存在，•表示边缘条件存在，⊗表示核心条件缺失，⊗表示边缘条件缺失，空白表示该条件可有可无。

通过软件计算产生老字号高品牌成长性的 4 种组态。4 种组态的一致性分别为 0.875、0.928、0.891、0.919，总体一致性为 0.804，说明 4 种组态的一致性都较高，符合充分条件的标准，且 4 条组态存在等效性。模型解的覆盖度达到 0.725，说明 4 种组态对老字号高品牌成长性的解释程度较高。

① 张明、杜运周：《组织与管理研究中 QCA 方法的应用：定位、策略和方向》，《管理学报》2019 年第 9 期。
② 杜运周、贾良定：《组态视角与定性比较分析（QCA）：管理学研究的一条新道路》，《管理世界》2017 年第 6 期。

以下是每一条组态的详细分析。

（1）H1 的前因组态为 $Tech * Cul * Ins * \sim Soe * \sim Size$，核心条件为高技术创新、高市场化水平以及非国有企业，边缘条件为高创新文化和小企业规模。该条组态路径表明，对于规模较小的非国有企业来说，当其所处地区的市场化水平较高时，其需要加强企业内部的创新文化建设，并积极鼓励技术创新，通过技术进步获取竞争优势以应对激烈的市场竞争，从而谋求品牌成长。H1 的一致性为 0.875，覆盖度为 0.113，唯一覆盖度为 0.032，说明该条路径能够解释 11.3% 的老字号企业高品牌成长案例，其中 3.2% 的老字号企业高品牌成长案例仅能被该路径解释。

（2）H2 的前因组态为 $Tech * \sim Cul * Ins * Gci * \sim Soe * Size$，核心条件为高技术创新、高治理水平和大企业规模，边缘条件为低创新文化、高市场化水平和非国有企业。该条组态路径表明，规模较大的非国有企业，即使内部创新文化氛围不足，但依靠所在地区的高市场化水平和公司内部高治理水平，也能够更好地获取和利用创新资源实行技术创新，发挥其自身成长优势，为企业谋求更长远的发展。H2 的一致性为 0.928，覆盖度为 0.214，唯一覆盖度为 0.052，说明该条路径能够解释 21.4% 的老字号企业高品牌成长案例，其中 5.2% 的老字号企业高品牌成长案例仅能被该路径解释。

（3）H3 的前因组态为 $\sim Tech * \sim Cul * Ins * Gci * Soe * Size$，核心条件为低创新文化、高市场化水平、国有企业和大企业规模，边缘条件为低技术创新和高治理水平。该条组态路径表明，大型国有企业只要深处市场化水平较高的地域，即使其内部缺乏创新氛围，也不重视技术创新，但依靠国有企业的身份以及良好的公司治理，老字号企业也可以实现品牌成长。H3 的一致性为 0.891，覆盖度为 0.252，唯一覆盖度为 0.105，说明该条路径能够解释 25.2% 的老字号企业高品牌成长案例，其中 10.5% 的老字号企业高品牌成长案例仅能被该路径解释。

（4）H4 的前因组态为 $Tech * Cul * \sim Ins * \sim Gci * Soe * \sim Size$，核心条件为高技术创新、低市场化水平以及国有企业，边缘条件为高创新文化、低治理水平和小规模企业。该条组态路径表明，治理水平较低的小规模国有企

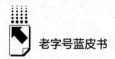

业，深处市场化水平较低的地区，必须积极进行创新文化建设、加大研发投入、进行技术创新，才能够有效促进品牌成长。H4 的一致性为 0.919，覆盖度为 0.167，唯一覆盖度为 0.031，说明该条路径能够解释 16.7% 的老字号企业高品牌成长案例，其中 3.1% 的老字号企业高品牌成长案例仅能被该路径解释。

五　结论与讨论

（一）研究结论

本报告以在 A 股上市的老字号企业为样本，引入创新文化、市场化水平以及治理水平作为研究的情境因素，探究技术创新对老字号品牌成长影响的内在机制，采用回归分析法以及模糊集定性比较分析法，进行实证检验与组态路径分析。实证结果显示，技术创新能够正向促进老字号品牌成长；创新文化、市场化水平和治理水平均能够正向调节技术创新与老字号品牌成长之间的关系。

通过模糊集定性比较分析得出老字号高品牌成长性的 4 条等效路径。①组态 H1 和 H2 显示，在市场化水平较高的情况下，技术创新是非国有企业实现品牌成长的关键条件，规模差异导致其品牌成长的路径有所不同。规模较小的非国有企业，其资金和品牌实力都相对较弱，需要加强其内部创新文化建设，积极鼓励创新，以构建竞争优势来实现品牌成长，而规模较大的非国有企业，即使内部创新文化不足，但依靠较高的治理水平，对高管进行正向激励，实现高管利益和公司利益的统一，仍然能够通过正确的技术创新决策，实现企业品牌的成长。②组态 H3 和 H4 显示，国有企业技术创新的积极性受到其他条件的影响。当其所处地区的市场化水平和治理水平都处于较高水平时，大规模国有企业即使技术创新投入不高，也能够凭借其规模优势、强大的市场推广能力以及清晰的目标实现企业的健康成长。而规模较小的国有企业，当处于市场化水平较低的地区且治理水平较低时，想要避免同质化竞争并获取核心竞争优势，必须通过技术创新为企业不断赋能，通过创新持续为品牌成长提供动力。

（二）理论贡献

一是丰富了老字号品牌成长中技术创新作用的理论框架。现有关于技术创新与老字号品牌成长关系的研究多为质性研究，定量研究较少，缺乏概念架构下的实证检验。本报告的研究揭示了不同的研究情境下技术创新对老字号品牌成长的影响机制，为老字号品牌成长提供了理论研究的经验证据。

二是拓展了实现老字号品牌成长的等效路径。针对传统回归分析法的局限性，本报告基于回归分析的结论，进一步采用模糊集定性比较分析法，探究了实现老字号企业高品牌成长的组态路径。

（三）管理启示

一是老字号企业要实现品牌成长需要发挥多条件因素的协同作用。技术创新、市场化水平、创新文化、治理水平、企业性质以及企业规模 6 个条件因素协同产生的 4 种组态路径，揭示老字号企业的品牌成长具有复杂性。老字号企业不能只靠"一条腿走路"，不能过度依赖某一方面的条件和资源，而应该整合现有资源，把握前因条件的动态匹配，最大限度地发挥协同作用，有效激励创新，实现自身长远发展。

二是老字号企业要根据自身条件选择不同的品牌成长路径。老字号企业不应盲目地对所属行业的领先企业进行对标学习，老字号企业应评估自身资源情况和创新水平，同时关注市场需求和行业环境的变化，在不同的情境下有针对性地选择发展路径。

B.11
老字号企业的现代治理：
调查与分析报告

王艺洁 尉建文*

摘　要： 老字号不仅是经济发展的重要组成部分，更是宝贵的文化遗产。本报告依据老字号企业课题组组织收集的554家老字号企业发展的调查数据，从数字化治理、产品创新、治理绩效与愿景三个方面，分析了老字号企业的现代化治理情况，并以企业级别、企业规模为划分标准，展开详细介绍。数据显示，目前老字号企业的数字化治理成效较好，创新驱动强，治理绩效评价较好，老字号企业对未来发展充满信心，但仍存在着电商经营效益、新媒体营销投入有待提升等问题。因此，在新时代背景下，应当构建现代化企业治理模式，充分挖掘老字号企业的文化与经济价值，实现老字号企业的高质量发展。

关键词： 老字号企业　数字化治理　产品创新

一 调查背景

老字号是经济发展的重要组成部分，具有独特的经济价值、文化价值和社会价值。近年来，习近平总书记一直高度重视老字号的发展，2016年5月习近平总书记在黑龙江考察调研时提出"改造升级老字号"。

---

* 王艺洁，北京师范大学社会学院硕士研究生；尉建文，南开大学社会学院教授。

《商务部关于实施"振兴老字号工程"的通知》《关于促进老字号创新发展的意见》等文件相继出台，振兴老字号、发展老字号、创新老字号的工作逐步展开。在新时代下，老字号企业在不断适应市场需求、推动品牌升级和探索国际化发展的同时，也在持续打造消费新场景，激发消费新活力，顺应"国潮国货"的新趋势。但目前老字号企业还面临着经营模式不够先进、创新能力不足等问题。老字号企业更应积极融入现代社会，构建现代化企业治理模式，开展数字化治理，进行产品创新，以适应市场和消费者需求的变化。

本报告依据老字号企业课题组组织实施的全国性老字号调查，以我国老字号企业为研究对象，收集 554 家老字号企业发展的调查数据，对我国老字号企业经营状况展开分析。本报告探讨"传统—现代"转型产业结构升级中老字号企业的数字化治理、产品创新、治理绩效与愿景，以及以老字号为中心延伸的数字化转型、"国潮国货"等问题。以期充分挖掘老字号企业的文化价值与经济价值，实现传统老字号企业的高质量发展。

本次调查的研究对象为全国 554 家老字号企业。从地域分布来看，河南省所占比例最多，为 43.86%，其次是山东省，占比为 20.22%，排名第三的为山西省，占比为 14.08%。从行业来看，食品行业老字号企业占比最多，为 36.82%，日用化工行业的企业占比最少，为 0.18%。从企业规模来看，中小型企业最多，占比为 40.79%，大型企业占比最少，为 3.07%。从所有制类型来看，私营企业最多，占比 54.87%，港、澳、台企业与外商投资企业占比均只有 0.18%。从消费群体来看，中年群体占比为 85.74%，儿童群体占比为 10.64%。从级别标准来看，省级老字号企业最多，占比 66.79%，中华老字号企业最少，仅有 12.82%，如表 1 所示。

表1　样本基本特征描述性统计

单位：%

变量	占比	变量	占比
级别标准		行业	
中华老字号	12.82	餐饮	14.08
省级老字号	66.79	零售	5.23
市级老字号	20.40	食品	36.82
消费群体		酿造	14.80
儿童	10.64	医药	9.75
青少年	16.60	服装	1.26
青年	68.77	文化用品	4.15
老年	74.00	日用化工	0.18
中年	85.74	酒店	1.08
企业规模		其他行业	12.64
大型企业	3.07	所有制类型	
大中型企业	4.33	国有企业	4.33
中型企业	13.54	集体所有制	1.26
中小型企业	40.79	私营企业	54.87
小微企业	38.27	股份制企业	21.48
地区分布		外商投资企业	0.18
福建省	6.14	个人独资企业	13.36
广东省	7.94	港、澳、台企业	0.18
河南省	43.86	股份合作企业	1.44
香港特别行政区	0.18	其他行业	2.89
江苏省	1.44		
辽宁省	5.96		
山东省	20.22		
山西省	14.08		
天津市	0.18		

二　数字化治理

（一）总体概述

1. 老字号企业在第三方电商销售平台、网络直播带货平台参与程度较高，但电商销售收入占比仍有待提升

第三方电商平台为老字号企业的传承与创新提供了新的机遇和途径。数

据显示，有77.26%的老字号企业已经在第三方电商平台销售商品（见图1）。同时，网络直播带货作为一种新销售渠道和营销方式，使老字号企业可以与消费者进行实时互动。具体来看，有39.17%的老字号企业已经开通网络直播带货通道，占比最高；另有35.20%的老字号企业准备开通网络直播带货通道；但同时，仍有25.63%的老字号企业不准备开通网络直播带货通道（见图2）。

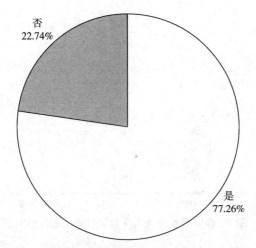

图1　老字号企业参与第三方电商销售平台情况

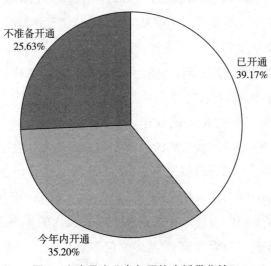

图2　老字号企业参与网络直播带货情况

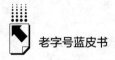

从老字号企业的数字化绩效来看，老字号企业在电商平台的销售收入占比仍有较大提升空间。具体来看，有 63.72% 的老字号企业电商销售收入仅占销售总收入的 10% 及以下；有 27.26% 的老字号企业电商销售收入占销售总收入的 11%~30%；仅有 0.54% 的老字号企业电商销售收入占销售总收入的 81% 以上（见图 3）。因此，老字号企业需要提高对电商平台的认知、加强品牌建设、提高品牌知名度和美誉度。

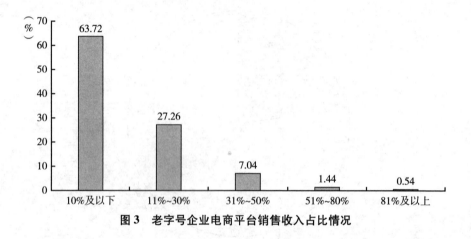

图 3　老字号企业电商平台销售收入占比情况

2. 新媒体是老字号企业营销的主要方式，但新媒体营销投入有待提升

有效的宣传方式能够提高企业品牌知名度与产品销量。新媒体宣传是当下老字号企业主要的产品宣传方式。具体来看，有 76.53% 的老字号企业的主要广告和宣传方式是新媒体（如各电商平台、微信）宣传，排在第一位；大型商业活动（如博览会、展销会）宣传方式排名第二，占比61.19%；排在第三位的是传统媒体（如纸媒、电视、户外）宣传方式，占比 50.90%（见图 4）。从宣传的经济投入方面来看，老字号企业对新媒体的广告宣传的投入仍有待提升。有 62.27% 的老字号企业对新媒体的广告宣传投入占整个营销投入的 10% 及以下，占比最高；仅有 30.69% 的老字号企业对新媒体的广告宣传投入占整个营销投入的 11%~30%，占比略低，不足 1% 的老字号企业对新媒体的广告宣传投入占整个营销投入的81% 及以上（见图 5）。

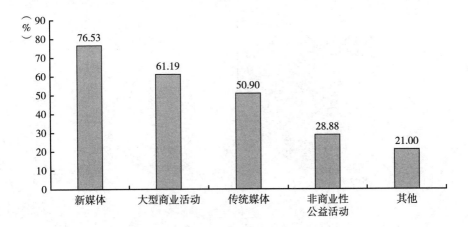

图4 老字号企业的营销方式选择情况

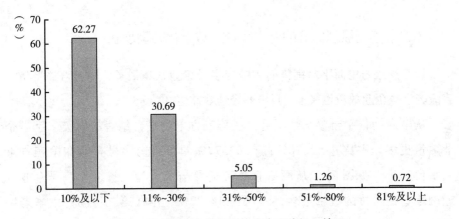

图5 老字号企业的新媒体广告宣传投入情况

与此同时，65.52%的老字号企业表示在未来几年会加大对新媒体广告宣传的投入。仅有5.42%的老字号企业表示不会加大对新媒体广告的宣传投入；29.06%的老字号企业表示暂时不确定是否会加大对新媒体广告宣传投入（见图6）。整体来看，老字号企业的新媒体广告宣传投入未来可能会进一步加大。

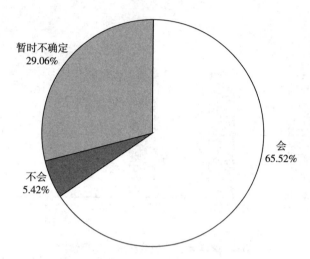

图6 老字号企业的新媒体广告宣传未来投入情况

（二）不同级别标准的老字号企业数字化转型现状

1. 在第三方电商平台销售的省级老字号企业数量最多，开通直播带货的省级老字号企业数量也最多，且电商经营效益更好

从电商销售平台参与情况看，在第三方电商平台销售的省级老字号企业数量更多，占比达82.70%；有63.72%的市级老字号企业在第三方电商平台销售（见图7）。从网络直播带货参与情况看，省级老字号企业开通网络直播带货的数量最多，占比为44.32%；排在第二位的是中华老字号企业，占比为43.66%；而仅有19.47%的市级老字号企业已开通网络直播带货（见图8）。整体来看，市级老字号企业的数字化销售渠道有待拓展。

电商经营效益方面，省级老字号企业的电商经营效益更好，但三种级别的老字号企业电商经营效益均有待提升。具体来看，有31.08%的省级老字号企业在电商平台的销售收入占总销售收入的11%~30%，企业数量占比最多；而在同等电商收入比例下（11%~30%），中华老字号企业和市级老字号企业仅占23.94%和16.81%。不可忽视的是，三种级别老字号企业的电

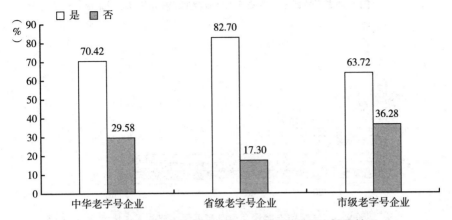

图7 不同级别老字号企业在第三方电商销售平台销售情况

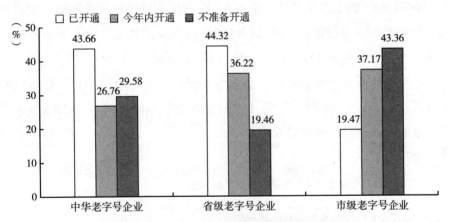

图8 不同级别老字号企业参与网络直播带货情况

商经营效益大部分均在10%及以下，分别有70.42%的中华老字号企业、57.84%的省级老字号企业和78.76%的市级老字号企业电商销售收入占总销售收入的比例在10%及以下（见图9）。

2. 广告方式上，省级老字号企业更倾向于新媒体，且对新媒体营销的投入最高，而中华老字号企业则倾向于商业活动

中华老字号企业更侧重于通过大型商业活动进行企业与产品推广，而省级老字号与市级老字号企业则更倾向于通过新媒体进行广告宣传。具体来

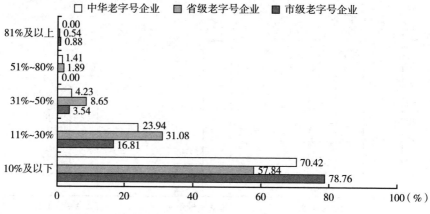

图9 不同级别老字号企业电商平台销售收入占比情况

看，有71.83%的中华老字号企业表示会更多地通过大型商业活动（如博览会、展销会）来进行推广，而选择此种宣传方式的省级老字号企业和市级老字号企业的数量占比则不高，分别有64.59%和43.36%。值得注意的是，省级老字号企业与市级老字号企业选择新媒体（如各电商平台、微信）的占比较高，分别为80.54%和68.14%（见图10）。由此可见，不同级别老字号企业有其各自的广告宣传方式。

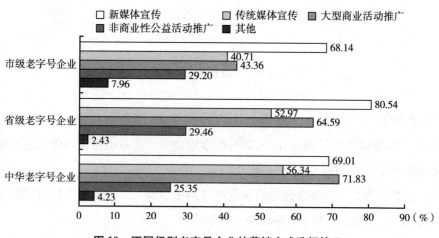

图10 不同级别老字号企业的营销方式选择情况

省级老字号企业对新媒体的广告宣传投入要高于中华老字号企业和市级老字号企业。有33.24%省级老字号企业对新媒体的广告宣传投入占总营销费用的11%~30%，占比最高；仅有23.94%和26.55%的中华老字号企业和市级老字号企业对新媒体的广告宣传投入占总营销费用的11%~30%。67.61%的中华老字号企业对新媒体的广告宣传投入占总营销费用的10%及以下（见图11）。

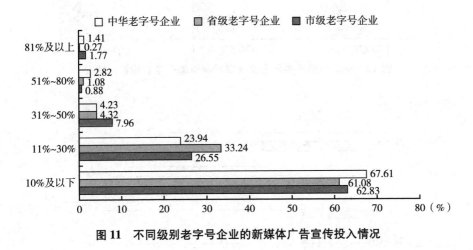

图11　不同级别老字号企业的新媒体广告宣传投入情况

同时，69.19%的省级老字号企业表示在未来几年会加大对新媒体广告宣传的投入，占比在各级别老字号中最高。有53.52%的中华老字号企业表示在未来几年会加大对新媒体广告宣传的投入（见图12）。

（三）不同规模的老字号企业数字化转型现状

1.老字号企业规模越大，在第三方电商销售平台和网络直播带货平台的参与度越高，大中型老字号企业的电商经营效益更好

不同规模老字号企业在第三方电商销售平台的参与程度也不同。数据显示，所有的大型老字号企业均已在电商平台进行销售，在不同规模企业中排名第一；已有87.50%的大中型老字号企业在电商平台进行销售，排名第二；有66.04%的小微型企业参与电商平台进行销售（见图13）。

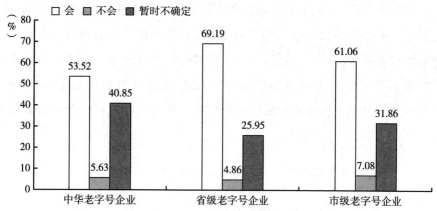

图12 不同级别老字号企业未来对新媒体广告宣传投入情况

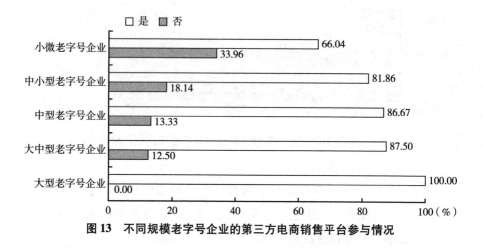

图13 不同规模老字号企业的第三方电商销售平台参与情况

从网络直播带货参与程度来看，大型、大中型、中型老字号企业已经开通网络直播带货的占比要高于中小型、小微老字号企业。具体来看，大型老字号企业已经开通网络直播带货的占比最高，达到88.24%；排在第二位的是中型老字号企业，占比为64.00%；小微老字号企业已经开通网络直播带货的占比仅有19.34%（见图14）。

电商经营效益方面，大中型老字号企业的电商经营效益相对更好，但各规模的老字号企业电商经营效益均有待提升。具体来看，有37.50%的大中型老字号企业在电商平台的销售收入占总销售收入的11%～30%，同时有

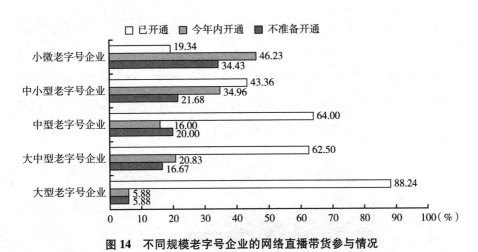

图 14　不同规模老字号企业的网络直播带货参与情况

16.67%的大中型老字号企业在电商平台的销售收入占总销售收入的31%～
50%；而在同等电商收入比例下（31%～50%），小微老字号企业仅占
2.83%。分别有58.82%的大型老字号企业、45.83%的大中型老字号企业、
65.33%的中型老字号企业、61.95%的中小型老字号企业、67.45%的小微老
字号企业电商销售占总销售收入的比例为10%及以下（见图15）。

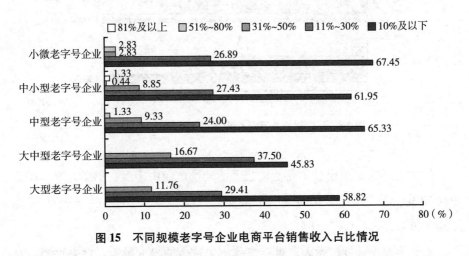

图 15　不同规模老字号企业电商平台销售收入占比情况

2. 大型、大中型老字号企业的推广渠道更加多样化

企业和产品推广渠道的丰富对提高老字号企业知名度十分重要。数据显

示，全部的大型、大中型老字号企业表示主要通过新媒体（如各电商平台、微信）宣传；选择此种宣传方式的中小型、小微老字号企业占比分别为74.34%和70.75%。通过传统媒体（如纸媒、电视、户外）宣传的大型、大中型老字号企业也都超过了60%，通过大型商业活动（如博览会、展销会）宣传的大型、大中型老字号企业分别占88.24%和79.17%（见图16）。

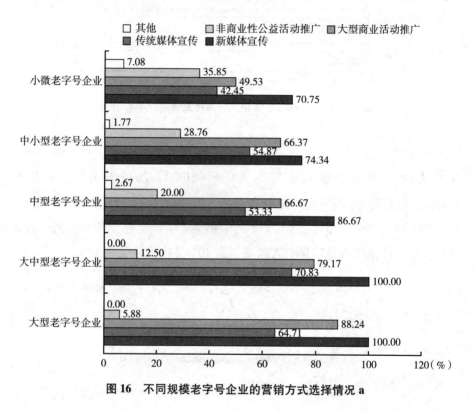

图16　不同规模老字号企业的营销方式选择情况 a

值得注意的是，通过非商业性公益活动推广的中小型、小微老字号企业占比较高，分别有28.76%和35.85%；大型、大中型老字号企业则为5.88%和12.50%（见图17）。

3.老字号企业规模越大，对新媒体广告宣传的投入越大，且未来投入会逐步加大的大型、大中型老字号企业占比很高

大型、大中型老字号企业对新媒体广告宣传的投入要高于中小型、

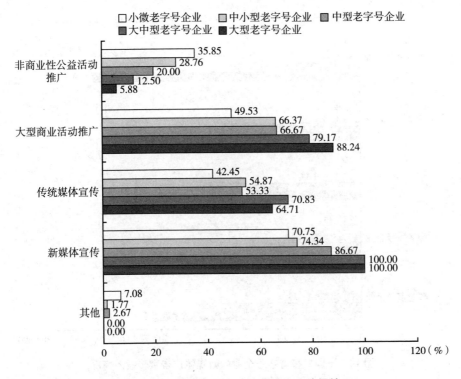

图 17　不同规模老字号企业的营销方式选择情况 b

小微企业。有 11.76% 的大型老字号企业和 12.50% 的大中型老字号企业对新媒体广告宣传的投入占总营销费用的 31%~50%；而中小型、小微老字号企业占比仅为 3.98% 和 3.30%。对新媒体广告宣传的投入占总营销费用的 10% 及以下的中小型、小微老字号企业占比为 58.85% 和 69.34%（见图 18）。

同时超过 80% 的大型、大中型老字号企业表示在未来几年会加大对新媒体广告宣传的投入。有超过 60% 的中小型和小微老字号企业表示在未来几年会加大对新媒体广告宣传的投入。具体来看，有 82.35% 的大型老字号企业和 83.33% 的大中型老字号企业表示在未来几年会加大对新媒体广告宣传的投入，相比之下，中小型和小微老字号企业表示会加大宣传投入的数量占比为 65.49%、60.38%，数量占比较低（见图 19）。

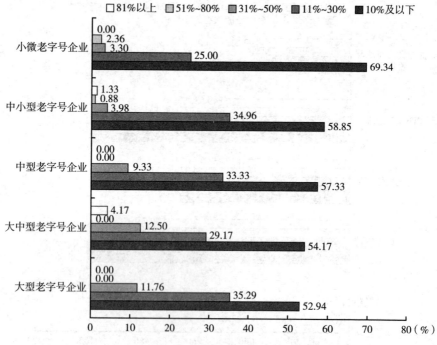

图 18 不同规模老字号企业的新媒体广告宣传投入情况

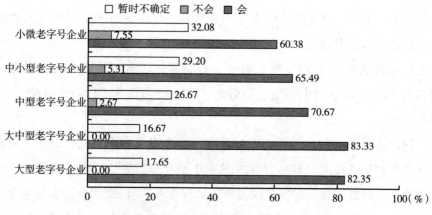

图 19 不同级别老字号企业的新媒体广告宣传未来投入情况

三 产品创新

（一）总体概述

1. "国潮国货"背景下，老字号企业最倾向于在产品中展现中国元素；消费者的反馈是老字号企业在"国潮国货新需求"中最关注的方面

老字号企业期望在"国潮国货"背景下体现中国元素的方式是十分多样化的，其中对在产品和包装上展示中国元素的认可度最高。具体来看，有69.86%的老字号企业认为主要在产品上体现中国元素；排在第二位的是在包装上展现中国元素，占比为62.09%；而仅有1.99%的老字号企业认为应该在形象代言人上体现中国元素（见图20）。

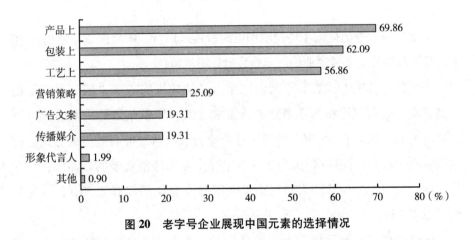

图20 老字号企业展现中国元素的选择情况

在"国潮国货新需求"方面，老字号企业最为关心的是消费者的反馈。有62.09%的老字号企业表示消费者的反馈是其在"国潮国货新需求"中最主要关注的方面；有51.81%的老字号企业表示在"国潮国货新需求"中最关注的是产品更新。同时，老字号企业更关注年轻人的需求和高档消费的需求。具体来看，有29.78%的老字号企业表示应该关注年轻人的需求，相比

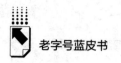

之下仅有 16.79% 的老字号企业表示应该关注中老年人的需求；同时有 10.65% 的老字号企业表示应该关注高档消费的需求，仅有 6.14% 的老字号企业表示应该关注工薪族的需求（见图 21）。

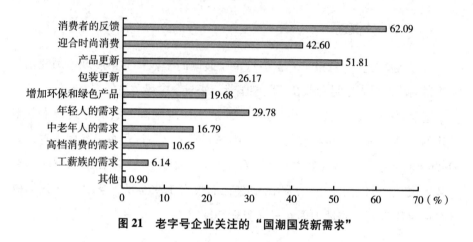

图 21　老字号企业关注的"国潮国货新需求"

2. 老字号企业更倾向于选择增加电商宣传来进行"国潮国货"营销，"国潮国货"趋势使老字号企业的产品包装设计更具特色

多元化的营销方式有利于推动老字号品牌的发展。在"国潮国货"的营销方面，电商宣传和关注消费者新需求是老字号企业主要采取的"国潮国货"营销方式。有 55.96% 的老字号企业会采取增加电商宣传的方式进行营销，占比最高；同样有 53.61% 的老字号企业关注消费者的新需求，排在第二位；倾向于提高营销人员待遇的老字号企业比例仅有 2.53%，占比最低（见图 22）。

同时，在"国潮国货"趋势的推动下，老字号企业的产品也发生了较大变化，尤其是在产品包装和种类方面。具体来看，有 65.70% 的老字号企业表示在"国潮国货"趋势下，其产品包装设计更具特色，且占比最高；有 64.98% 的老字号企业认为"国潮国货"的兴起使其产品的种类更加多样，排在第二位；也有 64.26% 的老字号企业表示其制作工艺更考究，排在第三位（见图 23）。

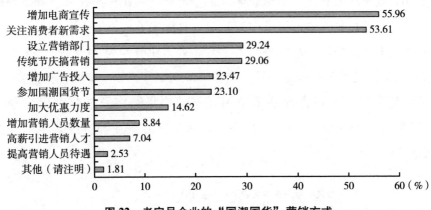

图22　老字号企业的"国潮国货"营销方式

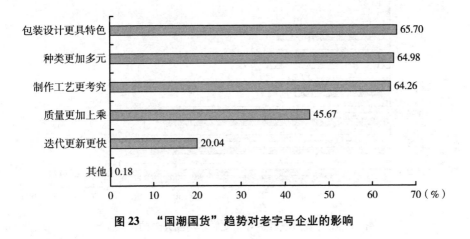

图23　"国潮国货"趋势对老字号企业的影响

（二）不同级别的老字号企业创新驱动现状

1. 省级老字号企业更赞同在产品、包装、工艺这些硬件方面展示中国元素，而中华老字号企业则更赞同在传播媒介、营销策略和广告文案这些软件方面展示中国元素

相较于市级老字号企业和中华老字号企业，省级老字号企业更注重在产品、包装、工艺这些硬件方面展示中国元素。同时，相较于市级老字号

企业和省级老字号企业，中华老字号企业则更赞同在传播媒介、营销策略和广告文案这些软件方面展示中国元素。具体来看，赞同在产品上、包装上和工艺上展示中国元素的省级老字号企业占比分别为74.86%、64.05%和58.65%，均高于市级老字号企业和中华老字号企业。赞同在传播媒介、营销策略和广告文案方面展示中国元素的中华老字号企业占比分别为22.54%、29.58%和26.76%，均高于市级老字号企业和省级老字号企业（见图24）。

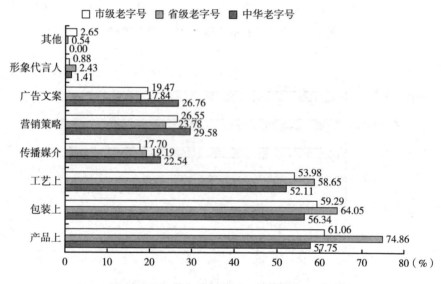

图24　不同级别的老字号企业展示中国元素的倾向情况

2. 中华老字号企业和省级老字号企业偏重于增加电商宣传，市级老字号企业则更关注消费者新需求

在"国潮国货"营销方面，增加电商宣传是中华老字号企业和省级老字号企业主要采取的"国潮国货"营销方式，关注消费者新需求是市级老字号企业主要采取的"国潮国货"营销方式。具体来看，有54.93%的中华老字号企业和60.00%的省级老字号企业采取了增加电商宣传这一方法来进行"国潮国货"的营销。同时有60.18%的市级老字

号企业采取了关注消费者新需求这一方式来进行"国潮国货"的营销
（见图 25）。

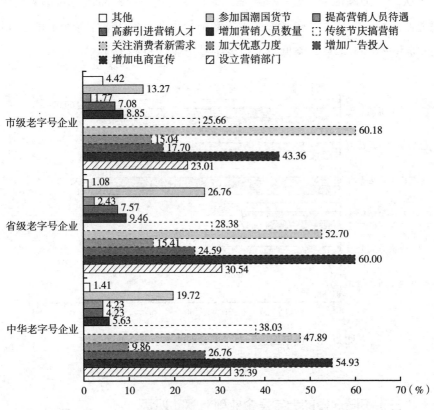

图 25　不同级别的老字号企业的"国潮国货"营销方式

3. "国潮国货"趋势促使中华老字号企业产品种类更加多元、省级老字
号企业产品包装设计更具特色、市级老字号企业产品制作工艺更考究

在"国潮国货"影响下，不同级别的老字号企业产品在种类、包装和
工艺方面均有不同变化。数据显示，在"国潮国货"趋势下，有 69.01% 的
中华老字号企业表示产品种类更加多元；而有 66.49% 的省级老字号企业和
57.52% 的市级老字号企业持此观点。在产品包装方面，有 66.76% 的省级老
字号企业认为"国潮国货"趋势使产品包装设计更具特色；认为"国潮国

货"趋势使产品包装设计更具特色的中华老字号企业和市级老字号企业的占比分别为66.20%、61.95%。在产品工艺方面,有66.37%的市级老字号企业认为"国潮国货"趋势使产品的制作工艺更考究;而认为"国潮国货"趋势使产品的制作工艺更考究的中华老字号企业和省级老字号企业的占比则为60.56%、64.32%,略低于市级老字号企业(见图26)。

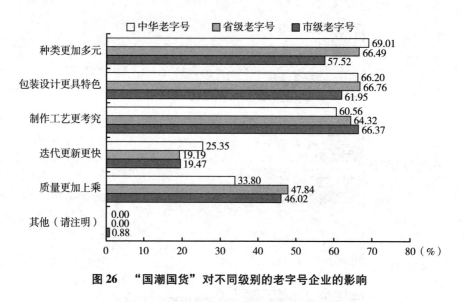

图26 "国潮国货"对不同级别的老字号企业的影响

(三)不同规模的老字号企业创新驱动现状

1. 在"国潮国货"趋势影响下,小微、中小型老字号企业相较于大型老字号企业更多地在产品上体现中国元素,大型、大中型老字号企业相较于小微、中小型老字号企业则更多地在广告文案上体现中国元素

"国潮国货"趋势影响下,不同规模的老字号企业体现中国元素的方式也不同。具体来看,认为应当在产品上体现中国元素的小微老字号企业占比最高,达到74.06%;而仅有58.82%的大型老字号企业持相同看法。同时,有37.50%的大中型老字号企业倾向于在广告文案中体现中国元素,占比最高;倾向于在广告文案中体现中国元素的小微老字号企业占比仅有11.79%(见图27)。

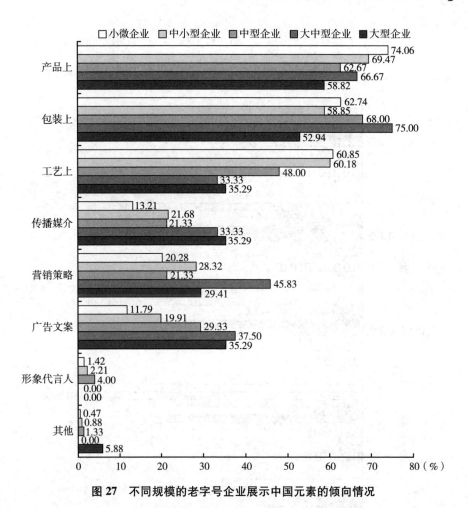

图 27　不同规模的老字号企业展示中国元素的倾向情况

2. 大型、大中型、中型和中小型老字号企业主要通过增加电商宣传来进行"国潮国货"营销，而小微老字号企业则更注重通过关注消费者新需求来进行"国潮国货"营销

在"国潮国货"营销方面，大型、大中型、中型以及中小型老字号企业通过增加电商宣传来进行"国潮国货"的营销。而小微老字号企业通过关注消费者新需求来进行"国潮国货"的营销。具体来看，有超过 70%的大型、大中型老字号企业和 60%左右的中型、中小型老字号企业采取了增加电商宣传的方法。同时，有 54. 72%的小微老字号企业采取了关注消费者新需求的方法（见图 28）。

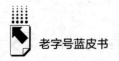

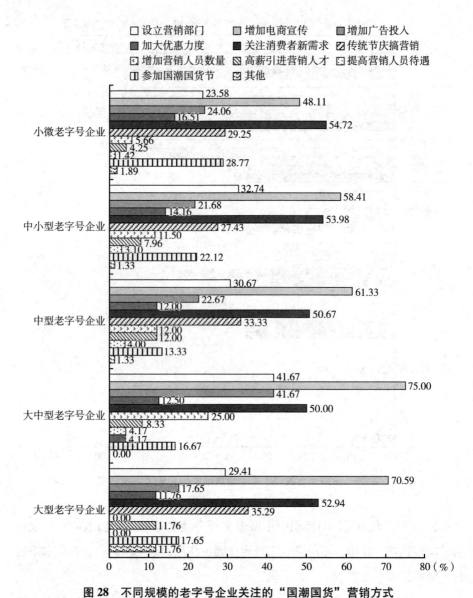

图例：
□ 设立营销部门 ■ 增加电商宣传 ■ 增加广告投入
■ 加大优惠力度 ■ 关注消费者新需求 ▨ 传统节庆搞营销
▤ 增加营销人员数量 ▨ 高薪引进营销人才 ▤ 提高营销人员待遇
▥ 参加国潮国货节 ▨ 其他

图28 不同规模的老字号企业关注的"国潮国货"营销方式

3. "国潮国货"趋势影响下，大型、小微老字号企业的制作工艺更考究，大中型、中型、中小型老字号企业的包装设计更具特色

在"国潮国货"影响下，不同规模老字号企业的产品在制作工艺和

包装设计方面均有不同变化。数据显示，在"国潮国货"趋势下，有64.71%的大型老字号企业和63.21%的小微老字号企业表示产品制作工艺更考究。同时，有87.50%的大中型老字号企业、74.67%的中型老字号企业以及68.14%的中小型老字号企业表示产品包装设计更具特色（见图29）。

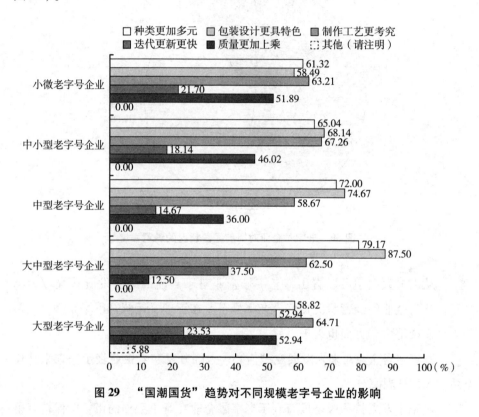

图29 "国潮国货"趋势对不同规模老字号企业的影响

四 治理绩效与愿景

1. 老字号企业治理绩效较好，大部分老字号对目前的经营发展较为满意

总体来看，老字号企业对目前经营状况满意程度整体较高。数据显示，对目前经营状况持很满意与比较满意两种态度的老字号企业占比分别为10.65%、37.00%；同时也有33.75%的老字号企业对目前经营状况持满意态度。此外，分别仅有 17.69%、0.90% 的老字号企业表示不满意和很不满意现在的经营状况（见图 30）。

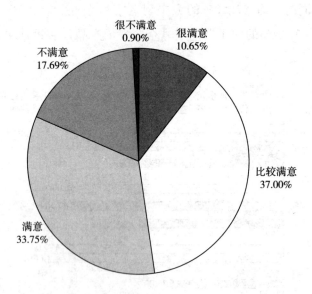

图30 老字号企业对目前经营状况的满意程度

从以上数据中可以看出，老字号企业对于当前的经营发展状况较为满意，认为企业的经营状况良好。老字号企业在管理、运营、市场竞争力以及未来发展等多个方面也表现良好。

2. 老字号企业对未来发展充满信心，大部分老字号企业表示在未来几年会扩大生产规模

对未来发展持积极态度有利于老字号企业在竞争激烈的市场中保持竞争优势，并实现可持续发展。具体来看，有 47.65% 的老字号企业认为发展前景非常好，占比最高，有 42.60% 的老字号企业认为发展前景比较好；分别有 0.54%、0.36% 的老字号企业认为未来发展前景不好和很不好（见图31）。与此同时，有 71.12% 的老字号企业表示在未来几年会扩大生产规模；而仅有 2.17% 的老字号企业则表示不会继续扩大生产规模（见图32）。由此可见，老字号企业对未来充满信心。

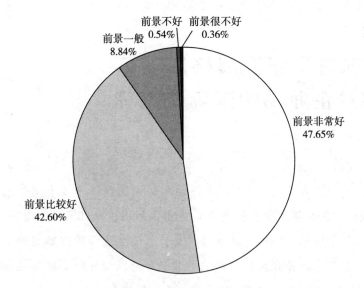

图 31　老字号企业的未来愿景情况

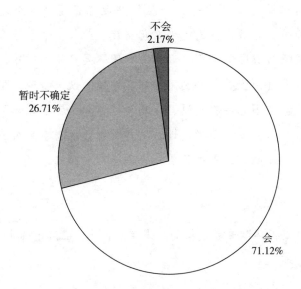

图 32　老字号企业未来扩大规模与否

B.12
"双循环"新发展格局下
老字号企业品牌国际化探究

张继焦*

摘　要： 2021年3月,《中华人民共和国国民经济和社会发展第十四个五年规划和2035年远景目标纲要》提出,加快构建以国内大循环为主体、国内国际双循环相互促进的新发展格局,开展中国品牌创建行动,保护发展中华老字号,提升自主品牌影响力和竞争力。国际化是我国品牌高质量发展的必然选择。在"双循环"新发展格局下,老字号企业品牌国际化面临多方面的机遇。政策支持是老字号企业品牌国际化的坚实后盾,老字号企业不仅可以通过参与"一带一路"建设等拓宽市场渠道,还可以通过发挥其独特的文化价值促进中外文化交流。此外,老字号企业还可与全球品牌合作提升自身国际形象,通过参加国际展览拓展渠道,同时整合全球供应链以优化资源配置,并利用数字化营销手段与全球消费者互动。目前,老字号企业在国际品牌建设、市场开拓、文化输出等方面仍处于探索阶段,面临着诸多挑战和不确定性。这些挑战要求老字号企业不仅要拓宽视野,学习国际规则,还需内外兼修,创新发展模式,以应对国际市场的复杂多变。

关键词： "双循环"新发展格局　老字号企业　品牌国际化

---

* 张继焦,中国社会科学院民族学与人类学研究所二级研究员、室主任,中国社会科学院大学教授、博士生导师,中国民族学学会法人代表兼副会长,研究领域为社会学、人类学。

一　引言

在经济全球化发展趋势下，我国已经深度融入全球经济体系，与世界其他经济体的产业关联度和相互依赖度都比较高。内外需市场本身并不是割裂的，而是相互依存、相互促进的。通过参与国际循环来促进和带动国内经济发展，是一个国家谋求经济持续发展的外在驱动力。

《中华人民共和国国民经济和社会发展第十四个五年规划和2035年远景目标纲要》提出了"新发展格局"，即加快构建以国内大循环为主体、国内国际双循环相互促进的新发展格局。① 随着国内经济结构的新变化，我国经济已经从高速增长阶段转向高质量发展阶段，经济发展模式也需要从出口导向型转向内需增长型。但这并不是抛弃国际市场，而是以国内市场为基础，发挥我国超大市场优势，促进国际市场商品和资源要素的流动、循环，形成更加紧密的、更大范围的、以国内市场为主体的经济互动体系。如此，既为国际市场提供更为广阔的发展空间和更多市场机会，也使国内市场更充满活力，促进国内市场循环畅通。

老字号是中国工匠精神和传统文化的载体，具有深厚的群众基础以及可观的品牌价值、经济价值及文化价值。在我国提出构建以国内大循环为主体、国内国际双循环相互促进的新发展格局之下，"国潮国货"大有可为。将中华老字号融入国内国际双循环的战略规划，增强互联互通、加强文化交流、实现经济共荣、优势互补，对于中华老字号品牌而言，是走向全球的最佳机会。②

在"双循环"新发展格局下，政策支持是老字号企业品牌国际化的坚实后盾，老字号不仅可以通过其独特的文化价值拓展海外的华人华侨市场，还可以通过参与"一带一路"建设等拓宽市场渠道。本报告将分析"双循

---

① 《中华人民共和国国民经济和社会发展第十四个五年规划和2035年远景目标纲要》，《人民日报》2021年3月13日。

② 张丽君：《中华老字号在传承中发展在发展中传承》，《中国商报》2018年5月11日。

环"新发展格局下老字号企业在品牌国际化过程中面临的机遇和挑战，从而为老字号企业品牌国际化提供一些参考。

二 "双循环"新发展格局下老字号企业品牌国际化的机遇

在中国的"双循环"新发展格局下，老字号企业品牌的国际化面临着多方面的机遇。"双循环"新发展格局为具有深厚文化底蕴的老字号企业提供了新的发展空间。

（一）政府支持与老字号国际化

国家为推动"双循环"新发展格局的形成，推出一系列鼓励出口的政策措施。例如，2023 年 1 月，商务部、文化和旅游部、国家文物局联合印发的《关于加强老字号与历史文化资源联动促进品牌消费的通知》指出，支持符合条件的老字号企业参加境外专业展会，推动老字号等国潮品牌走出国门、走向国际。2022 年 7 月，文化和旅游部等 10 部门联合发布的《关于推动传统工艺高质量传承发展的通知》指出，加强国际交流与合作，在文化产业和旅游产业国际合作重点项目中支持传统工艺产品走出去，推动包括中华老字号在内的传统工艺企业拓展国际市场。①

2023 年 8 月，无锡市出台的《关于全力打造"美食之都、购物天堂"加快培育创建国际消费中心城市的实施方案》更是明确提出，分类梳理、精准施策，促进老字号振兴发展。在国际消费中心城市建设的新赛道上，无锡正全力打造"美食之都、购物天堂"品牌，老字号的振兴发展成为建设品牌矩阵的重要一环。

《广东省促进老字号创新发展行动方案（2022—2025）》中明确指出，

---

① 《文化和旅游部 教育部 科技部 工业和信息化部 国家民委 财政部 人力资源社会保障部 商务部 知识产权局 乡村振兴局关于推动传统工艺高质量传承发展的通知》，《中华人民共和国国务院公报》2022 年第 21 期。

要"打造集约化国际化的发展平台"、支持实施"走出去"战略,举办"粤港澳大湾区老字号(文化)博览会",打造具有国际影响力的老字号品牌展示平台。支持老字号企业建立海外营销网点,依托国家文化出口基地,创新具有老字号元素的数字产品。依托"粤贸全球""粤贸全国"工程,推动广东老字号优质产品和服务走向省外、走向国际市场。组织粤、港、澳三地老字号企业开展交流活动,支持老字号企业抢抓《区域全面经济伙伴关系协定》(RCEP)发展机遇,布局"一带一路"市场,形成广东老字号的国际品牌效应。[①]

(二)探索国际市场扩大影响力

在"双循环"新发展格局下,国际市场(外循环)依然是不可或缺的一部分,国际市场的多样化为老字号企业提供了广阔的发展空间。老字号企业可以通过参与"一带一路"建设等拓宽市场渠道,探索多样化的国际市场,从而分散风险,减少对单一市场的依赖。

加快构建以国内大循环为主体、国内国际双循环相互促进的新发展格局,是推动我国经济高质量发展的路径选择,"一带一路"倡议则是旨在形成陆海内外联动、东西双向互济开放格局的世纪工程。构建"双循环"新发展格局和共建"一带一路"犹如鸟之两翼、车之两轮,相互支撑,相得益彰,能够统筹国内国际两个市场、两种资源,统筹对外开放通道和平台载体建设,建立开放型经济体制,共同推动经济高质量发展。老字号在传统中医药、中华传统餐饮、工艺美术等领域都具备"走出去"的条件。

上海光明乳业、老凤祥、上海家化、红双喜、冠生园等在国内市场有重要影响力的老字号企业,可与国际一流企业对标,扩展海外市场,进行全球采购、跨境并购、海外上市,从而增强其自有品牌的国际影响力。例如,上海冠生园食品有限公司,其旗舰产品大白兔奶糖和花生牛轧糖正快速拓展国

---

① 《广东省人民政府办公厅关于印发广东省促进老字号创新发展行动方案(2022—2025)的通知》,《广东省人民政府公报》2022年第26期。

际市场。在泰国，大白兔奶糖已全面进入 7-ELEVEN 等便利店，而花生牛轧糖自 2020 年 5 月开始出口，现已进入法国等欧洲国家的主流销售渠道。接下来，这两款产品将进入非洲市场。此外，在非洲国家，如尼日利亚和加纳，上海的蝴蝶缝纫机极受欢迎。2020 年 8 月，老凤祥在加拿大开设了第二家分店——位于温哥华的列治文，其海外分店总数达到 20 家。上海制皂在 2020 年推出的新产品，包括酒精喷雾、免洗凝胶等，已成功进入日本和东南亚市场。2020 年 7 月，凤凰自行车完成了对天津爱赛克车业和天任车料的并购，将爱塞克拥有的"丸石"这一日本自行车品牌纳入旗下，凤凰自行车 2021 年进入日本的中高端市场。①

（三）老字号成为文化交流的桥梁

老字号企业在全球市场中不仅提供产品，也是中华民族优秀传统文化的传承者和传播者，更可以成为中外文化交流的桥梁。在全球文化多元化的背景下，老字号企业的国际化对于传播中国文化，吸收外来文化的精髓，增强文化软实力具有重要意义。

老字号在国际市场上，要讲好老字号的中国故事，传播中国形象，把中国消费文化推向世界。②

中华老字号在国际化的过程中，将传承和弘扬中华优秀传统文化与产品推广、商业经营紧密结合，取得了良好的商业经营效益与文化传播效应。如同仁堂集团在境外设立的零售终端、中医诊所、养生中心、医疗中心等，既是经济实体又是文化载体，当地消费者在此不仅可以体验中式健康服务，还能学习太极拳、八段锦等中国传统养生方法，这些机构成为传播中医文化的重要窗口。③ 另外，如吴裕泰、张一元、荣宝斋等品牌，弘扬与传播传统文化都是其国际化的重要特色。

---

① 吴卫群：《上海老字号走出"舒适圈"求重振》，《解放日报》2020 年 12 月 23 日。
② 徐向梅：《中华老字号掀起"新国潮"》，《经济日报》2023 年 3 月 31 日。
③ 《中药老字号北京同仁堂的创新转型》，《北京日报》2021 年 10 月 8 日。

（四）与国际品牌合作提升形象

在"双循环"新发展格局下，老字号通过与国际知名品牌的合作不仅可以提升自身品牌的国际知名度，还能通过学习先进的管理经验和创新技术，提高自身产品和服务的国际竞争力。

苏州稻香村以创新为驱动力不断刷新消费者对老字号品牌的传统认知。目前，苏州稻香村已传承并创新开发了中西糕点、粽子、坚果炒货、休闲零食等1000多种产品，成为中式糕点的代表品牌之一。同时，苏州稻香村顺应"国潮国货"趋势，与康师傅、功夫熊猫等国内外知名品牌和IP跨界合作，相互赋能发展，让老字号焕发青春。

回力等国货服装品牌与国际设计师合作，一甩"老土""过时"的标签，用东方美学征服了国际秀场。逆袭成功的回力鞋如今不仅深受国内年轻人喜欢，还成为国际时尚达人的潮流搭配单品。

（五）参加国际展览平台拓渠道

老字号企业可在中国国际服务贸易交易会、中国国际进口博览会（以下简称"进博会"）、中国国际消费品博览会（以下简称"消博会"）等国际展览平台展示展销产品，助推品牌走出去、拓渠道、促消费。

以进博会为例，进博会的举办对于推动形成以国内大循环为主体、国内国际双循环相互促进的新发展格局都具有重要意义。进博会不仅交易商品和服务，还交流文化和理念。苏州山水丝绸有限公司在第一届进博会中进口了澳洲的产品，同时又把自己的丝绸产品出口到澳洲；在第二届进博会中，先后跟澳大利亚、巴西、土耳其、新西兰等国家建立了贸易往来；在第三届进博会中，文创产品——蚕茧国旗，成为网红打卡点；在第四届进博会中，发布羊驼毛和蚕丝共编的"混血被"。老字号企业在进博会既采购国外的商品，也出口自己生产的产品，从最开始的进口、出口到双方合作共同开发产

品，实现商品链到产业链的融合。①

以消博会为例，2022年第二届消博会的国货精品馆展区达5000平方米，汇集了多个知名老字号企业。老字号企业积极布局，对标国际大牌，一手打出"中华牌"，一手打出"国际牌"。

（六）巩固海外的华人华侨市场

老字号产品不仅能够勾起海外同胞的回忆和乡愁，更能够唤起他们的身份认同与文化认同。在走向国际化的道路上，共同的文化基因给老字号带来天然的"走出去"的优势，老字号在海外华人华侨市场中具有一定的客群基础。

老字号"一得阁"墨水深受书画名家、书画爱好者以及学生群体的欢迎，并销往日本、韩国、新加坡、马来西亚，以及欧洲、美洲等国家。

首农旗下品牌"王致和"拥有352年历史，主要生产料酒、酱类、火锅调料、复合调味料等五大类100多种产品，产品远销世界各地。可以说，有华人的地方就有王致和。

（七）整合资源融入全球供应链

老字号企业可以借助"双循环"新发展格局的构建，更好地整合全球资源、融入全球供应链体系，通过国际采购、外包生产、跨国运营等方式，优化资源配置，降低生产成本，提高企业在国际市场中的竞争力。

2015年，王老吉总部落户南沙，随后又在雅安建立生产基地，并与尼日利亚众澜连锁管理有限公司合作开拓非洲市场。近年来，王老吉持续在产品出口、国际标准制定和凉茶文化推广三大方面布局，推进品牌国际化进程。

广轻集团旗下"三角""钻石"两大家电老字号不仅从产品的外观、品质、价格三个方面提升竞争力，同时还变革销售模式，通过运营商大分销的

---

① 丁茜茜、宋晓华：《江苏老字号进博会上展魅力》，《新华日报》2021年11月7日。

模式，以体量拉动供应链建设，对接平台资源，从而形成"供应链—渠道—运营商"三位一体的局面。

（八）老字号数字化与国际营销

近年来，国家出台相关政策，推动老字号等国潮品牌走出国门、走向国际，支持"线上线下同步""创新营销推广手段"，将老字号"数字化转型"提升到政策导向高度。

2022 年 12 月，中国商业联合会中华老字号工作委员会发布《关于促进老字号数字化发展的倡议》，旨在帮助老字号企业进一步适应消费升级趋势和市场化需求，助力老字号企业加快数字化建设步伐，实现线上线下融合发展。

老字号企业要利用互联网平台开展数字化经营，实现管理数字化，提升供应链数字化水平，培养数字化人才，加强线上品牌保护，促进老字号与城市文旅的数字化融合，开展"老字号新消费计划"等，借助数字经济的"东风"促进老字号企业的经营发展。

在"双循环"新发展格局下，不少老字号企业正主动融入数字化发展潮流，通过技术创新、产品迭代、渠道拓展等方式培育全球竞争新优势，重塑老字号的品牌形象。数字经济的飞速发展为老字号企业提供了新的国际营销渠道，老字号企业可以利用电商和数字营销扩大全球影响力。

老字号是弘扬中华优秀传统文化的重要载体，老字号在保持特色和品质的同时，也要在产品内容和营销模式上推陈出新。具体来看，老字号可以在全渠道经营和数字化营销方面进行创新，更好地满足新消费主体的需求。

（九）国际科技合作与技术创新

科技是第一生产力。要加快实施创新驱动发展战略，激发科技作为第一生产力所蕴藏的巨大潜能。老字号企业也应在科技创新和自主研发方面下大力气。

研发创新是帮助老字号重焕新机的关键。为此，广药集团通过搭建产学

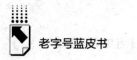

研合作平台，推动中医药产业实现现代化、产业化发展，牵头成立了国家名优中成药产业技术创新战略联盟等多个行业创新联盟，在澳门设立国际总部，与香港大学、澳门大学、澳门科技大学等建立合作关系，形成了较为完备的促进科研成果快速转化的产业链条。

稻香村集团在苏州、菏泽、北京三地设有研发中心，并与国内外知名科研院所联合建立产学研合作平台。

王致和食品集团有限公司不断进行产品研发创新，拥有多项发明专利，如腐乳直装工艺、液体毛霉菌种工业化生产、白坯自动化生产线等。特别是近几年，王致和首创了低盐腐乳生产工艺，同时研发了调味料酒产品，助力料酒品类飞速发展。

百年老字号"国瓷永丰源"在传承非遗技艺的同时，改进了手工作坊式的瓷器制作流程，创新性地用现代化的标准严格要求，构建了瓷器生产的标准化体系。

三 "双循环"新发展格局下老字号企业品牌国际化的挑战

在"双循环"新发展格局下，老字号企业品牌国际化虽然面临着诸多的机遇，但在实际操作中，也面临着诸多挑战和不确定性。例如，如何妥善处理文化差异和制定有效的本土化策略，在保持传统特色的同时实现产品创新，融合现代元素；如何在全球市场上与其他国际品牌进行竞争时制定有力的竞争策略；如何充分利用电商和数字营销工具扩大全球影响力；如何在跨国运营中严格遵守各类法律法规，特别是在知识产权保护和贸易壁垒方面。这些挑战要求老字号企业不仅要拓宽视野，学习国际规则，还需内外兼修，创新发展模式，以应对国际市场的复杂多变。

（一）国际品牌传播中的跨文化差异

在"双循环"新发展格局下，老字号企业面临的一个主要挑战是国际品牌传播中的跨文化差异。由于文化背景、价值观念、消费习惯等方面的差异，老字号企业的品牌信息和市场营销策略可能会使目标市场消费者产生误解。

老字号企业品牌往往具有浓厚的民族文化和地域特色。在传统文化中，一些元素和符号可能具有特定的意义和价值。但不同文化背景的消费者对这些符号的解读和感知可能会有偏差。例如，某些颜色、数字或图案在一些文化中代表着吉祥，而在其他文化中则可能被视为不吉。此外，语言障碍也是一个重要的问题。品牌传播不仅仅是文字信息的传递，更包含了情感、价值观的交流。直接翻译往往难以准确传达品牌想要表达的内涵。因此，老字号企业在进入国际市场时，不仅要深入了解不同国家和地区的文化特点，还需调整品牌传播策略，确保品牌信息在不同文化背景下的适切传达。同时，老字号企业在品牌形象构建、产品设计、广告推广等各方面都需要融入跨文化元素，以建立与全球消费者的情感联系。在语言方面，老字号企业在国际市场中，不仅要进行语言的转换，还要在文化层面构建相应的情感联结。

另外，老字号企业需要在保持传统特色的同时，融入现代元素以满足全球消费者的需求；需要实施品牌本土化策略，了解目标市场的文化特征和消费者偏好，调整产品、服务和营销信息，确保品牌信息的有效传递。此外，全球消费者越来越关注产品的可持续性。老字号企业通常拥有传统的、环境友好的生产工艺，有利于在全球市场树立绿色、可持续的品牌形象。

（二）打造国际品牌和全球市场竞争

老字号不仅是企业的名片，也是最宝贵的无形资产。老字号肩负着将"中国产品"升级为"中国品牌"的新任务。品牌经济的发展不仅关乎企业

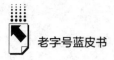

的发展和行业的振兴，而且是实现民族品牌和国产品牌崛起、增强我国产品和产业在全球的竞争力的关键。老字号需要转型，从国内品牌发展为国际品牌。

在全球市场中，老字号不仅要面对国内品牌的竞争，还要与各国知名品牌进行竞争。同时，国内市场与国际市场的需求存在很大差异，这要求老字号企业要针对国内外不同市场的定位和需求，实施差异化精准营销，建立独特的品牌定位，明确自身优势，制定有效的市场竞争策略，加强品牌建设和推广。同时，国际品牌若要在多个国家和地区运营，就需要有高效的团队来保证运营的效率。如何在保持品牌核心价值的同时，灵活应对各地的文化和法律差异，是老字号企业在国际化过程中必须解决的问题。不同的市场有着不同的消费习惯和营销规则。老字号企业必须以品牌的文化底蕴为优势，打造与各国消费者深度交融的新场景，制定灵活的国际营销策略，包括适应性的价格、推广、产品以及渠道策略，来应对不同国际市场的复杂环境。

（三）品牌国际化与数字化转型挑战

在"双循环"新发展格局下，老字号企业在进行品牌国际化的过程中还面临着数字化转型的挑战。

尽管数字化为老字号企业提供了新的营销渠道和客户互动方式，通过电商平台、社交媒体等数字化手段，企业直接触达全球消费者，实现了精准营销和品牌推广。但许多老字号企业在数字化方面起步较晚，缺乏必要的技术、基础设施、数据分析能力、数字营销策略和人才储备，在与全球竞争对手的较量中处于劣势。在云计算、大数据、人工智能等新技术日新月异的今天，技术和资源的短板可能会阻碍老字号企业迅速响应市场变化和满足消费者需求。此外，老字号企业往往更重视传统的经营方式，对数字化转型持谨慎态度，这在一定程度上阻碍了老字号企业在电子商务、社交媒体营销、在线客户服务等领域的发展。数字化不仅是线上销售，更是线上线下（O2O）完美结合的体验。老字号企业需要重塑用户体验，确保无缝连接，但由于传统运营模式根深蒂固，这种转变可能充满挑战。

社交媒体、内容营销、搜索引擎优化（SEO）等数字营销策略对于品牌知名度和国际影响力至关重要。老字号企业必须制定并执行一系列复杂的数字营销计划，同时加快与数字技术的融合，包括提升线上商店的用户体验、利用大数据进行精准营销、增强社交媒体的互动性以及加强网络安全等，以有效利用数字化带来的机遇，提高品牌的国际影响力和竞争力。

对老字号企业而言，数字化转型不仅仅是采用新技术，更是一场涉及战略、文化和操作模式的全方位变革。在"双循环"新发展格局下，克服挑战，成功实现数字化转型，将是老字号企业实现品牌国际化的重要一步。

（四）跨国知识产权保护和贸易壁垒

在"双循环"新发展格局下，老字号企业在品牌国际化进程中面临的两大挑战是跨国知识产权保护和贸易壁垒。

知识产权保护在全球范围内一直是企业发展的重要议题。老字号企业往往拥有悠久的历史，其产品、传统工艺和品牌故事都是核心竞争力。然而，一方面国内有些老字号企业对商标保护不够重视，未注册中文域名，甚至商标已被国外企业抢注；另一方面在不同国家和地区，知识产权的法律体系和执行力度各不相同，这对老字号企业的原创设计、商标、专利等构成潜在风险。一旦知识产权不能得到充分保护，仿冒和侵权行为可能会导致老字号企业声誉受损、市场份额流失，甚至引发法律纠纷。

贸易壁垒也是不容忽视的挑战。随着全球经济形势的变化，一些国家和地区为保护本土企业，可能会设置技术壁垒、关税壁垒、准入壁垒等，这些障碍都会增加老字号企业的运营成本。

针对这两大挑战，老字号企业需要加强与国际知识产权组织的合作，加强对目标市场法律法规的研究，尤其是对知识产权相关法律的研究，确保企业的合规经营。政府需要引导和支持老字号企业在境外注册商标和申请专利，协调解决老字号企业在"走出去"过程中遇到的贸易壁垒、知识产权维权等问题；鼓励和支持老字号企业在境外利用"马德里商标国际注册"

平台，由防止自身商标被抢注到主动进行防御性注册。①

同时，老字号企业也需密切关注国际贸易政策的变化，灵活调整出口战略，以应对可能出现的贸易壁垒。在此过程中，老字号企业还应通过多边或双边谈判等方式，积极争取更有利的贸易条件和市场准入机会。

四　结语

在"双循环"新发展格局下，只有坚持守正与创新，捕捉新的市场机遇，满足消费者的新需求，老字号才能在竞争激烈的环境中保持生命力。

老字号是传统的也是现代的，是民族的也是世界的。未来老字号企业还需进一步在"双循环"新发展格局下，通过参与"一带一路"建设等拓宽市场渠道，巩固海外的华人华侨市场，通过尊重文化差异、融合现代元素、制定有效的国际竞争策略、优化全球供应链管理、实施数字化转型，加强知识产权保护，提高老字号在全球市场的品牌知名度、竞争力，从而在"双循环"新发展格局下实现可持续的成长与发展。

---

① 殷云：《全国政协委员黄西勤：创新发展老字号 推动经济双循环》，《小康》2022 年第 9 期。

地区篇

B.13
2023年辽宁省老字号企业发展报告

王 焯*

摘　要： 近年来，辽宁老字号稳步发展，老字号持续健康发展的政策环境
更加完善，创新发展更具活力，品牌信誉不断提升。但是，老字号企业仍存
在品牌价值不高、管理水平较低、品牌培育不足等问题。老字号企业在守正
创新的过程中，需要进一步精耕细作，加强老字号资源保护；多措并举，加
大老字号宣传推广力度；抱团出海，丰富老字号对外交流活动；集聚发展，
建设老字号特色集聚街区；关注风险，加强老字号品牌知识产权保护。

关键词： 老字号　品牌建设　辽宁

　　老字号承载着悠久的历史文化，是不可再生的民族财富。近年来，辽宁
省深入贯彻《商务部关于实施"振兴老字号工程"的通知》《商务部关于进

＊ 王焯，辽宁社会科学院社会学研究所副所长、研究员，研究领域为文化人类学。

一步做好中华老字号保护与促进工作的通知》等文件精神。百余家辽宁老字号脱颖而出，老字号企业得到了长足发展，品牌整体实力不断增强。

一 辽宁老字号发展现状

目前，辽宁省拥有经商务部和省商务厅认定的省级以上老字号企业 183 家，其中，中华老字号企业 48 家（见表 1、表 2、表 3），辽宁老字号 149 家。除上海、北京、江苏、浙江等老字号比较集中的区域外，辽宁是中华老字号相对较多的省份。①

表 1 2006 年商务部认定辽宁第一批"中华老字号"名录

序号	企业名称	所属行业	地区
1	沈阳萃华金银珠宝制品实业有限公司	批发	沈阳
2	沈阳市甘露饺子馆	餐饮	沈阳
3	鸿兴泰抚顺饮食文化有限公司	餐饮	抚顺
4	沈阳老边饺子馆	餐饮	沈阳
5	丹东市老天祥大药房	医药零售	丹东
6	葫芦岛市高桥陈醋厂	食品制造	葫芦岛
7	沈阳市沈河区马烧麦馆	餐饮	沈阳
8	沈阳宝发园名菜馆	餐饮	沈阳
9	鞍山市上海信利熏腊店有限公司	食品制造	鞍山

表 2 2011 年商务部认定辽宁第二批"中华老字号"名录

序号	企业名称	所属行业	地区
1	沈阳市中和福茶庄	零售	沈阳
2	鞍山市老精华眼镜有限公司	零售	鞍山
3	锦州小菜有限责任公司	食品加工	锦州

---

① 商务部业务系统统一平台——中华老字号信息管理，http：//zhlzh. mofcom. gov. cn。

序号	企业名称	所属行业	地区
4	沈阳天江老龙口酿造有限公司	酿酒制造	沈阳
5	葫芦岛市高桥小菜厂	食品加工	葫芦岛
6	辽宁道光廿五集团满族酿酒有限责任公司	酿酒制造	锦州
7	辽宁省灯塔市铧子酒厂	酿酒制造	辽阳
8	辽宁凤城老窖酒业有限责任公司	酿酒制造	丹东
9	辽宁铁刹山酒业有限责任公司	酿酒制造	本溪
10	辽宁千山酒业集团有限公司	酿酒制造	辽阳
11	盘锦市盘山酒业有限责任公司	酿酒制造	盘锦
12	沈阳稻香村商业有限公司稻香村食品厂	食品加工	沈阳
13	北镇市刘家猪蹄熏鸡厂	食品加工	锦州
14	北镇市沟帮子尹亚茹(尹家)熏鸡有限公司	食品加工	锦州
15	大商集团股份有限公司	零售	大连
16	沈阳鹿鸣春饭店有限公司	餐饮	沈阳
17	沈阳市三盛轩回民饺子馆	餐饮	沈阳
18	沈阳西塔大冷面餐饮有限公司	餐饮	沈阳
19	沈阳市明湖春酒店	餐饮	沈阳
20	大连群英楼食品有限公司	食品加工	大连
21	沈阳天益堂药房连锁有限公司	医药零售	沈阳
22	岫岩满族自治县益元堂大药房	医药零售	鞍山
23	沈阳广生堂药业有限责任公司	医药零售	沈阳
24	鞍山市大光明洗染有限责任公司	居民服务	鞍山
25	大连大仁堂药房连锁有限公司	医药零售	大连

表3 2024年商务部认定辽宁第三批"中华老字号"名录

序号	企业名称	品牌
1	沈阳中街冰点城食品有限公司	中街冰点城
2	沈阳红梅食品有限公司	红梅
3	辽宁三沟酒业有限责任公司	三沟
4	沈阳爱新觉罗祖家坊酒业有限公司	爱新觉罗祖家坊
5	辽宁忠华酒业有限责任公司	六股河
6	沈阳八王寺饮料有限公司	八王寺
7	辽宁鹿源参茸饮片有限公司	鹿源
8	锦州白氏餐饮管理有限公司	锦州白氏

续表

序号	企业名称	品牌
9	海城市正骨医院	海城正骨
10	獐子岛集团股份有限公司	獐子岛
11	大连凯林益昌食品有限公司	益昌
12	大连圣诺食品有限公司	红塔
13	大连康德记中医药有限公司	康德记
14	华润雪花啤酒(辽宁)有限公司	雪花

2013年，辽宁省认定了第一批省级老字号，省内38家品牌创立时间在50年以上、拥有注册商标、财务状况良好，且产品、技艺和文化有特色的企业被认定为"辽宁老字号"。2022年底，第四批"辽宁老字号"评定工作完成，共认定149家老字号企业，壮大了辽宁老字号的队伍。综合来看，这些老字号都拥有悠久的历史、鲜明的地方特色和深厚的文化底蕴，得到了社会广泛认同，形成良好信誉。

如图1所示，辽宁老字号主要分布于酿酒制造（37家）、食品加工（37家）、餐饮（21家）、医药卫生（15家）、批发零售（14家）、服务（10家）、工美制造（7家）及其他行业（8家）。老字号与百姓生活密切相关，如满足衣食住行的酿酒制造业、食品加工业、餐饮业老字号占比较高，满足生活所需的医药卫生和批发零售业老字号占比也不在少数。

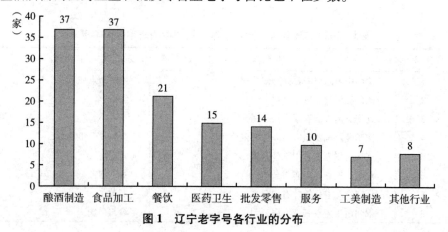

图1　辽宁老字号各行业的分布

此外，老字号深受本区域政治、经济、文化等因素的影响，其分布与本省经济文化发展水平有着很大的关系，多集中于省会或交通枢纽城市，具有鲜明的地域特征。辽宁老字号多集中于经济较发达的城市。辽宁省共有 14 个地级市，省会沈阳共有老字号企业 61 家，占比为 33.3%，作为第一梯队遥遥领先于其他城市；第二梯队 5 个城市分别为盘锦（18 家）、辽阳（16 家）、锦州（15 家）、大连和鞍山（13 家）；第三梯队 8 个城市分别为抚顺和本溪（8 家）、朝阳和营口（7 家）、丹东（6 家）、葫芦岛（5 家）、阜新（4 家）、铁岭（2 家），如图 2 所示。当然，地方老字号的数量也与当地营商环境密切相关，宣传推广的力度和对老字号工作的认识程度都会影响老字号企业的发展。

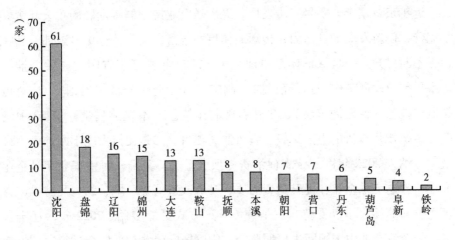

图 2 老字号在辽宁省内各城市分布

二 辽宁老字号发展特点

（一）高位推动，以政策为导向，老字号管理工作稳步提升

商务部自 2006 年启动"振兴老字号工程"以来，联合相关部门围绕"建立老字号保护体系、促进体系和挖掘老字号内涵"制定了一系列政策措施，使老字号的发展环境不断优化，推动了老字号品牌的复苏和发展。2008

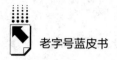

年，商务部等 14 个部门联合印发了《关于保护和促进老字号发展的若干意见》。2017 年，商务部等 16 个部门印发了《关于促进老字号改革创新发展的指导意见》。2022 年 3 月，商务部等 8 部门联合印发的《关于促进老字号创新发展的意见》指出，老字号集历史、文化、商业等诸多功能于一体，是我国工商业在发展过程中孕育出的"金字招牌"。因此，要实施老字号保护发展五年行动，建立健全老字号保护传承和创新发展的长效机制，促进老字号持续健康高质量发展，将老字号所蕴含的中华优秀传统文化更多融入现代生产生活，更好地满足"国潮国货"消费需求，促进中华优秀传统文化的创造性转化和创新性发展，满足人民日益增长的美好生活需要。

近年来，辽宁老字号稳步发展，老字号企业持续健康发展的政策环境更加完善，创新发展更具活力，传承载体更加丰富，文化特色更显浓郁，品牌信誉不断提升。一是保护体系更加完善。2022 年，辽宁省印发《关于推进老字号创新发展工作的指导意见》，制定《辽宁老字号认定通则》。辽菜传统制作技艺（沈阳鹿鸣春）、松花石砚制作技艺（本溪紫霞堂）等 32 项老字号传统技艺被认定为国家级、省级非遗项目。二是支持力度不断加大。将老字号纳入 2022 年度辽宁省促消费专项资金支持范围，对中华老字号企业和辽宁省老字号企业在提升消费品质、升级改造消费环境、加大品牌推广力度等方面的投入予以支持。三是宣传推广方式更加多元。2022 年，辽宁省老字号企业参加中国国际进口博览会、中国国际消费品博览会进行宣传推介活动。四是创新发展活力持续增强。鼓励老字号将传统经营方式与现代服务手段相结合。例如，萃华珠宝将中国传统文化与现代时尚设计相结合，其研发设计的作品"龙腾盛世头饰"获首届"紫禁城"杯中华老字号文创大赛特别金奖。辽宁省商务厅召开京东商城与辽宁老字号品牌对接会，沈阳老龙口、本溪双花熟食、丹东凤城老窖、锦州沟帮子熏鸡、辽阳老世泰、盘锦营田米业等一批老字号企业成功"触网"，实现跨界"联姻"。

（二）社会共促，以协会为牵引，老字号宣传推广提档升级

2014 年年初，经辽宁省服务业委员会、民政厅同意，成立了"老字号

协会筹备小组"。2015 年 6 月 18 日，辽宁省老字号协会成立大会暨第一届会员代表大会在沈阳召开，由辽宁省近百家中华老字号、辽宁老字号及相关企业共同发起的"辽宁省老字号协会"正式成立。来自全省餐饮、食品、酿造、商贸、文化、医药等行业的老字号企业参加了会议。

截至 2023 年底，辽宁省有省级老字号协会 1 家、市级老字号协会 2 家。实践证明，行业组织在老字号的发展过程中发挥着积极的作用。辽宁省老字号协会成立至今，以"与老字号企业共建共商共享"作为协会发展宗旨。同时，该协会还积极参与辽宁卫视《品牌辽宁》、辽宁广播电视台《辽宁品牌故事》的策划工作，为积极推介和宣传辽宁老字号做出了积极贡献。辽宁老字号协会团结和带领辽宁省的老字号企业，通过广泛开展调查研究、经验交流、业务培训和市场推介等活动，深入挖掘老字号的商业文化内涵，充分展示老字号的品牌形象，使辽宁的老字号企业成为"我们国家实施品牌战略、实现自主创新的战略目标，增强民族经济国际竞争力的重要组成部分"。辽宁老字号协会为进一步整合老字号的优势资源，为弘扬传统商业文化、发展地方特色经济、促进市场繁荣稳定发挥了积极作用。

（三）市场驱动，以企业为主体，老字号守正创新取得成效

辽宁省老字号企业基本都建立了比较完善的现代企业制度。大部分老字号企业的经营方式已由原来的作坊式单体经营转变为现代连锁或集团化经营。例如，萃华金店、大商集团、老边饺子、中街大果等企业，通过采用现代经营模式，积极探索连锁经营和集团经营，线上线下同步发展，不断扩大品牌影响力，发挥自身优势，增强市场竞争力和风险抵御能力。多年来，辽宁省老字号企业自强不息，树立品牌形象，丰富企业文化内涵，拓展业务范围，增加新产品，提升经营管理能力，强化服务功能，提高服务水平，赢得了广大消费者的信赖，使品牌焕发生机，很好地适应了新时期的竞争环境。

老字号企业分布在餐饮、零售、食品、服务等众多行业，面对日益激烈的市场竞争，老字号企业除了关注产品创新，也更加重视营销推广模式的创新。根据老字号企业课题组的调查数据，辽宁老字号企业的广告和宣传方式

与时俱进，78.79%的企业通过新媒体（如各种电商平台、微信）进行宣传，51.52%的企业将大型商业活动推广（如博览会、展销会）作为重要宣传方式，通过传统媒体（如纸媒、电视、户外）进行宣传的企业占比为45.45%，通过非商业性公益活动进行推广的企业占比为36.36%。辽宁老字号企业在宣传推广方面首先关注的是"质量好"，占比为81.82%，其次是"品牌老""老工艺"，占比分别为60.61%、51.52%，值得一提的是辽宁老字号企业在广告和宣传方面也比较关注"绿色环保和健康"，占比达到30.3%。

三 辽宁老字号发展存在的问题

（一）品牌价值有较大提升空间

2023年5月，中国品牌建设促进会联合有关单位共同举办的"中国品牌价值评价信息发布"结果显示，在中华老字号排行榜中，佛山海天调味食品股份有限公司、漳州片仔癀药业股份有限公司、广州王老吉药业股份有限公司分别以592.17亿元、409.37亿元、241.19亿元居前三位。辽宁省无中华老字号上榜（见表4）。

表4 2023年中国品牌价值评价"中华老字号"排行榜前10名

排序	企业名称	品牌强度	品牌价值（亿元）	省份
1	佛山海天调味食品股份有限公司	924	592.17	广东
2	漳州片仔癀药业股份有限公司	926	409.37	福建
3	广州王老吉药业股份有限公司	887	241.19	广东
4	东阿阿胶股份有限公司	909	180.56	山东
5	安徽迎驾贡酒股份有限公司	842	143.88	安徽
6	山东扳倒井股份有限公司	858	122.81	山东
7	九芝堂股份有限公司	871	108.03	湖南
8	马应龙药业集团股份有限公司	903	95.19	湖北
9	江苏恒顺醋业股份有限公司	886	80.22	江苏
10	山东福牌阿胶股份有限公司	856	58.33	山东

资料来源：国家市场监督管理总局。

辽宁省中华老字号未上榜的原因是多方面的。一些企业认为品牌价值评价结果对其业务扩展或品牌宣传没有任何推动作用，评估过程中还需要投入过多人力、财力、精力，得不偿失；也有一些企业认为品牌价值评价权威度不高，有的企业因为材料和数据不全面等原因，最终品牌价值评估过低，反而影响了品牌声誉，产生了负面的宣传效果。可以看出，辽宁省老字号在经营规模和品牌知名度等方面还是有较大的提升空间。

（二）管理水平有待进一步提高

从地区分布来看，北京共有中华老字号 137 家，在全国排名中，仅次于上海的 197 家。具体来看，上海商贸体系较为发达，近30%的老字号企业为批发零售业，全国40%的加工制造老字号企业都在上海；北京的老字号企业以餐饮食宿为主，百年老字号居多；广东、浙江的医药老字号较多，仅广州医药集团就有 12 个老字号；山东、江苏、河北、浙江均有多家老字号酒企。与其他省份相比，辽宁老字号的经营规模和影响力还处于中等水平。知名度、美誉度都有待提升。而发展较好的中华老字号企业采用连锁化、规模化和标准化的运营模式，技术比较稳定，产品创新速度比较快，经营创新和营销创新理念比较先进。

（三）文化挖掘和培育水平不足

一方面，老字号文化的挖掘力度明显不足，老字号是"中国制造"品质与信誉的代言人，体现了中国的商道、企业家精神、工匠精神，但是关于老字号的宣传大多集中于产品或服务，老字号品牌价值还有较大的提升空间。近年来，在"国潮国货"背景下，许多老字号采取跨界或联名营销模式，如"大白兔奶糖+美加净""茅台+瑞幸咖啡"，取得了较好的经营效果。但是辽宁的老字号企业还处于品牌的初级运营阶段，在品牌资源挖掘、培育和开发等方面还刚刚起步，思路亟待打开。

另一方面，我国老字号资源丰富，但是目前列入国家级和地方级老字号目录的企业大多集中于餐饮、医药、服饰、日化等行业。事实上，工业、教

育、金融、演艺、出版等行业的很多企业都符合国家级或地方级老字号认定条件，却没有纳入老字号范畴。例如，黑龙江、吉林、辽宁三省在全国率先成立了许多现代工业品牌：鞍钢（1916 年成立）、沈阳机车车辆厂（1925年成立）、沈阳鼓风机厂（1934 年成立）、辽宁美术出版社（1945 年成立）、辽宁电视台（1959 年成立）、春风文艺出版社（1959 年成立）等。这些现代工业品牌都符合老字号申报要求，但没有被纳入老字号振兴行列。

四　辽宁老字号发展的策略与建议

（一）深耕细作，加强老字号资源的挖掘保护

全面了解和掌握辽宁老字号的发展历史和现状，发挥地域和行业优势。要充分利用文字、音频、视频、多媒体等方式，加强对老字号传统手工技艺、发展史料和实物的收集、整理工作，加快抢救即将失传或受到破坏的老字号工艺手艺、重要文献、珍贵实物，加强对老字号原址原貌的保护。鼓励并扶持有条件的老字号设立老字号文化陈列馆、展厅或小型博物馆、老字号技艺传承人工作室。各级文化主管部门应当支持符合条件的中华老字号传统技艺申报各级非物质文化遗产代表性项目。积极贯彻落实商务部等 16 部门联合印发的《关于促进老字号改革创新发展的指导意见》。各级文物主管部门应将符合条件的老字号历史建筑纳入文物保护体系，将沈阳中街、营口辽河老街、盘锋二界沟等老字号比较集中的区域划定为历史文化街区，并编制保护规划，确定保护原则，划定保护范围。在城市改造过程中，尽量保证老字号就近搬迁或不搬，保留原有经营环境。

此外，可以支持鲁迅美术学院、沈阳建筑大学、辽宁社会科学院、辽宁省文化艺术研究院等省内高校和科研机构与老字号企业对接，开展历史研究、传统工艺、产品设计、营销宣传、文创产品等相关活动，政府为老字号文化传承提供智力和人才支撑。鼓励老字号企业与职业院校合作，共建创新工作室和教学基地，开展老字号进校园、进社区、进企业等活动，有条件的

职业技术院校可开设老字号相关专业课程，扩大招生规模，聘请老字号技艺传承人兼职任教、授徒传艺。

（二）多措并举，加大老字号宣传推广力度

开办专题电视栏目、报纸专栏，印制老字号宣传图册，建立辽宁老字号公众号，加大抱团出海力度。推进"中华老字号（东北）博览会"作为常态化、高规格专题展会向高位发展。借鉴山东省成功经验，开展"老字号品牌中华行"系列活动，提升中华老字号品牌和传统文化的影响力。2023年9月，"山东品牌中华行"走进广州的"中食展·广州暨广州国际食品食材展"，25家老字号企业入驻"至诚山东"展区。

（三）抱团出海，丰富老字号对外交流活动

老字号在海外华人心中具有广泛的社会影响，老字号企业之间的交流活动也能够促进中华优秀传统文化的对外交流。因此，应支持辽宁老字号响应"一带一路"倡议，做好老字号的国际化营销推广，建立老字号海外推广平台。鼓励老字号进行各类出口产品认证，大力拓展海外市场。国家相关部门应协调解决老字号"走出去"过程中遇到的政策壁垒、贸易保护、侵犯知识产权等问题。

（四）集聚发展，建设老字号特色集聚街区

鼓励沈阳、大连、鞍山等有条件的城市打造老字号特色商业街，汇集各类老字号店铺，引导特色产品和服务集聚，带动老字号抱团发展。"老字号商业街"和"老字号市集"项目，既可以集中展示老字号商业文化，展销老字号商品，也可以形成特色旅游目的地。此外，还可以集合资源，打造老字号特色产业文化园区等。并可研究制定辽宁老字号特色品牌集聚区业态准入标准和调整机制，保持老字号集聚区的特色与品质。

（五）关注风险，加强老字号知识产权保护

由于历史原因，辽宁老字号存在"一树多枝"的问题，且随着老字号

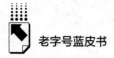

品牌市场价值的日益凸显，品牌所有权和使用权的争议问题层出不穷。我国商标法规定，商标注册申请的原则是"申请在先原则"。因此，与老字号文化相关的知识产权保护工作应该更加快速、高效地推进，将"主动认定"作为老字号商标认定的辅助原则，防止知识产权被侵犯。还应该将传统非专利领域向专利领域转化，加大对老字号文化品牌知识产权的保护。同时，应严格明确既有认定老字号品牌的买卖权责，并进行动态管理。此外，应该重视老字号品牌追溯的宣传教育和专业指导工作，建立基于现代信息技术的品牌追溯机制，明确企业、政府、合作平台、流通渠道间的权益与责任。同时，着力推动线上线下品牌防控和应急处理体系及机制建设，将突发事件应急管理纳入全面风险管理体系，建立健全自媒体时代品牌危机公关制度，防止突发事件给区域和老字号品牌带来的不良影响。

B.14
2023年广东省老字号企业调研报告

陈鸣 李双*

摘　要： 本报告通过问卷分析和实地调研发现，2020～2023年广东省老字号企业稳步发展，但也存在创新能力不够、发展水平不高等突出问题。为此，应在《广东省促进老字号创新发展行动方案（2022—2025）》的支持下，鼓励符合条件的社会资本设立老字号发展基金；鼓励创业投资基金管理机构、股权投资基金管理机构以及其他符合条件的企业设立老字号投资基金，对品牌价值高、发展潜力大的老字号企业加大资金和技术投入。

关键词： 广东省　老字号　品牌建设

广东老字号是指那些历史较为悠久，拥有世代传承的产品、技艺或服务，具有鲜明的岭南传统文化特色和深厚的文化底蕴，有良好信誉并经广东老字号评定机构评定和确认的商号、商标或品牌。广东老字号的商号、商标或品牌必须创立于广东省，具有岭南特色，创立时间达50年及以上，经营时间累计超过30年，目前仍在开展经营活动。[①]

一　广东省老字号企业发展现状

自2011年起，广东省开始推进广东老字号评定工作，截至2023年，已评定五批共140家广东老字号。

广东老字号主要分布在广州、汕头、佛山、东莞、江门、中山、潮州等

＊　陈鸣，广东技术师范大学教授；李双，广东技术师范大学副教授。
①　《广东老字号认定管理办法》，https://com.gd.gov.cn/hcljl/zcjcl/content/post_4339702.html。

历史文化名城。并且行业集中度高，主要集中在食品制造、酒业、餐饮和医药保健等行业，这些行业的老字号企业占广东省老字号企业总数的4/5（见图1）。

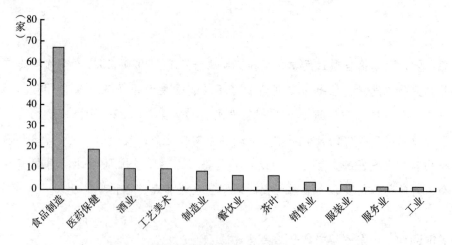

图1 广东老字号行业分布

此外，获得国家有关部门正式认定或评定的中华老字号，其商号、商标或品牌创立于广东省，且具有岭南特色的，其经营者或持有人向广东老字号评定机构递交申请和相关证明材料，经核实后，可直接认定为"广东老字号"。目前，广东省共有中华老字号55家①，其中，经营时间达100年及以上的老字号有30家，陈李济、致美斋等老字号拥有近400年的历史。近年来，广东老字号发展活力不断增强，品牌影响力持续提升，但广东老字号也存在创新能力不够、发展水平不高等突出问题。

二 广东省老字号企业发展调查问卷分析

为了了解全国老字号企业发展状况，2023年6~8月老字号企业课题组

---

① 广东老字号原为57家，2023年5月广东省商务厅发布《"关于广东省'中华老字号'企业复核结果建议的公示"》更定为55家。

进行了调研，并收集了 554 份调查问卷。本报告选取广东老字号的有效样本 42 份，样本基本情况如表 1 所示。

（一）积极选择线上经营，扩大企业销售和生存空间

大部分广东老字号企业（占 72.19%）积极选择第三方电商平台进行销售，只有少数广东老字号企业（占 23.81%）没有选择第三方电商平台销售。从企业在电商平台的销售收入占销售总收入的比例来看，在电商平台的销售收入占总销售收入为 10% 及以下的广东老字号企业占比最多，为 59.52%；11%~30% 的广东老字号企业占少数，为 30.96%；31% 及以上的广东老字号企业占极少数，仅为 9.52%。

表 1　样本基本特征描述性统计

单位：%

变量	占比	变量	占比
级别标准		行业	
中华老字号	19	餐饮	17
省级老字号	55	零售	2.5
市级老字号	26	食品	59.5
消费群体		酿造	7
儿童	4.42	医药	7
青少年	7.08	服装	0
青年	24.78	酒店	0
中年	35.4	其他行业	7
老年	28.32	所有制类型	
企业规模		国有企业	7
大型企业	0	集体所有制	2.3
大中型企业	7	私营企业	67
中型企业	9.5	股份制企业	12
中小型企业	47.5	个体独资企业	7
小微企业	36	其他	4.7

在被调查的广东省老字号企业中，开通网络直播带货的企业占比为38.1%；而没有开通网络直播带货的企业占比为45.24%；其中不准备开通的企业占比仅为16.66%。广东省老字号企业对于网络直播带货的看法：支持，认为可提高销量的企业占比为31.11%；支持，认为可提高知名度的企业占比为30%；支持，认为对消费者有利的企业占比为24.44%；暂时不确定的企业为7.78%；认为可有可无的企业占比为1.11%；明确不支持的企业仅占比为4.44%；其他占比为1.11%。

（二）充分利用新媒体，加大广东省老字号企业的广告和宣传力度

在广告和宣传方式上，多数广东省老字号企业选择新媒体宣传，占比为35.35%；部分广东省老字号企业依旧选择传统媒体宣传，占比为18.18%；由于（广交会）地理区域原因，广东省老字号企业较多选择大型商业活动（博览会和展销会）推广，占比为29.29%；选择非商业公益活动推广的企业占比为15.15%；选择其他方式的企业仅占2.02%。其中，对新媒体的广告和宣传投入占整个营销费用的比重在10%及以下的企业占比为66.67%。

被调查的广东省老字号企业的广告和宣传主要侧重方面："品牌老"占比为26.89%；"质量好"占比为31.09%；"性价比高"占比为4.2%；"老工艺"占比为10.08%；"新工艺"占比为3.36%；"老产品"占比为2.52%；"新产品"占比为5.88%；"老包装"占比为0%；"新包装"占比为5.88%；"绿色环保和健康包装"占比为8.4%；"迎合时尚消费"占比为1.68%；其他为0%。66.67%的广东省老字号企业表示，未来几年会在新媒体的广告和宣传上加大投入；30.95%的企业暂时不确定；仅有2.38%的企业明确表示不会加大投入。

（三）扬长避短，充分发挥广东省老字号企业的自身优势

被调查的广东省老字号企业认为老字号企业相对于其他品牌的优势在于："价格"占比仅为0.86%；"品牌影响大"占比为22.41%；"品牌时间长"占比为25%；"回头客多"占比为8.62%；"产品种类"占比为

0.86%；"产品质量"占比为20.69%；"传统工艺技术"占比为16.38%；"服务态度"占比为4.31%；"工作效率"占比为0%；"宣传广告"占比为0.86%；"管理水平"占比为0%；"经营成本"占比为0%；"政府支持"占比为6.03%；其他为0%。

（四）提高广东省老字号企业竞争力，政府支持是关键

被调查的广东省老字号企业认为，相对于其他品牌，老字号企业经营存在以下不足："价格不合理"占比仅为0.87%；"品牌影响不够"占比为11.3%；"品牌陈旧"占比为6.09%；"回头客少"占比为0.87%；"新产品少"占比为9.57%；"产品质量不高"占比为1.74%；"技术工艺陈旧"占比为8.7%；"服务态度差"占比为0.87%；"工作效率低"占比为6.09%；"管理落后"占比为7.83%；"宣传广告不够"占比为16.52%；"政府支持不够"占比为22.61%；"银行支持不够"占比为6.09%；其他占比仅为0.87%。

（五）中华老字号工作委员会和当地老字号企业协会对广东省老字号企业发展帮助较大

在"企业的发展最需要获得谁的帮助和支持"的问题回答中，广东省老字号企业认为有以下几个方面：中华老字号工作委员会占比为15.25%；当地老字号企业协会占比为17.8%；中央政府占比为4.24%；地方政府占比为26.27%；中央政府经济管理部门占比为0.85%；地方政府经济管理部门占比为15.25%；银行占比为8.47%；全国性行业协会占比为1.69%；当地行业协会占比为0%；公司董事会占比为0%；经销商占比为4.24%；企业员工占比为0%；消费者占比为5.93%；供应商占比为0%；其他占比为0%。

（六）广东省老字号企业家们对生产经营充满自信

被调查的广东省老字号企业对自己的企业经营状况评价：很满意仅占比

为 4.76%；比较满意占比为 42.86%；满意占比为 23.81%；不满意占比为 28.57%；很不满意占比为 0%。

在"未来几年广东省老字号企业是否会扩大规模和资金投入"的问题回答中，69.05% 的企业回答"会"；而 30.95% 的企业回答"暂时不确定"。

三　广东省老字号企业面临的主要问题

1. 老字号企业够"老"不够"新"，难以脱离弱势群体行列

老字号企业课题组调研发现，广东省老字号企业主要涉及食品、农产品、酒业、医药、陶瓷等行业，大多是小微型企业，盈利能力不够强，有些企业的创新意识薄弱，导致企业发展受限。

创始于 1887 年的"隆盛酱园"坚持生产无添加的古法酱油产品。"隆盛酱园"初心不改，遵循着祖辈留下来的 15 道大工序 107 道小工序。坚持手作工艺，酿造了醇厚咸甘的古法酱油。但这也给隆盛酱园的发展带来了诸多难题。如何走向更大的市场，如何吸引更广大的消费群体，是如今隆盛酱园面临的困境。首先，手作工艺对时间要求严苛，这意味着酱油的全年产量有限。其次，手作工艺生产的酱油无法进行标准化生产。古法酱油酿造技术的关键是手艺人，要依温湿度、天气状况调整原料的配比，而这些往往都是靠手艺人的感觉。此外，手作工艺的人力成本较高。隆盛酱园生产的酱油依靠手作工艺小缸制作，复杂的工艺对人力的需求大。

2. 营销手段和信息时代脱钩

部分广东省老字号企业，在营销方面较为滞后，没有很好地利用新媒体等渠道对品牌和产品进行主动营销，导致品牌影响仅局限于区域市场。广东老字号虽然拥有丰富的历史文化、传统技艺，但品牌影响力仅局限在广东本地，在全国乃至全球市场的竞争力不足。

老字号不能片面地强调"保护"而忽视了"推广"，老字号的"老"是十年如一日的匠心精神，在现代化的进程中更应该鼓励老字号企业以创新的营销方式来适应市场的变化。

208

3. 包装设计固步自封，老顾客流失、新顾客难觅

广东老字号打破了产品的经典固有形象，尝试新包装。但也有相当部分广东省老字号企业只专注于传统技艺的传承，而忽视包装营销的重要性。坚守老包装的原因是多样的。一方面，部分老字号企业的管理者没有产品包装营销的意识，坚持"产品质量唯一"的理念，从而轻视产品包装营销；另一方面，某些老字号企业经营规模小，而产品包装需要较多资金投入。此外，还有部分老字号企业认为老一辈消费者已经认准老包装，新包装会使这一批顾客流失。但是，市场上同质产品大量涌现，通过产品包装营销来吸引年轻客群是未来的发展趋势。老字号企业可基于产品的具体定位，包括对目标人群喜好的判断，通过差异化包装向消费者展示品牌的价值内涵，也可与消费者进行互动，从而为消费者带来更好的体验。

4. 品牌意识淡薄，知识产权保护工作缺乏力度

事实上，有相当数量的广东老字号因为遭受知识产权侵权和不正当竞争，而逐渐退出了历史舞台，一些经营良好的老字号也深受其苦。"盲公饼"的独家生产企业——佛山市合记饼业有限公司，曾多次遭受侵权困扰。某些企业抢注"盲公饼"商标，更有甚者打着"佛山特产盲公饼"旗号堂而皇之傍名牌。

5. 管理体制僵化，传统的经营方式难以提高经济效益

部分广东老字号还延续家族式管理模式，僵化的管理体制和传统的经营方式限制了企业的发展。另有部分老字号企业的管理者是国企改制时的老员工，在改制之后仍停留在"全民持股"阶段。一方面，管理权难以集中；另一方面，企业没有建立现代化企业管理的模式，发展受限。

6. 老字号商标权属频繁更替，盘活老字号品牌难度大

广东省老字号企业在经营的过程中由于经营不善，品牌频繁出现商标权属更替的情况。琳琅婚纱摄影有限公司（以下简称"琳琅"）因经营不善被十月初五饼家（澳门）有限公司（以下简称"十月初五饼家"）收购。琳琅品牌被收购后未被重新使用，广东老字号协会的范会长深感可惜，通过澳门老字号协会联系到十月初五饼家的总店经理，并建议其结合琳琅和十月

初五饼家的各自所长，用琳琅品牌做喜饼品牌，或者将琳琅品牌出售给愿意经营的人。但几经波折找到十月初五饼家集团真正持有琳琅品牌所有权的董事后，商务厅已经在对中华老字号动态监管的过程中，将多年未经营的琳琅品牌移出中华老字号名录。自此，琳琅婚纱摄影老字号彻底消失。

四　广东省老字号企业发展的对策及建议

2022年9月，广东省人民政府公布了《广东省促进老字号创新发展行动方案（2022—2025）》，包括发展目标、建立规范化标准化的管理机制、构建多层次立体化的保护传承体系、打造集约化国际化的发展平台、创新现代化多元化的运营模式、强化工作保障等六大内容。广东省老字号企业要把握住这一政策利好，推动老字号企业的发展。

1. 迫切需要改善营商环境，追求互利共赢的发展局面

营商环境是区域发展的软实力、核心竞争力之一。近年来，广东省各级政府加大力度改善营商环境，并取得了较好成绩。其中，广东老字号协会也要发挥更大的作用。

多家老字号企业借助广东老字号协会平台相互协作。2022年2月14日，广州白云山潘高寿药业股份有限公司（以下简称"白云山潘高寿"）与广州市泮塘食品有限公司（以下简称"泮塘食品"）举行战略合作签约仪式。白云山潘高寿在中医药健康养生方面有深厚的专业基础，泮塘食品在食品领域拥有丰富的实践经验。双方将利用各自的资源和市场优势进行深度合作，共促老字号企业实现高质量发展。

2020年6月8日20点30分，借"中国广州首届直播节"的机遇，广东老字号协会和广东赞歌文化发展有限公司联合在"广州老字号优选手信直播间"举办了广州直播节老字号专场直播带货活动，这也是"广州老字号优选手信直播间"的首场直播活动。参与本场直播活动的有陈李济、广州酒家、潘高寿、陶陶居、皇上皇等20余家老字号企业。通过这次直播的系列活动，广东老字号协会用创新的方式为老字号企业的发展带来了更多

机遇。

2. 改变"抓大放小"和"重国有轻民营"的传统思维

在广东省老字号企业中，国有大型企业占比较大，但对民营老字号企业也不可忽视。以往的扶持政策习惯性地向国有大型企业倾斜，而对民营企业的关注远远不够。因此，要为民营老字号企业营造公平、公正的营商环境。

3. 多措并举解决融资难、融资贵的问题

支持金融机构开发有针对性的金融产品，探索开展以老字号的商标权、专利权等无形资产为担保的质押融资业务。鼓励符合条件的社会资本设立老字号发展基金，鼓励创业投资基金管理机构、股权投资基金管理机构，以及其他符合条件的企业设立老字号投资基金，对品牌价值高、发展潜力大的老字号企业加大资金和技术投入。支持广东省老字号企业通过上市、挂牌、增发股票，以及发行公司债、资产证券化产品等方式，拓宽融资渠道。

4. 加强老字号商标品牌保护

依法保护老字号注册商标、驰名商标，支持和引导知识产权社会组织开展老字号知识产权维权援助和纠纷多元化解决等工作。采用商标权转让、许可使用、作价入股等多种方式，盘活经营不善或已停业的老字号品牌资源。挖掘老字号商标品牌资源，打造以老字号为代表的区域品牌。

5. 抓住"国潮国货"的机遇，实现弯道超车

在消费升级背景下，"国潮国货"为老字号的发展带来了机遇。近年来，越来越多物美价廉的国货，再次受到"Z世代"消费者的青睐。老字号企业要抓住机遇实现品牌时尚化转型，吸引年轻消费群体。

借 鉴 篇

B.15
国外老字号传承的经验

张继焦　王焯*

摘　要： 在全球化和科技创新不断加速的背景下，不少老字号企业都面临着生存与发展的危机。为了迎接挑战、应对变革，中国的老字号企业需要审慎评估并积极学习国外老字号企业的经验，即淡化品牌的区域差异，推动跨地区、全球化经营；引进先进的管理理念与技术，建立现代企业制度；搭上数字经济的快车，强化创新驱动发展，制定适合自身发展的策略，进而焕发活力，实现持续稳定的发展。

关键词： 老字号品牌　老字号企业　国外老字号

---

* 张继焦，中国社会科学院民族学与人类学研究所二级研究员、室主任，中国社会科学院大学教授、博士研究生导师，中国民族学学会法人代表兼副会长，研究领域为社会学、人类学；王焯，辽宁社会科学院社会学研究所副所长、研究员，研究领域为文化人类学。

一 引言

承载着悠久历史的老字号见证了社会的变迁与发展。各个国家都有一些经营历史悠久、历经数代传承的百年老店和品牌，这些老店在中国称作"老字号"，在日本称作"老铺"，在一些国家则泛称为"最古老的公司/企业/品牌"。① 在中国，老字号是指品牌创立时间在50年及以上，具有品牌示范性、企业代表性、行业引领性的企业。② 按照这一基本条件，全球许多知名品牌都属于老字号，比如美国的宝洁（P&G）与可口可乐（Coca-Cola）、德国的西门子（Siemens）与阿迪达斯（Adidas）、英国的联合利华（Unilever）、日本的月桂冠（Gekkeikan）等。这些经典老字号品牌代表着各国的文化成就和历史遗产，代表了文化的传承与卓越的技艺。

但历史悠久并不意味着必然恒久存续，市场竞争的优胜者也并不意味着未来一定能够时刻保持领先。根据中国品牌研究院的调查数据，新中国成立初期，我国的老字号企业大约有16000家；但随着经济发展、社会变迁等原因，很多老字号企业经营不善，频频破产。③ 在1991年的评定中，全国只有1600家老字号企业被授牌，仅占新中国成立初期的10%。而在这些老字号企业中，只有10%的老字号企业生产经营情况良好，将近70%的老字号企业因观念陈旧、机制僵化、创新不足、传承无力等原因面临发展困境，还有约20%的企业长期亏损濒临破产。④

整体来看，经营时间超过百年的企业凤毛麟角。当下，随着科技的迅速发展和全球化进程的加快，老字号品牌面临着较大的竞争压力。其中，有一些老字号已通过持续创新和拓宽市场，成功吸引了新的消费群体，顺利转

---

① 为表述方便，本报告对国内外的百年企业和品牌统一称为老字号企业。
② 《中华老字号示范创建管理办法》，http://www.mofcom.gov.cn/zfxxgk/article/gkml/20230103381407.shtml。
③ 鲁明勇：《中华老字号与国际品牌的比较研究》，《湖南商学院学报》2010年第5期。
④ 董雅俊、林建武、陈伶娜、何丰伦：《"化茧为蝶"爬坡高质量发展》，《瞭望》2020年第28期。

型；还有一部分老字号仍未找到适应新时代发展的路径，产品和品牌形象相对滞后。因此，如何推动中国的老字号企业的当代发展已经成为一个时代问题。笔者认为，国家之间的竞争，归根结底是文化的竞争，承载着中国传统商业文化的老字号企业是具有文化特色、具有国际竞争力的企业。但在经济全球化和品牌建设过程中，中国的老字号企业发展略显乏力，因此应审慎评估并积极学习世界各国老字号品牌的经验，制定适合自身发展的策略，进而在新时代中焕发活力，实现持续稳定的发展。

二　中外老字号发展对比

在全球化的时代背景下，老字号的传承与发展备受关注。中外老字号品牌具有重要的经济价值和文化价值。但中外老字号品牌在文化观念、产品技术、企业体制机制、品牌建设以及品牌延伸等方面存在一定的差异。这些差异不仅是由历史、地域和文化背景造成的，也反映了不同国家和地区对待传统文化和商业发展的态度与理念。

（一）老字号品牌文化观念

中国的老字号与西方品牌的差异归根结底还是文化的差异。[①] 而这种文化的差异也在一定程度上体现了东西方不同的商业传统和社会环境。中国的老字号深受儒家文化、家族观念的影响，一些行业依旧保持着"传男不传女"的惯例。这种"接力棒"式的家族传承，使老字号不仅仅是经济意义上的企业，更是极具民族特色和地域风情的文化符号，但这也在一定程度上限制了老字号企业的发展。在诚信和声誉上，中国的老字号体现了儒家文化的核心原则——"真诚待人，以名为重"。这种理念体现在：通过不断打磨产品，提升服务质量，从而通过口碑传播获取市场认可。中国老字号企业坚信"酒香不怕巷子深"，只要产品好，就能获得市场的青睐。

---

① 鲁明勇：《中华老字号与国际品牌的比较研究》，《湖南商学院学报》2010年第5期。

反观国外老字号企业，其商业文化更注重的是：契约精神和经营扩张。受现代企业制度的影响，国外老字号企业倾向于选择构建连锁体系，通过法律契约，实现商业模式的复制。同时，大众传媒成为国外老字号企业积极推广品牌的重要渠道。

在这两种截然不同的商业文化中，中外老字号品牌的特点也逐渐清晰。中国的老字号保持了浓厚的家族色彩和儒家传统，强调口碑和声誉；国外老字号则面向市场，积极扩张，利用广告和大众传媒来塑造品牌形象，通过契约链的方式进行经营。这些差异是从不同文化视角对品牌的解读和理解，如何在继承和创新中找到平衡，也是各国老字号企业在今后的发展过程中需要思考和解决的问题。

（二）老字号品牌产品技术

中国的老字号更注重历史传统和文化的传承，更多地体现传统制作工艺以及"小富即安"的状态。在技艺传承上，许多老字号严守师徒制的传承方式，确保传统技艺在继承中求发展。但师徒制侧重手工技艺的传承，无法快速扩大生产，也难以适应现代社会快速增长的消费需求。另外，师徒制太过于注重传统技艺的传承，可能难以适应市场的变化。反观国外老字号品牌，其更注重技术的创新和升级，不断推陈出新，以满足消费者的需求。国外老字号品牌积极利用新科技手段，加强研发投入，提高产品的竞争力。一方面，只有不断推陈出新，才能更好地满足消费者日益多元的需求。这种需求不仅涉及产品的外观设计，更涉及产品的功能性、可持续性。另一方面，部分国外老字号品牌积极利用新的科技手段，投入大量资源进行产品研发，以提升其产品的市场竞争力。技术创新是提高生产效率、保证产品质量、优化用户体验的关键。借助科技手段，企业可以精细化运营，更好地满足消费者需要，提升品牌影响力。例如，一些历史悠久的钟表品牌，在保持手工制作的同时，还引入了先进的机械制造和微电子技术，使产品的精确度和可靠性大大提升。

师徒制与流水线、手工艺与工业化、小农思想与市场导向、原汁原味与

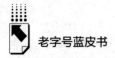

量化标准，这些看似对立的概念体现的是迥然不同的文化传统和经济模式。中国老字号重视传统，强调工艺性和个性化。国外老字号追求效率，强调规模化和标准化。当然，两种模式都有其独特性和优势，中外老字号的发展，各自演绎了独特的品牌故事。

（三）老字号企业体制机制

在企业目标的追求方面，中国的老字号企业在发展过程中，除追求经济效益外，还强调传承历史文化、弘扬民族精神和承担社会责任；而国外老字号企业在经营过程中，更注重资本回报、创新、竞争力等方面。在创新与技术进步方面，中国的老字号企业注重传统技艺的传承，但在引进现代科技与创新方面速度相对较慢；国外老字号企业在保持自身传统特色的同时，更加强调产品和服务的创新与研发，以满足不断变化的市场需求，保持企业的竞争力。近几十年来，中外老字号企业的体制机制也发生了新变化。

（四）老字号品牌建设

品牌建设是老字号企业重塑形象、提升品牌价值的必经之路，中外老字号在品牌定位、品牌传播、品牌保护等方面都体现了各自的特色。第一，中国的老字号企业在品牌定位上更注重历史积淀和文化传承，将传统与现代有机结合，使品牌兼具深厚的文化底蕴和现代化的商业理念，因此非常注重对非物质文化遗产和传统手工艺的挖掘。国外老字号企业则更注重品牌的价值主张和行业领导地位，不断创新，将品牌塑造成行业的领导者，并且也非常注重资本化运营。第二，在品牌传播方面，中国的老字号企业更注重利用自身的历史和文化特色，通过讲故事的方式传递品牌含义，增强品牌影响力；通过非物质文化遗产保护项目、社区活动等展示品牌的历史。中国的老字号企业也在积极把握新媒体时代带来的机遇，逐步加大对数字营销的投入，利用直播、短视频等新媒体渠道进行品牌传播。国外老字号在品牌传播方面，则更倾向于利用现代科技和数据驱动的营销方式，注重从消费者需求出发，使用精准的用户画像和数据分析方法，进行高效传播。第三，中外老字号都非常重视品牌保护，但保护方式和方法存在差异。例如，美国、英国等国家有着相对完善的品牌保护法律制度，强调品牌的独立性和专有权；中国老字号在品牌权利保护方面，主要依靠商标权、版权、专利权、中华老字号保护制度等方式。

总的来说，中外老字号在品牌定位、品牌传播、品牌保护等方面的举措体现了各自的品牌发展道路。中外老字号企业要兼顾品牌的传统与创新，才能实现品牌的持久发展。

（五）老字号品牌延伸

中外老字号在品牌延伸方面的策略，不仅是各自商业文化的表现，也反映了对消费市场理解的差异。中国的老字号在品牌延伸方面，更侧重积极保护和传播其文化。鉴于此，中国的老字号品牌尽量从品牌内涵、历史积淀中找寻延伸点，并强调这种延伸与原有品牌的连贯性。因此，新产品或新品类的开发总是力求与核心品牌的一致，是传统工艺的延续。另外，中国的老字号在品牌延伸的过程中，往往更注重传统文化的保护，以此满足消费者对于传统工艺和文化归属感的需求。因此，在品牌延伸的过程中，中国的老字号不仅要保证新产品或新品类与既有品牌身份的一致，还要有所创新，以满足消费者的需求。国外老字号品牌在延伸时，往往将创新和变革视为品牌延伸的重要动力，通过主动调整产品线和服务来适应多元化和个性化的市场需求，纵深开发潜力市场，深度洞察消费者需求。

中外老字号在品牌延伸的过程中，体现了各自的策略和思考。即使路径不同，但最终目标都是提升品牌的市场价值。这不仅需要时刻洞察市场变化，更需要对自身品牌的深入理解和尊重。

三　国外老字号品牌传承的经验

尽管中外老字号品牌在文化观念、产品技术、企业体制机制、品牌建设

和品牌延伸等方面存在显著差异，但正是这些差异造就了中外老字号品牌各自的优势和独特性。近年来，一些老字号企业生意惨淡，人们意识到仅靠过去的辉煌与荣誉是难以支撑老字号未来发展的。因而老字号企业不仅需要从一些国外老字号品牌的"兴"中汲取经验，也需审慎分析一些国外老字号企业"衰"的根源，以创新思维谋求品牌的可持续发展，进而使企业能更好地应对全球化的挑战。

（一）淡化老字号品牌区域差异，推动跨地区、全球化经营

许多老字号品牌在发展初期，由于历史悠久、地域优势等原因在特定区域内形成了深厚的品牌积淀，其品牌形象、产品特性、销售策略等往往带有浓厚的地方特色。但随着扩大市场、走向全球，这些企业会面临自身品牌定位偏离其他地区消费者需求、文化的问题。能否正确对待这种区域差异，往往直接影响企业全球化战略的成败。也就是说，一家企业当发展到一定规模并开始跨地区运营时，就需要建立一种跨越地域差异的联结，使品牌、产品和服务在全球各地都能被广泛接受和认可。

淡化品牌区域差异实际上是一个平衡的过程，既要保留品牌的核心价值和特色，又要适应不同地区的市场环境和消费者需求，需要企业具有高度的灵活性和适应能力。淡化品牌区域差异涉及品牌文化的传播、产品设计的改良、销售策略的调整等多个方面。例如，1867 年在瑞士创办的雀巢（Nestle）是世界知名的食品与饮料公司，其品牌形象和产品定位在全球范围内确保品牌一致性的同时，也为适应各地市场的消费习惯，进行了产品本地化改良。在印度市场，雀巢推出了适合印度人口味的玛莎拉咖啡；在美国市场，雀巢则推出了适合美国人口味的谷物燕麦奶酪。同时，雀巢建立了多个研发中心，遍布全球各主要地区，这些研发中心对全球消费者的饮食习惯、口味偏好进行研究。又如，1955 年创立于美国芝加哥的麦当劳（McDonald's）是一家全球大型跨国连锁餐厅，在世界上拥有约 3 万间分店。麦当劳实施严格的产品标准化策略，保证其食品在全球的一致性。尽管如此，麦当劳也从未忽视各地的特色和文化问题，并在全球不同区域市场，调

整产品线以满足当地消费者的需求和食物偏好。在印度，麦当劳提供素食汉堡并去掉了含有牛肉和猪肉的产品；在日本，麦当劳推出了寿司汉堡。老字号企业在跨地区、全球化经营中，需要通过市场调研对产品、服务及品牌形象进行适应性调整，满足全球化营销的需求。

同时，老字号企业也必须保持对新技术、新市场和新消费趋势的关注，不断更新产品，以适应不同地区的市场情况。例如，宝洁公司（P&G）每年都为研发投入大量资金，创新和改进洗涤剂、护肤品等，持续提升产品质量和性能，降低生产成本。另外，老字号企业需要密切关注市场动态、消费者需求以及新的社会文化趋势，这将有助于其及时应对市场变化并调整产品方向。例如，丹麦乐高集团（LEGO）在关注到越来越多的消费者崇尚环保时，便推出了由植物塑料制成的生物可降解积木；可口可乐公司（Coca-Cola）通过市场调研与消费者行为数据分析，敏锐地发现了消费者对低糖、低卡路里饮料的需求，并推出零度可乐。随着体验经济的升温，"体验感"已经成为当今消费市场的关注热点，尤其是对于"千禧一代"和"Z世代"，年轻消费者不仅仅满足于产品和服务的基本功能，更加追求个性化和消费体验。许多老字号企业正是抓住了年轻消费者的心理，通过品牌和消费者的共创，使消费者成为整个产品生态链中的一部分，也进一步增强了消费者的品牌忠诚度。例如，创立于1912年的全球最大饼干品牌奥利奥（Oreo）于2017年举办了名为"My Oreo Creation"的口味创意大赛，鼓励粉丝们在社交网络上发布自己的创意，最终评选出的奥利奥口味饼干将在2018年春夏季节限量上架。2018年，中国的奥利奥官方微博也推出了一个叫"奥次元"的小程序，每个人都能登录创造口味，票选第一名的口味的饼干会被生产并进行售卖。

需要注意的是，淡化老字号品牌的区域差异，并不是要剥离这些品牌的传统元素，而是尽量使其成为品牌区域化、全球化的一部分，使全球各地的消费者都能接受和认同品牌内涵。这需要巧妙地平衡一致性与多样性，在全球化和本地化之间找到最佳的平衡，进而使品牌形象、价值观及产品属性在全球范围内保持一致性的同时也具有地方性特色。

（二）引导老字号引进先进管理理念与技术，建立现代企业制度

就中国的老字号企业而言，国有中小型企业占比较大，加之老字号企业的产权关系复杂，许多老字号企业发展面临着较大挑战。如许多老字号企业的管理模式仍然停留在传统的层级制度和僵化的决策流程上，缺乏现代化的管理理念和精细化的内部控制机制，在一定程度上制约了企业的发展；在竞争激烈和不断发展的市场环境下，许多老字号企业在技术研发和产品创新方面的投入相对较少，缺乏与时俱进的创新意识，导致企业产品线老旧，无法满足消费者多样化的需求。面对这些挑战和困境，老字号企业应寻求转型升级的机遇，积极进行内部改革和创新发展，建立现代企业制度。而国外老字号品牌经历了长期的发展与变迁，在建立现代企业制度和引进先进管理理念与技术方面有着丰富的经验，这应当成为中国老字号企业探索和借鉴之处，进而推动体制机制创新，建立现代企业制度，将老字号的无形资产与现代企业经营模式相融合，将无形资产转化为有形资产，以提升老字号的竞争力。[1]

在市场经济条件下，企业内外部环境发生了很大的变化。只有建立完善的现代企业制度才能及时感知变化、适应变化，并进行科学的调整。先进的现代企业制度和管理理念能为公司的产品拓展销售平台，从而为老字号企业带来更多的利润。我们正处于经济全球化快速发展的时期，老字号企业必须面对国内外激烈的竞争环境。因此，老字号企业建立现代企业制度和引进先进管理理念，不仅是成功进入国际市场的关键策略之一，同时也是在全球化经济背景下增强自身市场竞争力、保持传统品牌持久发展和繁荣的重要手段。

（三）推动老字号搭上数字经济的快车，强化创新驱动发展

当前，我国部分老字号仍然面临着产品滞后和观念过时等问题。相较于

---

[1]　魏拴成：《我国传统"老字号"衰败的根源与复兴的路径分析》，《江苏商论》2006 年第 6 期。

国际品牌，老字号企业的品牌形象过于古板保守，缺乏活力，难以形成时尚、活泼和充满活力的品牌特质。在市场经济环境下，为了在竞争中生存和发展，老字号企业必须正视自身的劣势，摒弃自卑、保守、浮躁的心态。因此老字号企业需要研究在连锁经营和特许经营的模式下如何运用传统元素吸取现代商业模式的精华，突破前店后厂的作坊式经营模式，引入现代工业化的运营理念，构建特色的产品体系和销售渠道。只有这样，老字号企业才能成功完成从地域品牌向全国乃至国际知名品牌的转型。

对于老字号企业而言，创新是其发展的生命线。福特汽车公司（Ford Motor Company）是美国一家拥有百年历史的著名汽车制造商。福特一直以客户需求为导向，以产品创新为核心，不断推出具有竞争力和吸引力的汽车。例如，福特全面进行电动汽车的研发，以满足消费者对环保、节能的需求。在制造业模式方面，福特对供应链和生产方式进行创新，如通过与供应商合作，实现材料准时达以及现场供应，降低库存。在销售模式方面，福特通过"线上购买、点击式购车"等方式，根据市场变化和消费者需求进行销售模式创新；福特还进行智能化售后服务，如自动诊断汽车问题，提高顾客满意度。福特秉持着"强化创新驱动发展"的理念，在技术、产品、制造模式、销售模式和跨界合作等方面进行不断探索与创新。这使福特在全球汽车市场中始终保持竞争力，延续百年品牌的发展。

信息技术的飞速发展，如互联网、大数据、人工智能等，为企业带来了更多创新的可能性，利用这些技术，企业可以优化生产流程，提高管理效率，更好地满足消费者的需求。更深一步讲，创新能够提升企业的品牌形象和市场地位，提高消费者对产品和服务的满意度。因此，对于中国的老字号来说，只有勇于创新、不断前行，才能在快速变化的市场中求得发展。

（四）发挥政府、协会、市场、企业和社会公众的系统作用

老字号的发展是一个涉及多个方面的系统工程，是政府、协会、市场、企业和社会公众等共同作用的结果。第一，政府在老字号企业的发展中扮演着关键角色。政府负责制定相关法规，为老字号企业营造稳定的市场环境；

通过实施优惠政策、提供资金支持等方式，帮助老字号企业在新兴市场、技术变革中保持竞争力；引导公共舆论，鼓励社会各界关注和支持老字号的文化传承和创新。第二，协会作为行业组织，对老字号企业的发展有着积极的引导作用，包括帮助企业协调资源，促进企业间的合作与交流，以提高整个行业的竞争力；引导行业自律，保障营商环境的公平；通过行业评选、产品认证等方式，提升老字号品牌的知名度和影响力。第三，市场是老字号企业生存和发展的核心，老字号企业需适应市场需求变化，进行产品创新、品质提升。第四，老字号企业自身也要承担发展的主体责任。企业需保证品质，保持品牌特色；要主动进行技术创新、管理优化，以应对市场环境的变化；还需树立社会责任感，积极承担社会责任。第五，老字号企业的发展离不开消费者和社会公众的支持。

在西方国家，由于自由市场经济原则，政府通常较少直接介入企业经营。这一原则虽然在很大程度上推动了西方国家的经济繁荣，但在政府不直接干预企业经营的过程中也会产生一些问题。例如，过度的市场竞争有时会导致资源分配不均和社会不公，甚至出现垄断、恶性竞争等市场失灵现象；西方国家政府在面对老字号企业经营困境时，往往不能或不愿扶持，这种做法可能对那些具有历史文化价值和特色的老字号企业产生不利影响，进而导致部分珍贵的传统技艺、文化和习俗等消失。一方面，在自由市场经济环境下，企业面临的压力和不确定性较大，可能会导致企业倾向于忽视长期投资和发展，专注短期利益。在政府不直接干预企业经营的状况下，企业在面临困境时难以确保有足够的能力应对潜在的风险及市场变革。另一方面，很多西方国家的老字号企业因为市场份额减少等原因，被大型资本集团收购，从而导致企业忽视传统优势和特色，重视追求短期利润、规模效应。因此，缺乏政府宏观调控和协会力量，可能导致老字号企业和百年老店在面临市场环境变化和经营困境时，缺乏必要的支持和引导。例如，2008 年 9 月，雷曼兄弟公司（Lehman Brothers Holdings Inc，创立于 1850 年）被迫出售 60 亿美元的资产，用以满足其清算银行摩根大通银行的抵押要求，美国政府官员开始意识到雷曼兄弟公司已经处于破产边缘。尽管有美国联邦储备银行总裁、财政部部长等人士强烈主张采取措施以防止其破产，减小对全球金融市场的冲击，但由于种种原因政府最终未能给予雷曼兄弟公司以必要支持。2008 年 9 月 15 日，雷曼兄弟公司不得不申请破产保护。① 而在中国，无论是政府的过渡性政策扶持，还是社会公众的购买行为，都为中国的老字号复兴提供了强大的动力。政府通过一系列政策，如策划老字号复兴行动、给予税收优惠、提供融资贷款支持等，帮助老字号缓解经济压力。许多地方政府也都成立了老字号协会或工作委员会，致力于研究、发挥老字号的独特价值。这些组织在老字号的发展过程中发挥着重要作用，负责制定和完善行业标准，为老字号发展提供有力的指引和支持；开展各类培训项目，提高企业经营管理水平；整合行业内外资源，促进企业间的交流合作，提高相关产业的竞争力；宣传推广老字号的品牌形象，通过组织各种展览和推广活动，让大众了解老字号的发展历史，使消费者重拾对老字号的信心；针对行业现状和发展趋势，为政府提供有针对性的政策建议，推动制定有利于老字号发展的政策；通过税收优惠、融资支持等政策，助力老字号企业顺利应对各类挑战。

另外，老字号为非物质文化遗产的传承和发展提供了平台，非物质文化遗产则为老字号提供了宝贵的传承资源和创作灵感。但由于文化背景的差异，国外部分老字号往往更注重商业运作和市场化经营，将更多精力放在产品创新和市场推广上，而非物质文化遗产的保护和传承成为次要任务，对于传统文化的保护和传承的关注度较低。而且与国内传统文化保护机构相比，国外老字号在非物质文化遗产的挖掘方面缺乏相关的专业知识和资源，缺乏深入研究非物质文化遗产的专业团队，无法系统地记录和传承相关的技艺。例如，英国目前尚未加入 2003 年《保护非物质文化遗产公约》，虽然有一些组织试图促进非物质文化遗产的保护，但由于对资本运作和产品创新的过分关注，导致了非物质文化遗产本身的独特价值在某些国外老字号的经营中

---

① Rosalind Z. Wiggins, Thomas Piontek and Andrew Metrick, "The Lehman Brothers Bankruptcy A: Overview", *Journal of Financial Crises* (1), 2019: 38-62.

被忽视。而中国一向关注老字号的非物质文化遗产的传承和保护，政府甚至可以说是"老字号非物质文化遗产传播渠道的开拓者"。①

四 结语

老字号品牌作为一个国家和民族的宝贵财富，不仅代表了悠久历史和文化传承，同样还具有特殊的社会价值。然而，在当今全球化和科技创新不断加速的背景下，不少老字号企业都面临着生存与发展的危机。为了迎接挑战、应对变革，中国的老字号需要重新审视自身的文化观念、产品技术、企业体制机制、品牌建设等，借鉴国外老字号的发展经验，寻找适合自身发展的创新道路。首先，中国的老字号需要在全球化进程中克服地域差异，积极拓展全球市场。其次，中国的老字号要树立现代企业管理理念，不断优化组织架构，降低运营成本，提高效率。同时，面对新生代消费者，中国老字号要具有创新意识，推出独具特色的新品，满足消费者不断变化的需求。最后，中国的老字号需要利用大数据、人工智能等技术手段来创新业务模式，增强市场竞争力，并可通过线上线下融合，提升消费者体验，让老字号品牌焕发生机与活力。总之，需要从历史和现实的角度，认识到老字号品牌在经济、文化和社会发展中的核心地位与重要价值，中国的老字号应坚定信心，勇敢迎接挑战，不断创新发展，以实现传统与现代的完美融合，继续书写属于自己的辉煌篇章。

---

① 郭丽娜：《政府在传承老字号文化中的角色定位——以天津盛锡福为例》，《经营与管理》2018年第4期。

案例篇 🔲

B.16
网络社会与企业管理变革

—— 以稻香村集团为例

杨 丽*

摘　要： 在网络社会时代，传统企业面临着巨大的机遇和挑战，特别是对于稻香村集团这样拥有百年发展历史的老字号企业。稻香村集团运用互联网技术进行了两次重大的变革，即电子商务变革和信息化技术变革，这两次变革对稻香村集团的自身发展都具有战略性意义。同时，稻香村集团围绕价值链管理进行了一系列的企业管理变革，主要内容包括组织结构重组和业务流程再造。稻香村集团的电子商务和信息化变革，是老字号创新与转型的典范。

关键词： 网络社会　稻香村集团　电子商务　信息化技术变革　价值链管理

* 杨丽，内蒙古社会科学院助理研究员。

稻香村于 1773 在苏州创立,是国家首批认定的"中华老字号"。目前,稻香村集团在全国有 7 个原料供应基地,10 个现代化的食品生产加工中心,企业占地 1500 亩,员工超过 3000 人,在全国有 800 多家专卖专营店,是中国糕点行业的龙头企业。稻香村集团是最早一批"触网"和推行信息化管理的老字号企业,在京东、天猫、抖音、快手等主流电商平台,稻香村集团已经连续多年保持月饼、传统糕点等品类销量第一。

在网络社会背景下,稻香村集团运用互联网技术进行了两次重大的变革,即电子商务变革和信息化技术变革,这两次变革对稻香村集团自身发展来说具有战略性的意义。与此同时,稻香村集团围绕价值链管理进行了一系列的企业管理变革,主要内容包括组织结构重组和业务流程再造。

一 电子商务变革

从电商平台在电子商务中的作用来看,国内电商发展可划分为:平台作为信息渠道(2001~2006 年)、平台作为分销渠道(2007~2014 年)和平台作为运营商(2015~2020 年)三个发展阶段,如表 1 所示。

表 1 国内互联网电商发展历程

电商模式	平台作为信息渠道	平台作为分销渠道	平台作为运营商	
	(2001~2006 年)	(2007~2014 年)	(2015~2020 年)	
	传统电商 B2B、C2C	传统电商 B2C	移动电商 O2O	社区团购 O2O
电商平台	8848、淘宝、一号店等	淘宝、天猫、京东、唯品会等	淘宝、京东等;抖音等新媒体;拼多多	美团、饿了么、叮咚、盒马鲜生

稻香村集团的电子商务发展也经历了三个阶段:官网直销、经销商平台销售和平台直营,如表 2 所示。稻香村集团的电子商务业务始于 2009 年,

即处于国内电子商务发展的第二阶段。但是稻香村集团在 2009 年并没有选择平台分销，而是在其官网建立了自己的在线销售中心，但因业绩惨淡，不久便停止了官网销售。这种直销模式失败的原因是，自建的官网销售中心本质上仍然是一个初级的"网站电子商务"，单个公司根本无法承担支付技术研发，也很难保证物流的时效性。在浅尝官网直销之后，稻香村集团将电商业务转交给了主流电商平台。

表 2　稻香村集团电子商务发展阶段

电商发展阶段	电商结构	电商平台的功能
官网直销 （2009 年）	企业 ──企业官网──▶ 消费者	平台作为信息渠道
经销商平台销售 （2009~2015 年）	企业 ──线下──▶ 经销商 企业 ──电商平台──▶ 消费者	平台作为分销渠道
平台直营 （2015 至今）	企业 ──电商平台──▶ 消费者 企业 ──线下──▶ 经销商 ──电商平台──▶ 消费者	平台作为分销渠道 平台作为运营商

2009~2015 年，稻香村集团通过经销商把产品放到一号店、京东、淘宝、拼多多等平台，依靠这些电商平台的营销能力来达到企业自然销量的增长。在此阶段，稻香村集团的网上分销不需要投入任何成本，电商平台已经建立了比较完善的电商支付系统和物流体系。

随着"互联网+"的发展，稻香村集团意识到，单凭经销商在电商平台销售不会给公司带来可观的利润。作为一家老字号企业，稻香村集团再次张开双臂，积极迎接互联网时代的到来。这一次，稻香村集团选择在电商平台

开设直营旗舰店，与天猫、唯品会等电商平台建立战略合作关系。当然，稻香村集团需要同时保留线下经销商在电商平台的分销模式，以保护经销商的权益。经过布局和调整，稻香村集团新的电商业务基本建立。此时的天猫、京东等电商平台，不仅仅是分销渠道，还可以利用强大的数据资源向稻香村集团赋能，如向稻香村集团提供行业数据，分析往年数据，追踪消费者偏好，帮助企业更好地了解市场需求，进行市场定位，调整产品包装和单价等。

二 信息化技术变革

作为老字号企业，稻香村集团一直在尝试利用互联网技术变革管理方式。总体来看，稻香村集团利用互联网技术实施信息化变革可以分为三个阶段：办公自动化、主营业务流程的局部信息化、集团内部整体价值链管理的信息化。

稻香村集团于 2008 年在北京建厂，当时处于办公自动化阶段，互联网技术主要被应用于财务和仓储管理，这个阶段可以称为稻香村集团利用互联网技术变革企业管理的第一阶段。随着企业电子商务交易额的日益增长，稻香村集团加大了对信息化建设的投入，企业信息化建设进入了第二个阶段——主营业务流程的局部信息化。2008~2018 年，稻香村集团不断尝试信息化系统建设，主要是对供应链模块、仓储模块和采购模块的信息化改造，实现了与前端供应商的联系。但在信息透明和信息共享方面仍存在不足；生产模块也只能实现物料的出入库信息化管理，无法实现对计划下达和生产过程的跟踪；集团无法实现统一管控。

2018 年 2 月，稻香村集团开始实施 ERP 信息化技术，稻香村集团进入全面信息化改造阶段，即对价值链管理的信息化技术变革。在 2018 年 7 月，稻香村集团实现了与北京、山东、金乡、菏泽和苏州 5 个分公司的信息化连接。目前，稻香村集团的主营业务流程已经实现了采购、生产、销售和渠道环节的信息化，支持业务流程实现了财务模块的信息化。

目前，稻香村集团的价值链管理信息化已经初步完成，在集团内部实现了统一管控，但集团的信息化建设还需要持续建设和跟进，主要体现在以下几个方面：一是需进一步建立与零售终端的连接，打通零售终端消费数据；二是继续完成在建模块的信息化，包括人力资源管理、订单、采购等，特别是要加大对采购模块的投资，通过信息化技术打通与上游生产的连接；三是重点发展生产方面的信息化，从而适应个性化定制、企业定制、柔性生产等；四是不断提升企业 ERP 系统版本，做好程序开发，提供标准 API 接口；五是通过物联网，打通设备与设备之间的连接，自动采集设备运行和能耗数据，形成报表。

总体来说，稻香村集团从 2018 年开始全面启动信息化战略计划，2018年 2~7 月，稻香村集团信息化框架初具规模。

三 组织结构重组

运用互联网技术改造营销端和打造价值链不仅仅是一次技术更新，对于老字号企业来说，是一场"脱胎换骨"的大变革。企业业务流程再造和组织结构重组是实现价值链管理的两个基本路径，也是企业管理变革的重要内容。

1. 组织结构调整

稻香村集团在信息化改造之前，采用典型的职能型组织结构，集团总裁下属职能部门：生产运营中心和营销中心，财务中心并列于生产运营中心和营销中心，说明集团财务业务在企业中的重要地位，工程部和其他成员企业由集团总裁直接管理。其他辅助职能由集团办公室执行。

如图 1 所示，稻香村集团线下市场处于主导地位，重视线下市场的业务拓展，单独设立了连锁经营部负责全国连锁门店的业务拓展。电商部成立于2009 年，2018 年信息化改造后，电商部成为重点发展部门。

总体来看，稻香村集团在 2018 年前的组织结构在纵向上体现了以集团总裁为中心的金字塔型科层等级制，典型特征是总裁管理幅度小，内部层级

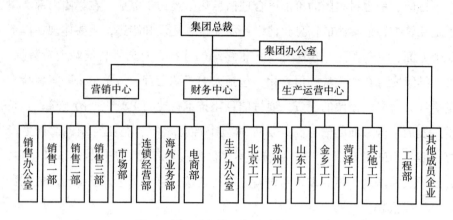

图 1　2018 财年稻香村集团组织结构

资料来源：稻香村集团总裁办公室。

多，自上而下的信息传递路线长；横向上体现了集团总裁对生产和销售的重视，重点直抓生产业务和销售业务，生产部门和销售部门之间联系少，不利于信息流通。

2018 年 2~7 月，稻香村集团实施了信息化系统升级和改造，组织结构也在这一年进行了重组。

如图 2 所示，职能型组织结构转变为矩阵型组织结构，即在原来垂直独立的职能部门分工基础上，建立了横向的跨部门业务联系。矩阵型组织结构是职能型组织结构向流程型组织结构转变的过渡阶段。企业管理思维也随着组织结构重组而发生了转变，从原来重视单个职能部门业务完成情况，转向了对整个业务过程和进度的把控。

如图 2 所示，集团总裁的管理范围扩大，又接管了人力行政中心和产品技术中心两个辅助职能部门，有利于集团总裁对产品和人才的战略把控；同时各个职能部门间在横向上需互相协作完成项目，从而增加了横向联系和沟通。从纵向维度看，集团总裁管理层级减少，组织结构扁平化，集团总裁直接与各个分公司联系。稻香村集团组织结构重组有利于集团统一协调，并节约了成本。

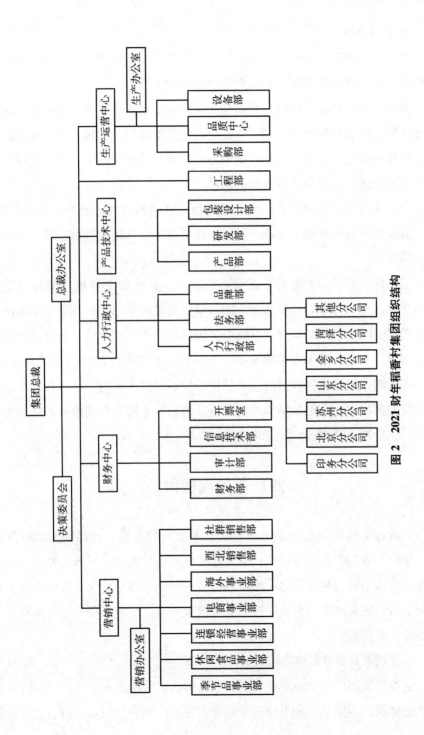

图2 2021 财年稻香村集团组织结构

老字号蓝皮书

2. 部门变动

稻香村集团除了宏观结构调整外，还在微观层面对相关部门进行了较大的调整，主要体现在营销中心和财务中心这两个部门。

营销中心直接面对市场，对市场变化和消费者需求变化最为敏感，所以在近几年，稻香村集团的营销中心是变动最大的部门。营销中心所发生的变化主要体现在三个方面：一是营销中心整体结构的划分变革；二是增设了两个产品事业部；三是电商事业部的深耕。

如图3所示，营销中心结合了产品和区域两种方式，分为五大事业部，包括海外事业部、电商事业部、连锁经营事业部、休闲食品事业部、季节品事业部。

信息化改造后，财务中心新增了开票室，由于ERP系统中的每一笔业务操作都需要财务中心的配合和协同，所以稻香村集团在财务中心单独设立了开票室，配合各部门与财务室的业务协作。开票室主要负责业务流程过程中的截单、审单、开单等单据业务，与销售、生产和外部经销商都有联系。信息技术部在组织结构调整前，只是稻香村集团财务部的一个科室，并不是很重要的部门。但在组织结构调整之后，信息技术部是公司内举足轻重的一个部门，负责ERP系统运行和维护。

四 业务流程再造

稻香村集团的主营业务流程包括食品原料的采购、产品研发，以及设计、生产、分销和物流等环节；支持业务流程包括人力、财务等办公室服务工作。依据稻香村集团信息化模块建设规划，稻香村集团业务流程再造主要包括了营销端业务流程再造、财务业务流程再造、生产流程业务再造和供应链业务流程再造。

1. 营销端业务流程再造

稻香村集团的营销端包括三个部分：门店、经销商和电商。门店的信息化改造体现在收银系统和下单两个环节流程上。稻香村集团为门店免费安装

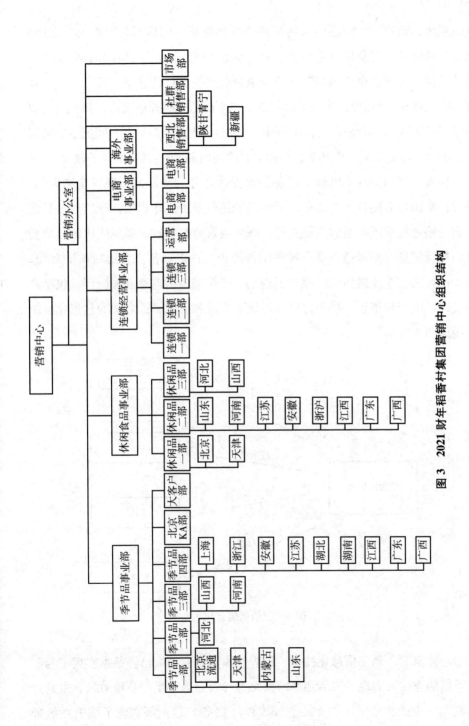

图 3　2021 财年稻香村集团营销中心组织结构

收银系统，可以实时观测门店的运营情况和数据；门店通过钉钉和 SaaS 系统要货单向稻香村集团下单订货，这一系统已经实现了与集团内部 ERP 系统的集成。经销商渠道的信息化业务流程改造主要体现在下单环节上，企业将 ERP 系统向外延伸，为经销商提供下单页面、货品开单及订单执行情况页面等"经销商门户"平台（网上订单），并且网上订单与钉钉也完成了集成操作，所以，经销商的下单环节也与稻香村集团内部 ERP 系统实现了融合。

稻香村集团的线上电商渠道业务流程改造分为两部分，即京东和天猫。稻香村集团只需提供入仓服务，后续的分销服务由京东提供。旺店通是目前天猫与稻香村集团沟通的主要路径，旺店通可直接抓取天猫旗舰店的订单信息和物流信息，并传送到稻香村集团营销中心的电商部。为适应电商环境，稻香村集团在企业内部专门设立了独立于传统渠道的电商业务流程，包括产品设计、生产和销售。稻香村集团与线下渠道和线上渠道之间的信息化系统连接如图 4 所示。

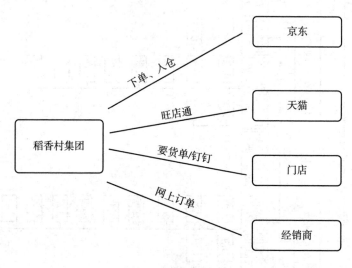

图 4　营销端信息化

总体来看，利用信息化技术，稻香村集团在营销端已经基本实现了与各个渠道的连接，实现了门店和经销商渠道与企业内部生产系统对接，主营业务流程（生产和分销）和支持业务流程（财务）也全部实现了线上系统操作，节约了经营成本，提高了企业运营效率。

2.财务业务流程再造

财务和仓储是稻香村集团最早实现信息化的两个业务。通过信息化技术改造，财务中心的单据业务全部实现了在线操作，资金账款业务标准化、规范化，对应收账款的管理更透明，降低了资金风险。

首先是单据业务流程再造。门店和经销商下达订单后，稻香村集团财务中心开票室会登录网上订单系统进行截单和审单操作。订单审核通过后会被发送至稻香村集团内部 ERP 系统，进一步安排排产和订单操作。

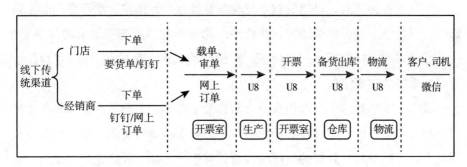

图5　单据业务流程

其次是资金管理流程再造。企业内部 ERP 系统实现了对现金流的把控，使得业务规范化和标准化，降低了企业的资金风险。同时，为了保证企业的业务灵活性，ERP 系统可以给特殊客户群体设置优惠，营销中心考察后，可以协调财务中心为某些客户设置授信或者为经销商划分等级，给予不同级别的授信待遇。

信息化管理重塑了整个财务业务流程，财务部门通过审单、开单操作把销售部、采购部、生产部、仓储和物流等部门的业务连在了一起，同时规范了财务的应收账款业务。ERP 系统可以实时地显示库存等动态信息。ERP系统信息共享功能节约了时间成本，提高了企业运作效率。

3.生产业务流程再造

通过 ERP 系统，稻香村集团实现了对全国各个分公司的统一管控、统

一生产标准。不同类别的产品的生产流程也有区分。稻香村集团的产品分为日配、散点、常规品和季节品。因保质期不同，生产流程也不同。

首先，日配和散点的生产流程再造。日配和散点是工厂的日常生产，由门店、经销商或商超大卖场在移动端（钉钉）下单，财务中心开票室接到订单后审单。审核通过后，销售订单被自动传送到生产部门，再进行生产。除了日常接单，每个月26、27日销售部门会通过系统发来下个月的预估单，生产部门接单后利用ERP系统导出下个月的物料需求，再生成物料预估单发给采购部。预估单只是方便采购部门提前备料，并不安排实际生产。

生产流程再造后，订单的整个过程虽然经过了开票室、生产部门和采购部门，但是整个过程都是透明、快捷的。此过程对生产部门最有意义的是：一是能够看到实时的库存，包括工厂所设计的成品、半成品、原料包材等；二是非常好地实现了按需生产。

其次，季节品的生产流程再造。与日常生产不同，季节品是每年两个节日前的大项目：中秋节月饼和端午节粽子。对于稻香村集团来说，中秋节是一年中最大的节日。月饼的生产流程与日常生产一样，区别在于订单预估和分单。集团营销中心通常会根据往年的销售数据预估当年的订单量，然后分配生产任务单。月饼生产是要根据全国各个工厂的特色和产能来协调生产任务，如在系统中区分各厂的特色：北京工厂生产迷你月饼，苏州工厂生产苏式月饼，四川工厂生产滇式月饼。

信息化系统对具体生产环节的影响，主要体现在三个方面。一是ERP系统能够规避一些不可控风险，集中市场中的零散需求，按照工厂的厂能和特色分配生产任务，协调各个工厂的调度，提高生产效率。二是通过ERP系统，管理人员可以对订单生产过程和完成情况做到可追溯。三是ERP系统能够实时看到物料、半成品和成品的库存。

4. 供应链业务流程再造

在稻香村集团的信息化建设规划中，供应链模块包括采购和物流环节。为适应外部市场需求变化，稻香村集团必须协调内部各分公司之间的合作，提高产能和运营效率。

2015 年前，稻香村集团通过微信或者 QQ 给供应商下订单，这种方式要比传统纸质订单更快捷。但在这个过程当中，稻香村集团无法看到订单状态，如供应商有没有收到订单？是否已经下单发货？这些都是不确定的。2015~2016 年，稻香村集团利用采购平台，实现了与前端供应商的连接，集团所有的采购计划都从平台下单，平台也能显示供应商是否已经读取信息。但这个阶段的采购信息化仍不够完善。依据稻香村集团 2018 年制定的信息化战略规划，稻香村集团计划要进行采购平台的延伸，从供应商的准入、供应商的过程管理、供应商的退出、供应商送货、供应的品质和评分等方面实现全程透明化的管控。

2018 年后，随着稻香村集团内部 ERP 系统的使用，采购平台实现了与集团内部馅料工厂和包装工厂的连接，信息沟通更实时和透明。

2020 年，物流被纳入生产运营中心，集团生产运营中心管理仓储和物流。在信息化系统中加入物流模块后，系统可自动调配车辆和生成运费价格，集团生产运营中心通过 ERP 系统或者手机小程序就可以跟踪物流信息，包括车辆信息、物流电话、运费价格和单据编号。客户也能追溯相关物流数据。

总体来说，在业务流程再造后，稻香村集团内各分公司业务协同效应显著。稻香村集团通过 ERP 系统实现了集中管控，节约了生产和运营成本。

五 结语

作为老字号企业，稻香村集团在信息化时代中并没有墨守成规，而是在网络社会初期就通过不同路径"触网"发展电子商务，积极探索信息化技术变革之路。在网络社会中，老字号企业必将要进行一场"脱胎换骨"的、前所未有的自我变革。对于大部分老字号企业来说，直播卖货等网络销售方式只是"触网"的第一步，真正敞开怀抱迎接互联网时代确实需要很大的勇气。

B.17
"国潮国货"背景下老字号品牌的形象建构研究

——以五芳斋为例

方静文[*]

摘　要： 始创于 1921 年的嘉兴五芳斋，是首批"中华老字号"餐饮企业。面对激烈的市场竞争，五芳斋借助"国潮国货"之契机，锐意创新，从有形的品牌产品和无形的品牌文化两个方面，建构积极的、年轻化的品牌形象，摆脱了老字号品牌老化的困境。本报告考察"国潮国货"背景下五芳斋老字号品牌形象建构的过程，以期为老字号品牌焕新提供启示。

关键词： 老字号　五芳斋　"国潮国货"　品牌建设

一　"国潮国货"背景下的老字号品牌

老字号是民族自主品牌和优秀传统文化的集中代表，不仅具有品牌价值和商业价值，也具有社会价值和文化价值。然而，许多老字号企业不仅面临自身品牌老化的困境，还面临新兴品牌和外来品牌的竞争。自 20 世纪 90 年代以来，老字号的发展陷入了"两个 10%"的尴尬境地：一是商务部评定的中华老字号数量仅占新中国成立初期老字号总数的 10% 左右；二是已经认定的 1600 多家中华老字号品牌中，仅有 10% 的老字号品牌成功实现向现

---

* 方静文，中国社会科学院民族学与人类学研究所副研究员。

代企业品牌的转型，其余均不同程度存在各类发展难题①，其中，品牌老化的问题比较普遍。目前，上述状况已有明显改善，根据商务部对全国 1128家中华老字号企业 2019 年经营状况的调查，84% 的企业处于盈利状态。② 但如何摆脱品牌老化的困境并实现品牌焕新，依然是老字号品牌面临的共同难题。

"老"是老字号企业最鲜明的特征，意味着日积月累的口碑、知名度、消费者忠诚度等。但凡事都有两面，若是无法用好"老"这一金字招牌，反而可能为其所困。首先，有的老字号一味地固守"传统特色"，却忽略了时代变迁，无法为品牌注入新的时代特色以及内涵，致使"老"不仅不能为品牌增色，反而成了"历史包袱"。其次，许多老字号虽然认识到"老"的意义和价值，却不知如何展示和传达，千篇一律地单向输出机构评价认定等方式，显然难以吸引消费者。

在诸多老字号品牌中，五芳斋是成功突围的一个案例。根据 2018 年阿里研究院联合北京大学光华管理学院发布的《中华老字号品牌发展指数》，五芳斋的品牌发展指数在老字号品牌 TOP 100 榜单中排第六位，在食品餐饮行业中居首位。2022 年，五芳斋成功上市，成为"粽子第一股"。五芳斋的品牌焕新有许多影响因素，其中重要的一点就是以"国潮国货"为契机。

"国潮"消费是"国货"消费的一种，却有自己的特征。"国潮"既包括"国的潮化"，即传统文化的时尚化，也包括"潮的国化"，即在流行的商品等潮流中融入中国元素。③ 因此，"国潮"品牌通常都具备优质的产品、中国符号、潮流元素三个要素。④ 当然，"国潮"虽然外化于产品形象，但其内核仍是中国文化。所以，当下消费者对于"国潮"的追逐并非一时兴

① 吴国峰：《战略创业视角下中华老字号食品企业品牌延伸策略探颐——基于嘉兴"五芳斋"的个案分析》，《浙江学刊》2015 年第 3 期。
② 商务部流通产业促进中心：《老字号数字化转型与创新发展报告》，http://www.199it.com/archives/1358847.html。
③ 付茜茜：《新国潮：消费语境下中华传统文化的潮流形态》，《学习与实践》2023 年第 5 期。
④ 李艳、刘秀、陆梅：《"国潮"品牌发展趋势及设计特征研究》，《设计》2020 年第 9 期。

起，而是对中国文化的深刻体认。"国潮"不仅是对消费市场状态的描述，同时更加具有文化意涵，涉及对中华文化价值的重新评定。①

人们常常将 2018 年视为"国潮"开启的元年，但对于"国货"的认同可追溯至 2008 年的北京奥运会。2008 年，大量中国元素被唯美地展现出来，拉开了国风、怀旧的序幕。"从'国货'到'国潮'演变的背后，是中国品牌崛起所带来的文化自信。'国潮'的出现既是中国硬实力支撑的结果，也是中国文化软实力的体现。这种演变逐渐使人们从物质消费转向符号消费，从购买商品或服务转向购买品牌的附加价值。"②

品牌为商品赋予文化意义以及象征意义，使商品不再仅仅具有使用价值与交换价值，还获得了符号价值，即"符号—商品"。③品牌形象指的是品牌在社会公众心中留下的印象和联想的总和，是公众对品牌最真实的认知和评价，也是品牌实力的体现。④品牌形象包括品牌有形元素和无形内容两个层面。其中，品牌名称、品牌产品等都属于品牌形象的有形元素，而品牌所蕴含的文化则构成品牌形象最重要的无形内容。

2021 年，商务部组织开展了"老字号嘉年华"系列活动，以"国潮国货品质生活"为主题，旨在促进老字号的传承与创新。在此背景下，五芳斋的品牌焕新策略就从上述有形元素和无形内容两个层面展开，以下将在简要回顾五芳斋品牌发展历史的基础上，分析五芳斋品牌焕新的路径。

二 五芳斋品牌发展简史⑤

20 世纪 20 年代，一些浙江兰溪人来到嘉兴谋生，他们在冬天经营弹棉

① 孙嘉：《老国货—新国货—国潮，是商品也是文化》，《美术观察》2021 年第 2 期。
② 高巨华：《从国货到国潮：符号修辞视角下中国品牌的文化自信探颐》，《视听》2022 年第 4 期。
③ 蒋诗萍：《品牌文化现象的深层运作机制及其文化内蕴》，《社会科学》2019 年第 4 期。
④ 崔译文、邹剑锋、马琦、陈孟军：《市场营销学（第三版）》，暨南大学出版社，2017。
⑤ 厉春雷：《"五芳斋"现代化转型的轨迹探寻：从江南点心到粽子文化——基于非物质文化遗产的视角》，《北方经济》2011 年第 7 期。

花生意，而在春夏季节则走街串巷地叫卖粽子。1921年，这些异乡人中的张锦泉在张家弄6号开了首家粽子店，以"五芳斋"作为店名，寓意"五谷芳馨"。

"五芳斋"作为店名或招牌，其源头可追溯至清朝道光或咸丰年间。一般认为五芳斋最初源于苏州的一家糕团点心店，这个店铺经营各类甜食，不仅在苏州当地颇具声名，还曾经在上海、北京等大城市开设分店。关于"五芳斋"名字的由来，坊间传闻之一是店主有五位名字中都带"芳"字的千金；另一种说法则是因制作点心的各类原料如芝麻等散发的香气而得名。苏州五芳斋的声名远扬使得许多商铺纷纷效仿，将之作为自己的招牌。[①] 张锦泉的选择可能亦是如此。时代更迭，苏州五芳斋点心店逐渐湮灭于历史长河中，而嘉兴五芳斋却自此与粽子结下了不解之缘，一个老字号的历史篇章也就此展开。

嘉兴五芳斋品牌的发展大致经历了以下几个阶段。

（一）品牌初创期（1921~1984年）

张锦泉的五芳斋粽子店创立，生意红火，数年后有嘉兴人冯昌年、朱庆堂在同一弄里开了另外两家粽子店，同样以"五芳斋"为名。为了便于区分，三家店分别以"荣记""合记""庆记"为号，并在粽子的选料、工艺等方面展开激烈竞争，使粽子技艺日趋成熟，并逐渐形成了鲜明的地方特色——"糯而不糊，肥而不腻，香糯可口，咸甜适中"，成为名扬江南的"粽子大王"。1956年公私合营，三家"五芳斋"加上"香味斋"合为一家，命名为"嘉兴五芳斋粽子店"，规模逐渐扩大。

（二）产业化阶段（1985~1997年）

1985年，五芳斋首次对店面进行大规模翻新改造，规范粽子制作流程，

---

① 陈春舫：《五芳斋的典故》，《上海商业》2001年第4期；厉春雷：《"五芳斋"现代化转型的轨迹探寻：从江南点心到粽子文化——基于非物质文化遗产的视角》，《北方经济》2011年第7期。

提升产能。1992 年，五芳斋粽子公司正式成立，并于 1993 年被评为"中华老字号"。1995 年，五芳斋投资数千万元，建成了全国首家粽子专业生产厂，结束了前店后坊的老字号传统经营模式，并积极推动传统工艺的现代化改造，实现了工业化、标准化生产。

（三）规模化扩张阶段（1998~2015年）

1998 年，经改制后，浙江五芳斋实业股份有限公司成立，建立起现代化企业制度，并开始进军全国市场。2004 年，五芳斋荣获中国驰名商标。2005 年，五芳斋产业园竣工投产，成为全国规模最大的粽子专业生产、配送基地。2008 年，五芳斋集团致力于打造食品产业链，先后在四川、黑龙江、江西等地建立生产基地。2009 年，五芳斋组建电子商务团队，拓展网上营销的新渠道。2011 年，五芳斋粽子制作技艺被列入第三批国家级非物质文化遗产名录。

（四）创新发展期（2016年至今）

五芳斋于 2016 年启动品牌年轻化战略，积极变革创新，同时构建商贸、连锁、电商全渠道营销模式。2019 年，五芳斋全面启动"糯+"战略，试图打造"以糯米食品为核心的中华节令食品领导品牌"。2022 年五芳斋在 A 股主板上市，成为中国"粽子第一股"。

三 品牌产品：从粽子到"糯+"

品牌形象的载体是产品。五芳斋以粽子起家，粽子毫无疑问是其当家产品。

粽子是最具中国文化特色传统美食之一，且因为与端午节、爱国诗人屈原之间的关联而超越了饮食和饮食文化的范畴，成为综合了饮食文化、节庆文化的文化符号，是地地道道的"国货"。

粽子作为一种吃食的历史最早可追溯至东汉，在两晋时期已经成为端午节的必备食品。

粽子出现并流行于江南尤其是嘉兴，绝非偶然。嘉兴地处长江下游、太湖流域东南部、杭嘉湖平原北部，古称"嘉禾"，既是中国稻作文化最早的发源地之一，也是最早的端午竞渡文化区之一。制粽原料、吃粽习俗兼备，五芳斋品牌的出现也就顺理成章了。

品牌产品若要能站稳脚跟，不仅要优质还要符合消费者的多元需求。为此，五芳斋的原则是"坚持传承与创新的结合"，无论是技艺还是口味皆是如此。

多年来，五芳斋一方面坚守传统制作工艺，另一方面也尝试融合现代生产技术，创新生产方式，在保证粽子品质的同时，实现生产的标准化和规模化，以提高生产效率。为此，五芳斋持续推动生产线的改造升级，设计研发了一系列自动化生产设备，实现了粽子生产主要工序的自动化。目前，在粽子生产涉及的 36 道工序中，清洗、淘米、蒸煮、包装等环节已经实现了机械化操作，但粽子包裹环节依然保留手工的方式，延续着手工技艺的百年传承。

除了技艺，同样在传承中寻求创新的还有口味。五芳斋一方面延续代代相传的传统配方，以保留粽子的经典风味；另一方面则积极满足新的消费群体尤其是年轻消费群体对一些新奇口味的需求。为此，五芳斋在品类创新上也尽显巧思，陆续推出了传世臻粽高端系列、文化风味系列、FANG 粽系列、锁鲜粽系列等新式粽子。例如，FANG 粽系列推出辣粽（包括香辣芋儿鸡肉粽、爽辣剁椒猪肉粽等）、臭粽（包括螺蛳粉粽、臭豆腐粽、榴莲粽等）等口味；五芳八肴则尝试将中国八大菜系的知名菜肴口味融入粽子。迄今为止，五芳斋已经研发了多种口味的粽子，全方位地满足消费者的需求。

基于上述努力，五芳斋成为全国最大的粽子产销商，也是粽子行业标准的制定者。粽子系列成为五芳斋主营业务中最主要的收入来源。

尽管如此，五芳斋却并不能高枕无忧。究其原因，粽子产品销售具有时令性和地域性两大特点。首先，粽子销售有明显的淡旺季，一般仅在端午节

期间畅销。其次，粽子销售还有明显的地域性。

因此，粽子业务的"天花板"不会太高。早在 2008 年五芳斋就邀请了顶级的咨询管理公司针对行业做了市场调查。调查显示：全国的粽子市场体量为 30 亿元，而当时五芳斋已经占 25% 的市场份额，粽子市场的体量非常有限。

为了适应经济转型升级和激烈的品牌竞争，品牌延伸成为许多老字号提升自身竞争力的途径。[①] 主动意识到主营业务"天花板"的五芳斋也不例外。五芳斋很早就开始探索延伸产品线和布局多元业务，如连锁餐饮，电商及米业等。[②] 2009 年，五芳斋提出了新的企业口号"打造米制品行业的领导品牌"，2019 年，五芳斋又启动了"糯+"战略，将发展目标调整为打造"以糯米食品为核心的米制品领导品牌"。

五芳斋在传承民族饮食文化的基础上不断创新，对极具盛名的"嘉湖细点"的制作工艺进行了现代化改良，现已形成以粽子为主导，集传统糕点、卤味制品、米制品、肉食品、蛋制品、酒、调味品等为一体的系列产品群。并分为春节产品、端午产品、中秋产品、日销产品等系列，大大扩充了五芳斋的产品线。

至此，五芳斋最终将战略目标确定为"以糯米食品为核心的中华节令食品"，从而完成了全品类转化。

四　品牌文化："最会玩的老字号"

在做好品牌产品的基础上，品牌形象的建构还包括品牌文化的挖掘和传播。品牌文化是一种较高层次的品牌信仰和品牌认同，是现代社会消费心理

---

① 陶骏、李善文：《"中华老字号"品牌复兴：品牌延伸及反馈》，《经济管理》2012 年第 2 期；何佳讯：《品牌个性认知对品牌延伸评价影响的再研究——兼论上海冠生园的品牌延伸新策略》，《华东师范大学学报》（哲学社会科学版）2011 年第 2 期。

② 吕昂：《厉建平：要当传统美食的"守味者"　更要当"创新者"》，《金融世界》2018 年第 5 期。

和文化价值取向的结合。① 品牌文化若要深入人心，除了文化本身，还有赖于展示和传达，这就需要企业从渠道到内容的全方位营销。作为百年老字号，五芳斋的品牌文化构成有两个最主要的方面，即围绕粽子和端午节，由中华传统节日所产生的关于味道和节令的记忆；以手工裹粽为代表的传统技艺。

进入互联网时代，消费场景的多样化、选择的多元化等趋势促使全渠道立体营销成为必由之路，包括五芳斋在内的许多老字号企业纷纷尝试突破传统渠道模式，推进线上线下营销渠道的融合发展。

线下门店是老字号企业最传统的零售方式，除直营店、连锁店、特许经营店等商业模式之外，许多新型门店如社区店、景区店、体验店、快闪店、节令店等的出现为老字号的线下销售注入了新活力。五芳斋的线下渠道将产品体验、事件体验以及场景体验有机融合，并通过布局无人零售餐厅、快闪店、中华节令美食体验店等来实现这一融合目标。

五芳斋在开辟电商渠道、完善销售体系的过程中发现，年轻消费者用餐时间短、疲于社交，因此便携手阿里巴巴集团在杭州打造了线下无人智慧餐厅，这也成为五芳斋在新零售道路上的一个里程碑。对商家而言，无人智慧餐厅节约了大量人力资本，也可通过大数据建立更精准的用户画像，实现精细化运营。

人民日报社打造的"有间国潮馆"线下快闪店以"中国造、正当潮"为标签，以民族文化、国货品牌为支撑，将国宝文物、手工艺等中华优秀传统文化展示给公众，其中就包括"国潮"老字号百年焕新板块。② 在该活动的第三季，五芳斋以"国潮"伙伴身份出现，非物质文化遗产手工裹粽技艺的传承人现场教观众如何手工裹粽，观众也可亲自参与互动，若挑战成功，还可获得五芳斋端午礼品。此外，2021 年五芳斋还曾跨界联手手游

---

① 张嘉叶、魏雯卓、吴美洁：《中华老字号品牌活化研究——以"五芳斋"为例》，《老字号品牌营销》2023 年第 9 期。
② 孟霄：《文化"触"动，筑梦"国潮"——从人民日报"有间国潮馆"体悟"国潮"传播新理念》，《传媒》2021 年第 8 期。

"王者荣耀"，在线下搭建了以"体验王者峡谷"为主题的快闪店。

五芳斋还敏锐地发现了当下人们对健康饮食的需求，并遵循"顺其自然、顺应天时"的中国传统养生理念，开设了五芳斋节令食坊，在不同季节开发和供应相应的食品：春尝清新、夏食清甜、秋品丰礼、冬享醇厚。

五芳斋早在 2009 年就开始探索电子商务，2016 年，五芳斋启动品牌年轻化战略以后，更是在此方面频频发力。如今，五芳斋已经先后入驻京东、淘宝、微信店铺和抖音小店等各类购物平台，以及微博、微信、哔哩哔哩、抖音、小红书等各类社交平台。除了"单打独斗"，五芳斋还积极与其他品牌进行联名合作，提高品牌文化的传播效率和扩大影响力。

作为当下火热的创新营销方式"品牌联名""跨界营销"，顾名思义，指的是品牌打破圈层，尝试与不同类型和定位的品牌进行跨界合作，创新产品，让消费者耳目一新。2016 年，五芳斋开启品牌联名合作，初次联名的对象是迪士尼。一个是诞生于 1921 年的中华老字号，一个是于 1923 年在美国创立的老品牌，两个历史悠久的中西品牌代表进行跨界联合。后续五芳斋又与小罐茶、相宜本草、王者荣耀等进行了跨界联名。依靠与这些热门文化 IP 的合作，五芳斋品牌的创新力不断提升，在更广阔的消费者市场拥有了知名度。

通过线上线下多渠道的努力，五芳斋成功进入便利店、高速服务区、化妆品店等场所，甚至进入手机游戏，全方位触达了各类消费群体。同许多老字号企业一样，以前的五芳斋在内容方面的营销是围绕产品类型、品牌历史等进行说教式的单向输出，缺乏趣味性和互动性，难以吸引新消费者。2016 年，品牌年轻化战略实施以后，五芳斋一改之前刻板严肃的风格。举措之一就是从广告入手，创新广告形式，通过广告讲述产品故事，从而达到更新品牌形象的效果。在接连推出多支"出圈"的广告片之后，五芳斋成功地吸引了年轻消费者的注意，也被戏称为"被粽子耽误的广告公司"。五芳斋的广告风格多变，既有无厘头、魔性风格，也有怀旧复古、科幻等风格，但无论何种风格，广告内容或主题始终围绕味道记忆和传统技艺这两大品牌文化展开。

在 2018 年的五一劳动节期间，五芳斋在微博发起了"把劳动节还给劳动者"主题活动，在 24 小时内连续发布 100 条微博，每一条都是一位普通手作者的名字。通过这一活动，五芳斋不仅致敬了原本籍籍无名的普通劳动者，也传递了品牌理念，即机器无法代替手作的温度，技艺需要传承，手艺人值得被珍视。

老字号所售出的不仅是产品，也是其背后承载的情怀和时代记忆。饮食的意义早已超出果腹之需，更承载着许多人的舌尖记忆和生活印记。五芳斋借助"国潮国货"盛行之机喊出"热爱中国味"的口号，吸引了一批支持"国货"的年轻群体，向年轻群体表明五芳斋传承中华饮食文化的决心。所以，作为历史悠久的老字号，五芳斋还将怀旧复古、亲情等融入广告之中。

五 结语

随着消费市场的变化和传播媒介的更迭，许多老字号面临品牌老化的危机，而"国潮国货"的兴起恰好为老字号摆脱品牌老化的困境、实现品牌焕新提供了契机。若想搭上"国潮国货"的顺风车，老字号必须在两个方面发力。第一，创新品牌产品，提供优质且适应当下消费环境的产品。第二，挖掘和传播品牌文化。文化既是品牌的根基，也是"国潮"的依托。深厚的文化底蕴是老字号品牌相对其他品牌的优势所在，是老字号品牌焕新需要重视的文化作用。因此，要深入挖掘产品的文化属性，并充分利用新的媒介传播技术，传承与弘扬传统文化，并将之融入现代生活。

始创于 1921 年的百年老字号品牌五芳斋提供了品牌发展的经典案例。在品牌产品方面，五芳斋持续创新，不仅对当家产品粽子进行口味创新，满足消费者新的消费需求，成为粽子标准的制定者，保持绝对的市场占有率，还成功上市，成为"粽子第一股"。五芳斋主动求变，从"嘉湖细点"的地

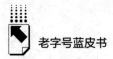

域文化中得到启发，制定"糯+"战略，将产业链从粽子延伸至月饼等多种以糯米为原料的产品。在品牌文化方面，五芳斋凭借风格多变的广告顺利"出圈"，将复古怀旧、亲情等文化元素充分展示。五芳斋的案例告诉我们：老字号也能掀起"新国潮"。老字号不仅可以走出品牌老化的困境，实现品牌创新，而且能够振兴民族品牌、弘扬传统文化。

B.18

新媒体语境下老字号品牌的创新升级

——以北京瑞蚨祥为例

杜倩萍*

摘　要： 老字号品牌凭借卓越的产品品质和独特的文化内涵，赢得了消费者的广泛认同和赞誉。本报告以北京瑞蚨祥绸布店有限责任公司为例，探讨新媒体语境下老字号品牌如何创新升级，以满足广大消费者日益多元的消费需求，从而促进中华老字号的持续发展。

关键词： 北京瑞蚨祥　品牌文化　数字化新媒体　跨媒体整合

商务部数据显示，截止到 2023 年 5 月，全国有中华老字号 1128 家、地方老字号 3277 家，老字号广泛分布在食品加工、餐饮住宿、居民服务等 20 多个领域。[①] 但随着消费者的需求越发多元，以及新品牌不断涌现，老字号企业的经营也面临新的挑战。

随着社会的发展和人们生活水平的提高，消费者对产品的需求也越来越多样化。消费者不仅注重产品的质量和功能，还注重产品的外观设计、品牌声誉、环保性能等。在现代社会中，消费者的多元需求对企业经营和产品开发提出了更高的要求。然而，部分老字号依然沿用旧的经营模式，企业内部的体制比较僵化，不注重引进新工艺和新技术，认为"老"技

---

* 杜倩萍，中国社会科学院民族学与人类学研究所副研究员，研究领域为文化人类学。

① 刘政：《历久弥新老字号拥抱新国潮的"守"与"变"》，《中国经济导报》2023 年 5 月 9 日；王雨萧、丁英华：《擦亮中国品牌，老字号加速"出海"》，《洛阳日报》2023 年 2 月 6 日。

术、"老"产品已被消费者接受，不敢轻易尝试符合新时代特色的创新产品，从而忽略消费者的需求转变，难以满足在不同时期消费者的多元需求。①

此外，面对市场的激烈竞争，一些老字号固守已有的销售模式，不仅无法开拓新市场，而且连原有的用户都留不住。尤其是在互联网和新媒体时代，市场要求企业将线上渠道与线下渠道相结合，注重企业与消费者的沟通和交流，为消费者提供个性化、定制化的产品和服务。在这种形势下，部分老字号企业已经主动走出"舒适区"，走出实体店，积极在网络上吸引更多的消费群体，更好地为消费者服务。本报告以北京瑞蚨祥绸布店有限责任公司（以下简称"北京瑞蚨祥"）为例，对新媒体语境下老字号品牌的创新升级进行探讨。

一　北京瑞蚨祥历史发展与传承

瑞蚨祥于1862年创建于济南，曾在济南、北京、天津等地开有连锁店。如今，瑞蚨祥实际上只是一个符号和商标，而非当初创立时的经营实体和全国性的商业连锁企业。目前，分布于济南、北京、天津等地的瑞蚨祥互相没有任何关系，属于不同的经营实体。被列入中华老字号企业名录的是北京瑞蚨祥绸布店有限责任公司，其成立于1870年，目前已逐步发展为经营绸、布、皮、茶的大型商店，并荣获"中华老字号""非物质文化遗产""中国消费者信赖的著名品牌"等多项荣誉，现开设有北京大栅栏店、世纪金源店、西单商场店、地安门店。其中，位于北京西城区前门大栅栏的瑞蚨祥绸布店，建筑风格独特，展现了传统的建筑美学和工艺技巧。前门大栅栏的瑞蚨祥绸布店不仅仅是一家店铺，更是一座博物馆，吸引了众多游客和艺术爱好者前来参观，已被列为"北京市文物保护单位"。

---

① 阎密：《瑞意创新：丝续百年之美》，《国际商报》2023年5月10日。

（一）北京瑞蚨祥的历史发展脉络

1. 瑞蚨祥的创立

1862 年，创始人孟传珊以"瑞蚨祥"创立字号。创立之初，瑞蚨祥在济南西大街南侧购地建楼，后又在济南及外埠设立分店。

2. 进入北京

1893 年，孟传珊的儿子将店铺开到了北京，并在北京前门大栅栏商业街先后开设 5 家店铺，售卖绸缎、布匹、茶叶、百货、纸、药品，还经营当铺、钱庄等生意。瑞蚨祥凭借诚信经营，受到了顾客的好评。

3. 公私合营

1953 年，北京瑞蚨祥公司成立。新的经营模式使瑞蚨祥的管理和运营更加专业化，为顾客提供更好的服务。

4. 改革开放后迅速发展

1993 年，北京瑞蚨祥正式提出注册"瑞蚨祥"商标，并获得中华老字号品牌的认定。2006 年，北京前门大栅栏店的巴洛克风格门楼被国务院确定为"第六批全国重点文物保护单位"，瑞蚨祥入选国家商务部认定的"第一批中华老字号"。2007 年，瑞蚨祥中式服装手工制作技艺被列入北京市非物质文化遗产名录。2012 年，北京瑞蚨祥成立了品牌管理团队。2014 年，北京瑞蚨祥全面进入网络营销领域。随着互联网的快速发展，瑞蚨祥积极适应时代的变化，通过网络平台来拓展市场，提高品牌知名度。2019 年，北京瑞蚨祥成立了非遗传承团队，旨在将瑞蚨祥的传统手工制作技艺传承给年轻一代，并将其发扬光大。①

目前，北京瑞蚨祥不仅在北京市场占据了重要地位，还在整个华北地区有着广泛的影响力。

---

① 张景云、东佳祺：《"瑞蚨祥"：百年品牌营销的创新之路》，《对外经贸实务》2016 年第 4 期；赵俞：《中国老字号视觉元素继承和发展问题研究》，山东大学硕士学位论文，2009，第 11~15 页。

（二）北京瑞蚨祥的品牌故事和经营特色

中华老字号往往通过品牌传播建构文化记忆。北京瑞蚨祥具有独特的文化内涵和较强的商业实力。

1.北京瑞蚨祥高质量的产品

北京瑞蚨祥一直以来都在提供优质的产品。例如，熟罗货的最佳丝线标准是11丝，而北京瑞蚨祥要求使用13~15丝的丝线。这样的要求确保了产品的细度和均匀度，使产品更加柔软和舒适。为了确保产品的质量，北京瑞蚨祥的专家要进行触摸、观察，测量长度和宽度，称重量，通过精确的测量来确保产品符合标准，并且每个产品都经过了严格的质量检查。若质量合格，产品还需要进行深加工，即所谓的"闷色"。闷色的过程需要耗费一定的时间，时间越长，颜色越深入，产品就越不容易褪色。

北京瑞蚨祥还注重选材和工艺，重金聘请技艺高超的大师傅，将原料和颜料进行优化处理。在选择原料时，北京瑞蚨祥只使用上等的纺织原料，确保产品的质量；在生产过程中，北京瑞蚨祥不偷工减料，一丝不苟地追求每个细节的完美。北京瑞蚨祥始终坚持着追求卓越品质的原则。

2.北京瑞蚨祥独特的销售传统

北京瑞蚨祥之所以受消费者的喜爱，不仅靠产品的极致精良，更是依赖服务的细致入微。北京瑞蚨祥的尺子上刻有十个字：两端分别是"天"和"地"，中间是"孝、悌、忠、信、礼、义、廉、耻"。北京瑞蚨祥特制的尺子比标准的尺子长一寸，被老百姓称为"良心尺"，在给顾客量布时，不但不能给少了尺寸，而且要多让三分。靠着一把"良心尺"，北京瑞蚨祥赢得了好口碑。

二　北京瑞蚨祥发展新气象

近些年，北京瑞蚨祥主要采取以下方式来提升其产品竞争力。

（一）完善制作技艺，为顾客提供专业服务

北京瑞蚨祥的中式服装手工制作技艺已经形成了一套完整的体系，被总结为"四功九势十六法"。这套体系包括了各个环节和技巧，确保每一件服装都能达到最高的品质标准。北京瑞蚨祥的定制服务是其传统服务的核心，涵盖了选料、设计、量体、打版、试版、裁剪、制作、熨烫、检验等环节。每个环节都有专门的技术人员负责，为客人提供全方位的服务，确保每一位客户都能享受到最好的定制体验。[①]

北京瑞蚨祥的员工都具备辨别面料的能力，能够通过触摸来区分不同的面料，如丝绸、人造纤维、乔其等面料。此外，北京瑞蚨祥的员工还掌握了"开面料"的技巧，能够轻松地撕开面料，展示给客户。

除了保持传统的服务品质外，北京瑞蚨祥还不断更新款式，以满足不同客户的需求。例如，将旗袍的传统大襟改为斜襟，使其更适合作为中式晚礼服；将盘扣的布扭头改为贵金属、景泰蓝、珍珠等材质，展现更多元的美。这些改变不仅能满足客户的个性化需求，也展现了北京瑞蚨祥对传统文化的创新和传承。

（二）通过线上线下平台宣传，扩大消费者群体

北京瑞蚨祥通过大型展览会等来宣传品牌文化和传统技艺。除了展示产品和发布新品外，北京瑞蚨祥还利用社交媒体平台扩大宣传的范围，通过短视频和直播将品牌文化和服饰制作工艺展示给更多人。通过这种线上宣传的方式，北京瑞蚨祥希望能吸引更多的顾客到实体店购物、体验。北京瑞蚨祥的宣传策略是多方位、多渠道的。通过参加大型展览会和利用社交媒体，北京瑞蚨祥既能吸引现场观众，也能将品牌信息传递给更多潜在顾客。同时，北京瑞蚨祥还注重提供个性化的服务，满足顾客的需求。

---

① 瑞意创新：《丝续百年之美》，《国际商报》2023 年 5 月 10 日。

（三）提升员工的专业技能，并积极培养传承人

北京瑞蚨祥多次组织搭配营销培训。北京瑞蚨祥还注重文化的传承和品牌故事的叙述。通过讲解瑞蚨祥的历史和品牌故事，员工更深入地了解了品牌的文化内涵，并将这些知识传递给消费者。这种培训不仅使员工的专业技能得到提升，也为品牌的长远发展奠定了坚实基础。

三 新媒体为老字号企业的持续发展提供新的途径和发展方向

2017 年 2 月，商务部等 16 部门联合印发的《关于促进老字号改革创新发展的指导意见》，强调要大力推进"互联网+老字号"工程，引领全国老字号品牌广告传播结合互联网新媒体的创新发展。①

为了能够吸引年轻消费者，老字号企业需要在口碑营销的基础上，结合大众媒体和新媒体进行品牌宣传推广。

（一）整合新老传媒，对目标消费群体进行全方位覆盖

老字号品牌应该将传统媒体和新媒体整合起来，多渠道投放广告。北京瑞蚨祥在软性广告传播中，进行了各种尝试。例如，北京瑞蚨祥参与出版关于介绍瑞蚨祥品牌的图书刊物，并录制了北京电视台的节目《这里是北京》。北京瑞蚨祥生动形象地向消费者展示瑞蚨祥的百年历史、精湛技艺等，使消费者在轻松愉悦的环境中了解瑞蚨祥品牌。

（二）加速数字化转型，重视电商平台的牵引作用

老字号品牌要在数字经济时代中焕新，必须加速数字化转型。为了扩大销售渠道，北京瑞蚨祥建立了官方网站平台、京东商城平台和天猫旗舰店平

---

① 李馨怡：《老字号品牌的跨界营销》，《价值工程》2020 年第 9 期。

台三个电子商务平台。而且，北京瑞蚨祥采取线上线下同价的定价方式，确保顾客可以享受相同的价格优惠。北京瑞蚨祥组织专业人员进行直播带货。在直播过程中，经验丰富的销售主任、风趣幽默的企划主管、接地气的一线员工等共同组成了北京瑞蚨祥的"老字号直播团"。同时，线上平台还将丝绸笔记本、书签、福字颈巾等文创产品作为特色商品吸引顾客，既丰富了产品线，也强化了瑞蚨祥作为服装服饰品牌的时尚属性。[①]

（三）进行跨媒体整合，传播聚合碎片化信息

老字号积极地进行跨媒体整合传播，通过跨界营销来与消费者进行互动交流，并在激烈的市场竞争中，提高品牌的知名度。北京瑞蚨祥根据新时代品牌传播渠道的特点，通过移动终端向目标顾客展示独特的品牌信息，包括品牌故事、新产品研发和信息、店铺活动的通知和总结信息、促销活动信息等内容，以文字、图片、视频等多种形式呈现。

当然，诸多老字号在新媒体时代仍然面临着一些问题。例如，北京瑞蚨祥的产品定位为"高端定制"，除布匹、成衣外还提供旗袍定制和现场制作蚕丝被等服务。因是定制品，所以价格不菲，消费者更倾向于去实体店观赏、试穿及购买，以确保产品质量。不过，随着时代的发展，以及企业与消费者的沟通和交流日益紧密，这些问题终将会得到解决。

四　结语

老字号要在保留原有文化内涵和时代精神的基础上进行创新，就需要兼顾"文化传承"与"手段创新"。老字号品牌凭借其悠久的历史和深厚的文化底蕴，具有独特的魅力和吸引力。然而，为了适应时代的发展和满足消费者对品牌的多样化需求，也需要去粗存精，放弃过时的观念，争取新的

---

① 陈晓环、范瑞瑞：《新媒体视域下老字号的品牌革新——以中医药老字号为例》，《国际公关》2022 年第 20 期。

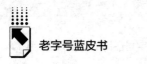

发展。

通过新媒体平台，老字号品牌可以使其深厚的文化内涵更可视化，以创意和艺术感来吸引消费者。

同时，更高效地与消费者沟通也是品牌创新的关键。老字号品牌可以通过建立线上社群、开展线上活动等方式，与消费者互动和交流，更有针对性地进行品牌传播，提升用户对品牌的认知度和满意度。

B.19

工匠精神：老字号企业的核心竞争力

——以坭兴陶为例

郝国强　赵新欣*

摘　要：　工匠精神是人的价值观念在具体实践中的具象化。工匠们的坚守与传承是坭兴陶得以发展的基础，而坭兴陶的创新性发展与创造性转化是其作为老字号焕新的关键。本报告通过探讨坭兴陶制作过程中的工匠精神，解读文化力量如何推动坭兴陶构建品牌形象并实现现代性转型，以期挖掘老字号在发展过程中增强核心竞争力的典型案例。

关键词：　老字号研究　工匠精神　钦州坭兴陶

坭兴陶是钦州市出产的一种无釉陶器，与云南建水陶、重庆荣昌陶、宜兴紫砂陶并称为"中国四大名陶"，享有"钦州名片"之美誉。在国家着力推动文化事业和文化产业繁荣发展的背景下，坭兴陶凭借深厚的文化底蕴实现了商业和文化双重复兴，成为老字号经营的典范。老字号得以传承至今的核心竞争力即"工匠精神"，工匠精神是职业道德、职业能力、职业品质的体现，其基本内涵包括敬业、精益、专注、创新等内容。[①] 具体来说，工匠精神既表现为店规、祖训或经营理念，也表现为企业文化、人力资源管理。老字号企业的可持续发展，在于其在市场中具有竞争优势，而工匠精神就是老字号企业的核心竞争力。钦州坭兴陶承载着本地人的集体记忆，

---

* 郝国强，广西民族大学民族学与社会学学院院长、教授、博士研究生导师；赵新欣，广西民族大学民族学与社会学学院博士研究生。

[①] 徐耀强：《论"工匠精神"》，《红旗文稿》2017年第10期。

因当地老匠人认为"坭"较"泥"更为文雅，故称作"坭兴陶"，有"受人们喜爱的钦州泥器"之意。在百年的发展过程中，钦州围绕着坭兴陶生产形成了独特的产业文化，并推动坭兴陶走向全国，也使坭兴陶在世界颇负盛名。

一　问题的提出

钦州坭兴陶历史悠久，在长时间的发展过程中形成了独特的艺术文化风格，有着浓厚的地方特色。2008 年，"窑变"烧制技艺被列入国家级非物质文化遗产名录。坭兴陶作为千年古陶，其特殊的窑变色彩在众多的陶瓷中堪称一绝。坭兴陶蕴含深厚的文化价值、历史价值和独特的艺术价值，反映了钦州的文化底蕴及文化变迁，更体现了钦州人民的精神追求、价值取向以及审美情趣，也成为钦州地域文化最突出的代表。

据《钦县县志》记载："我钦陶器，谅发明于唐朝以前，至唐而益精致……钦之坭兴，盛于清朝咸丰年间。"[①] 钦州坭兴陶烧制技艺有赖于钦州地区制陶业的长期发展。

1985 年，平友舜在《试论坭兴陶的历史沿革和艺术特点》中对于坭兴陶独特的窑变和打磨工艺进行详细的介绍。[②] 童团结的《坭兴陶收藏与鉴赏》是国内第一本为坭兴陶收藏与鉴赏提供指导的图书，从坭兴陶的历史、材质、工艺、器型、衍生文化、赏玩等角度，说明坭兴陶的收藏价值、标准、方法，讲述坭兴陶收藏与鉴赏的雅趣。[③] 马玉山的《坭兴陶艺术》从广西特色民族艺术角度，描绘了坭兴陶作品的神韵，同时由坭兴陶作品的形式引出作品的文化内涵。[④]

---

① 陈德周：《钦县县志》，钦州市地方志编纂委员会办公室，2010。
② 平友舜：《试论坭兴陶的历史沿革和艺术特点》，《南京艺术学院学报》（美术与设计版）1985 年第 4 期。
③ 童团结：《坭兴陶收藏与鉴赏》，漓江出版社，2016。
④ 马玉山：《坭兴陶艺术》，广西美术出版社，2013。

毛文青根据坭兴陶在不同历史时期的风格流变，探索其丰厚的文化内涵及形成的地域性特征。坭兴陶立足于本地文化，在前人创造的基础上，不断创新求变。在不同的历史阶段，展现随时代而变化的审美意识，形成了钦州坭兴陶的个性魅力。[1] 胡可可以钦州坭兴陶窑变为研究对象，在阐述窑变概念的历史嬗变的基础上，分析坭兴陶窑变所具有的色泽瑰丽奇谲、纹理自由多变的审美特性。[2] 潘慧鸣认为，坭兴陶的装饰文化需要从多角度来了解，不仅仅是对表面的器物装饰的了解，还要从坭兴陶的发展变迁、地域文化、生活方式、商品流通经济、材料工艺、社会变迁等深层次方面去了解。[3] 吴小玲认为钦州坭兴陶的起源和发展与中国的茶文化紧密相连，在与茶文化、中国书画艺术文化的碰撞与交融之中，坭兴陶文化逐渐成熟，钦州历代艺人的不懈努力使坭兴陶工艺更成熟和精良，使其承载了厚重的坭兴陶文化。[4] 马玉山认为坭兴陶是钦州民俗文化的主体。坭兴陶的民俗文化形态与人们的生活方式紧密相连，反映了人们的思维方式、价值观念、文化心态和审美情趣，并在地方化、民俗化的过程中不断获取文化生命力。[5] 张明、邵慧、宁艳纳从文化传播的视角出发，发现钦州坭兴陶是建构钦州地方集体记忆的文化纽带，是通过传承人的"延展记忆"和"口述记忆"、"景观记忆"、"仪式记忆"以及"媒体记忆"构建了集体记忆，搭建了一个文化认同的空间。[6] 周兴海、李荣立足于坭兴陶技艺传承的视角，发现坭兴陶非遗传统的记录方式和手口相传的教学模式越来越限制坭兴陶的发展。并提出应在数字化时代的大背景下，建立坭兴陶窑变烧制非遗的活态记录和传承的机制，将虚拟仿真交互技术与坭兴陶窑变烧制技艺相结

---

① 毛文青：《钦州坭兴陶艺术风格流变及其地域性特征》，《陶瓷科学与艺术》2008 年第 3 期。
② 胡可可：《天工与人巧——钦州坭兴陶窑变的审美与工艺》，《陶瓷科学与艺术》2017 年第 1 期。
③ 潘慧鸣：《坭兴陶装饰的文化学阐释》，《陶瓷研究》2019 年第 1 期。
④ 吴小玲：《论钦州坭兴陶的文化内涵、特点及发展》，《广西地方志》2007 年第 4 期。
⑤ 马玉山：《非遗视野下的坭兴陶文化保护研究》，《大舞台》2014 年第 5 期。
⑥ 张明、邵慧、宁艳纳：《从集体记忆到文化认同：一种非遗文化的传播路径解读——基于广西钦州坭兴陶的研究》，《文化与传播》2021 年第 1 期。

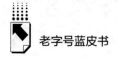

合，拓展和创新坭兴陶非遗的传承方式，打破原有的时间和空间局限性。①

2000 年后，随着国家对非物质文化遗产的关注，各地也掀起"非遗"热潮，在政府的扶持与坭兴陶匠人的不懈努力下，坭兴陶又开始焕发生机，并已经成为钦州文化产业中的支柱产业。本报告旨在探讨坭兴陶制作过程中的工匠精神，解读文化力量如何推动坭兴陶构建品牌形象并实现现代性转型。

二 笃行致远：坭兴陶匠人的坚守与传承

"工匠"通常是"手艺人"的代名词，特指那些熟练掌握一门或多门手工技艺并且赖以为生的人群。于现代社会而言，"工匠"则是指在工厂、工地或家庭作坊、个人工作室等产品生产一线从事制造的工人或者技术人员，"造物"是他们的使命，而"能"与"巧"则是他们的灵魂。② 精美的制作技艺是坭兴陶的产品内核，工匠们在技术上追求精益求精也是坭兴陶成为老字号的重要原因之一。

工匠精神是一种文化的传承，更是人的价值观念在实践中具象化的过程与结果。坭兴陶制作的技艺是衡量坭兴陶匠人专业技能水平的关键因素，任何优质的器物制作都需要精雕细琢。过去，坭兴陶制作被视作最苦、最累的工作，行业的延续与发展完全靠匠人的热爱与坚守。而随着生活水平的不断提高，人们对物质与精神的需求也不断增加，坭兴陶的价值也得到提升，利润空间增大，吸引了更多年轻的匠人加入坭兴陶行业。

以"黎家造"坭兴陶工作室为例，在清末民初时期，黎氏兄弟创作了具有钦州人文特色的陶器，并流传于世。黎氏兄弟的作品除了被各大博物馆收藏外，近年来还频繁出现于中外拍卖行，其艺术造诣已经成为坭兴陶行业的标杆。而黎家造的制陶技艺亦被黎昶昭传授于后人，现第四代传承人黎武仪将黎家造的制陶技艺、制陶文化等，都融进了其创作的"黎家造九式壶"

---

① 周兴海、李荣：《虚拟仿真实验教学针对坭兴陶烧制技艺传承的应用研究》，《陶瓷科学与艺术》2022 年第 4 期。

② 李宏伟、别应龙：《工匠精神的历史传承与当代培育》，《自然辩证法研究》2015 年第 8 期。

中。黎家造九式壶是黎武仪对黎家制陶技艺的提炼，陶器大部分保留了早期钦州坭兴陶的款式特点，也结合了一些现代元素。

三 独具匠心：坭兴陶的创新性发展与创造性转化

老字号在传承中华优秀传统文化方面有着其他品牌无可比拟的优势，坭兴陶工匠通过自己的方式进行传承与创新，打造属于自己的金字招牌。创造性转化，是按照时代特点和要求，对那些至今仍有借鉴意义的内涵和陈旧的表现形式加以改造，赋予其新的时代内涵和现代表现形式，激活其生命力。创新性发展，是按照时代的新进步新发展，对中华优秀传统文化的内涵加以补充、拓展、完善，增强其影响力和感召力。① 钦州的坭兴陶制作技艺是中华优秀传统文化的重要组成部分，数百年来保持着旺盛的生命力。这与匠人们顺应时代、不断对坭兴陶进行创新发展有着密不可分的联系。

（一）中西文化元素的融合

1984年，钦州坭兴陶通过融合中西文化，创造了"神鸟"这一全新形象，以特有的材料和艺术造型，展现钦州坭兴陶的魅力。这批造型独特的坭兴陶产品抵达美国后便被抢购一空，成为当年美国最畅销的感恩节礼物之一。钦州坭兴工艺厂能够根据国外消费者的品位和使用习惯，不断优化产品的生产工艺，更新产品风格，提高生产效率与质量。钦州坭兴陶将中式审美与异域风情相结合，通过外销贸易，不仅有效提升了坭兴陶的文化影响力，对工艺水平、审美品位也产生了一定影响。

（二）两项非遗技艺的结合

大漆是一种纯天然的树脂材料，在中国已有8000年的历史。生漆是漆树的汁液，呈乳白色，经过一系列的加工后可以形成丰富的颜色，且具有耐

---

① 习近平：《习近平总书记系列重要讲话读本》，学习出版社、人民出版社，2016，第203页。

腐蚀、耐虫蛀、耐高温等特点，是一种传统的装饰涂料，古时常用作于器皿、家具的装涂。2006 年，大漆工艺被列入国家级非物质文化遗产名录。大漆具有黏着性，可以同各个材料相结合。坭兴陶匠人创新性地将大漆与坭兴陶相结合，并突破了大漆难以在坭兴陶上附着的技术难题，成功实现了坭兴陶的创造性转化。

对于一种文化而言，单纯转化是不够的，还必须在转化的基础上实现创新与发展。非遗的创新性发展应当同社会发展、科学技术发展以及人民群众的消费状况相适应。大漆与坭兴陶的创新性结合，顺应了时代发展潮流，在坚守坭兴陶原有特性的同时，丰富了坭兴陶的艺术表现形式，赋予了坭兴陶更多的文化内涵。

（三）文化符号的嫁接

人民群众对物质和精神的需求在不断变化。坭兴陶制品从最初生产大水缸、菜盆等生活用品，到如今生产精致的茶壶、摆件等艺术品、礼品，这其实就是创新性发展的过程。当代的坭兴陶应该如何取得进一步发展，重要的是作品的创作与创新方向要满足人民群众对美好生活的需求。坭兴陶匠人在实现创造性转化的同时，应当充分考虑现实的社会、生活、文化环境，以及消费者的心理变化。通过赋予内涵，实现坭兴陶的创新性发展与创造性转化。

因此，可在设计上突破传统，强调个性化的表达，通过浮雕、刻字等增加坭兴陶作品的文化内涵，对作品进行品类与价值的区分，满足不同消费者的需求也是坭兴陶创新性发展的一种体现。坭兴陶应该顺应时代发展的潮流，创作符合当代消费者审美观与消费观的产品，从现实生活中汲取养分，赋予坭兴陶作品创意和文化内涵，才有可能最终实现创造性转化。

四 结语

坭兴陶能够成为中国四大名陶之一，正是因为工匠们日复一日、年复一年所练就的高超技艺。从物的社会生命史概念来看，坭兴陶不仅是科学与艺术的融合，也是物质与精神的结合，为物的意义提供了多重向度的解析。从共时性角度来看，坭兴陶与其他陶瓷共同发展，互相借鉴交流，构成了如今辉煌灿烂的中华陶瓷文化，并风靡海内外。从历时性角度来看，坭兴陶的发展历程是一部彰显艺术魅力的巨著，更是一份弥足珍贵的具有历史文化意蕴的文化遗产。

坭兴陶历经百年沉浮，至今仍深受广大消费者的喜爱，成为老字号产品的代表。究其原因，除了匠人笃行致远、苦练技艺，还有另一个重要的原因，那就是随着时代的变迁不断进行创新性发展与创造性转化。在文化生态中，某种技艺若想取得长足的发展，就必须与其他技艺进行交流、融合，顺应社会的发展进行调整。在漫长的历史发展过程中，坭兴陶经历了相应的原生态出世，与其他技艺文化既冲突又交流，既融合又保留特色，最终"共存"成为如今享誉一方的非遗技艺。钦州坭兴陶的发展反映了国家、企业、个人为推动坭兴陶健康可持续发展而向外学习、博采众长所付出的努力。坭兴陶既和历史技艺共生，也与其他文化共生，更与社会共生，今后仍将不断发展，展现一种生生不息、与时俱进的艺术活力。

"以器载德，独具匠心"，坭兴陶通过大国工匠之手，经过水的历练、精心雕刻、火焰烧制，被赋予了生命与灵魂，不仅呈现了古陶的文化韵味，还成为承载中国陶瓷历史文化的瑰宝。在新时代，坭兴陶应继续秉持工匠精神，进行创新性发展和创造性转化，坚守"笃行致远、独具匠心"的理念，创造符合大众审美的精品，为中国陶瓷文化的源远流长做出重要贡献。

B.20
老字号与城市文旅发展

——以狗不理为例

邵伟航*

摘　要：　狗不理作为一家具有160余年历史的老字号品牌，其发展历经多次转型，在不断探索中努力提升企业的竞争力。本报告通过对狗不理的发展进行阶段性的描述和分析，将狗不理老字号品牌的转型探索之路划分为初创、国营发展、市场化转型、新探索新挑战四个阶段，并阐释狗不理老字号品牌如何处理企业竞争力与老字号品牌价值传承之间的关系。

关键词：　老字号　企业竞争力　狗不理

在城市存量资源中，老字号作为一种商业文化综合体，是较为复杂的一种存在。老字号既是商业组织，发挥着企业功能，同时又具有文化传承的价值与责任。狗不理包子是天津最具特色的传统美食之一，也是天津特色小吃"三绝"（狗不理包子、十八街麻花、耳朵眼儿炸糕）之首。狗不理是商务部认定的首批中华老字号入选单位之一，本报告以狗不理为例，探讨老字号的转型发展之路。

本报告基于对狗不理品牌的历时性分析，根据狗不理在不同时期的企业性质、经营战略，大致划分为四个发展阶段。

---

* 邵伟航，天津社会科学院社会学研究所助理研究员。

一　品牌初创阶段（1858～1947年）

狗不理品牌创立于1856年，第一代掌门人高贵友，是清朝末期天津武清县的一位农民，小名"狗子"，14岁时到天津刘家蒸吃铺当学徒。期满出师后，高贵友开了一家名为"德聚号"的包子专营小吃铺。高贵友的手艺好，所做的包子实惠又美味，因而吸引了大量食客光顾，庞大的客流量常常让高贵友忙得不可开交，无法分心与顾客说话。因此，来吃包子的客人们都戏称"狗子卖包子，不理人"，久而久之，"狗不理"的名号随着美味的包子传播开来，彼时天后宫的道长得知此事后，便向高贵友建议依据客人的戏称将名号改为"狗不理"，借用新奇的店名可以进一步吸引顾客来店里就餐。由此，当初戏谑之言的"狗不理"反倒替代了本名"德聚号"成为高贵友包子铺的"金字招牌"。①

狗不理包子的走红，关键在于用料讲究、制作精细，并且价格亲民。作为天津"三绝"之首，高贵友一方面对传统制法进行了改良，另一方面在各环节明确了制作标准。狗不理包子在制馅、和面、揉肥、擀皮、捏包、上灶等各个环节均有自己独特的工艺要求。采用自创的水馅儿半发面技艺，使用骨头浓汤调馅，馅料的选用也非常讲究，肥瘦按比例搭配，冬季肥肉占比较大，夏季肥肉占比较小，春秋两季气候相对温和，肥瘦对开，这样就能不显肥腻，软嫩适口，并且馅儿剁得细而匀，浓汤拌得润而爽，再加上葱姜配味。② 和面时水温要根据季节的变化进行相应的调整，一般情况下使用温水，采用"一拱肥"的方法，面揉好后需静置，等待发酵后使用。所用面料中，死面起"骨架"作用，发面起"肉"的作用，这样制作的面皮具有防透油、口感劲道、光泽好、软硬兼备的特点。擀皮时要求形状为圆形，薄厚均匀、大小适中。每个包子装馅3钱左右。捏制时要求褶花匀称，美观整

---

① 张兰兰：《老字号狗不理包子的"新时髦"》，《中国连锁》2017年第9期。
② 王忆萍：《狗不理——中华第一包》，《老字号品牌营销》2021年第4期。

齐，要求"菊花顶、抓鬓扣"，明确一两面包3个包子，大小相同，需均匀分布18个褶作为合格标准，外形酷似一朵待放白菊。最后的关键环节是上灶，火候要恰到好处，蒸制出屉的包子要达到色白面柔、形如含苞秋菊、状如凝脂、口感上咬一口汁香四溢但肥而不腻。① 此外，为了在产品宣传上比同行更具竞争力，高贵友还自创了一套带有独特韵律的叫卖腔调。

1916年，首任掌柜高贵友去世，他的儿子高金铭继承了狗不理品牌和产业，并在天津南市东大街开设了分店。1947年，高贵友之孙高焕文继承产业，一直经营至1952年歇业。

二 国营发展阶段（1956~2004年）

新中国成立后，社会环境逐渐趋于稳定，从中央到地方逐渐将恢复经济、繁荣市场提上日程。1956年，中共中央政治局制定并通过了《1956~1967年全国农业发展纲要（修正草案）》，天津市人民政府则将继承和发展传统手工业产品作为重要工作落实。在此背景下，"国营天津包子铺"挂牌营业，狗不理包子作为其主营业务再次回归餐饮市场。靠着传统狗不理品牌在市场中的美誉度，狗不理包子迅速打开销路，延续"中华第一包"和"津门三绝"的品牌地位。

狗不理品牌发展的第二次转机是在1988年，国家科学技术委员会首次召开"火炬"计划工作会议，以发展高新技术产业为目的的"火炬"计划开始实施，狗不理品牌再次得到重建，"狗不理包子总店"成立，这标志着狗不理正式开启了现代品牌运营转型之路。1992年，国务院大力推行企业集团化试点工作，并批准了首批55个大型企业集团进行尝试，为响应号召，以狗不理包子总店为核心的天津狗不理包子饮食（集团）公司成立，以特许经营的方式在全国开设连锁店，这标志着狗不理老字号企业集团化时代的开始，集团化运营的现代企业结构让老字号能够突破传统"夫妻店""家族店"

---

① 中国非物质文化遗产网，https：//www.ihchina.cn/project_ details/14644/。

的经营模式，让好品牌可以接轨市场实现结构扩张。[①] 除了在空间上广泛布局，这一时期狗不理集团在丰富产品业态上也频频出招，2000 年，狗不理集团并购了天津市的东方饭店，更名并改建为"狗不理大酒店"，这为狗不理的经营结构拓展了新的空间，一方面使狗不理包子在品牌定位上从"街头小吃"升级为"正餐宴请"，另一方面也促进了管理水平和经营水平的提高。[②]

随着狗不理集团的快速发展，狗不理从小吃铺转型成为拥有大型饭店、中型酒家、排档式餐厅、快餐、早点、速冻食品生产、商业零售、物流商贸、烹饪学校等业务，以及在国内外设有 70 余家特许连锁企业的集团公司。在公司架构上形成了包括狗不理总店在内的国有法人全资企业 5 户、国有法人控股企业 2 户和国有法人参股企业 1 户。2004 年，狗不理集团全年营收达到了 7492 万元，相比于上年增长了 29.93%；完成生产总值 2966 万元，比上年增长 38.11%；实现税收 446 万元，比上年增长 77.69%。各项经济收益都创下了历史新高。[③]

三 市场化转型（2005~2015年）

2005 年进行的国有资产整体转让是狗不理发展历史上的又一重大事件。2004 年末，狗不理集团一届四次职工代表大会通过了《天津狗不理包子饮食（集团）公司产权制度改革的实施方案》和《天津狗不理包子饮食（集团）公司职工安置及经济补偿》等决议，后经天津市和平区政府批准，狗不理集团整体进行产权制度改革，实现国有资产从企业中全部退出，改制为由社会法人和企业内部职工共同出资的集团有限责任公司。之所以实施这一重大决策，是因为在新的市场环境下，狗不理作为一家老字号企业面临着如

---

① 吴思、金磊：《兰州牛肉拉面与狗不理包子的品牌差距》，《合作经济与科技》2011 年第 12 期。

② 《狗不理包子背后的故事——一个民族品牌成长的曲折历程》，https：//baijiahao.baidu. com/s？id=1734304524514460579&wfr=spider&for=pc。

③ 建新、张晓辉：《"狗不理"在效益最好时国资整体转让》，《经济参考报》2005 年 2 月 28 日。

何转型、实现跨越发展的难题。传统餐饮老字号品牌既面临着国内新崛起品牌的竞争，还面临着诸如肯德基、麦当劳等国外餐饮巨头的竞争。当面临自身产权结构与竞争性市场现状不匹配的情况时，国有资产的适时退出其实是保品牌的一个重要的做法。与当时众多面临转型的国有企业一样，思想观念、体制机制、资金是制约狗不理品牌进一步市场化发展的三大因素。第一是思想观念的制约，国有企业职工往往满足于狗不理当下享誉全国的影响力，认为依靠游客量就可以保证企业的正常运转，但这种观念恰恰制约了企业发展。第二是体制机制的制约，如决策不及时、人员只能进不能出、受制于体制难以大面积调整等限制。第三是资金的限制，狗不理集团当时的负债率超过70%，制约了企业的发展。因此，狗不理集团希望通过改制引入新的管理机制和更多的资金，塑造狗不理品牌的新形象，完善狗不理的新理念，提升狗不理的新价值，开辟狗不理的新市场。

为了尽可能保证产权结构的变动不改变老字号自身的品牌精神，狗不理集团对参加竞拍的企业提出了比较严格的准入条件和要求。①热爱狗不理企业，尊重员工，致力于长久发展狗不理品牌，并有雄厚资金实力的社会企业法人。②支持企业内部职工持股会的成立，认同改制后企业的预期股权设置。③从企业实现持续发展的目标出发，确保股东的合法权益和投资预期，投资方应保持经营管理团队、技术骨干队伍的相对稳定。④按照"随企业整体改制，其职工整体进行身份置换"的原则，改制后企业必须接收和安置全部在册职工。为保证职工队伍的相对稳定，企业原在岗职工在改制后的企业中应实现原岗平稳过渡。⑤提出改制后的公司法人治理结构、组织架构、投资理念、经营理念，对改制后的狗不理集团有较完善的近期、中期、远期的发展设想。

经过一番竞拍角逐，最终天津同仁堂集团股份有限公司成为狗不理老字号的"新掌门"。改制后的"新狗不理"首先做的事情就是针对原有特许加盟模式造成的"卖牌匾"问题进行整顿。① 在原有狗不理集团的全国经营系

① 郭万盛：《天津"狗不理"擦亮金字招牌》，《人民日报海外版》2007年11月13日。

统中，特许加盟模式允许分店独立投资、独立核算、独立经营，虽然总部对各加盟店的技术培训和原材料配送等环节进行了一定把控，但对服务、产品质量等关键环节缺少应有的监督管理。为了重塑品牌形象，新狗不理成立伊始便着手收回全国 70 余家加盟店的经营许可权，准备将加盟模式改为直营模式。客观来说，特许加盟与直营两种模式并无绝对的优劣之分，但需要考量与当地的市场环境是否匹配。狗不理集团的管理层实施了"一收一扩"的改革策略，也就是收缩加盟店和扩张直营店。收缩的目的并不是为了缩小经营规模，而是为了提升质量，狗不理将收缩回来的资源重新投入一些中等城市，如唐山、沧州和保定等。在进行管理改革的同时，狗不理尽量避免改革造成的人员下岗问题，并提出了"不让一个职工下岗"的口号，确需调整工作的员工，实行换岗不下岗的办法，对后进员工也形成一种激励。在财务管理上，改制后的狗不理集团以财务网络化为目标，实行财务管理集中核算，统一调度使用资金，中心厨房采取统一采购模式，最大限度地降低成本。在人才引进方面，狗不理聘请著名厨师担任集团技术总监，分期分批组织管理层外出培训，学习先进的技术和管理经验，同时提高基层服务人员的素质，为公司发展储备人才。在老字号生产制作环节的创新性发展层面，狗不理需要探索一套在工业化时代也能保住"老味道"的新路子。为此，管理层尝试设立自己的质量标准体系对包子的重量、大小、配方、制作时间进行量化规定。①

这一系列的新措施让改制后的狗不理集团迎来了增长期。2006 年狗不理品牌成为商务部认定的首批中华老字号企业；2009 年狗不理获评中国饭店协会"2008 年中国十大餐饮品牌企业"；2009 年 3 月狗不理包子制作工艺被认定为"和平区非物质文化遗产"；2011 年狗不理集团申报的"狗不理包子传统手工制作技艺"进入第三批国家级非物质文化遗产名录。

---

① 卜海涛：《张彦森：传承狗不理的"味道"》，《中国财经报》2009 年 5 月 19 日。

四 新探索新挑战（2016年至今）

改制后，狗不理集团逐渐发展壮大，在完成对餐饮、速冻食品、酒店等基本布局后，公司将上市确立为新的发展目标。经过数次尝试，2015年狗不理集团成功挂牌新三板，这是餐饮类老字号企业的一次积极尝试。上市之初，狗不理集团的各项经济数据保持了向好的趋势，2016年狗不理集团总资为9176.7万元，净资产为5537.2万元。2016年狗不理集团实现营业收入10037.6万元。随着企业规模的扩大，仅靠包子等传统产品的利润难以实现集团的进一步发展，狗不理集团需要制定新的发展策略。一是尝试多元化发展，狗不理主动跳出传统餐饮业务，尝试涉足咖啡、益生菌等新领域，以期开发新的产品线。① 二是在传统业务上继续与互联网等新科技接轨。2013年，狗不理集团便开设天猫官方旗舰店，希望通过线上渠道与消费者互动，但在线下鼎鼎大名的老字号品牌并未在电商运营中"旗开得胜"，尤其在2016年8月，狗不理天猫旗舰店的日销额仅数百元，此后，狗不理尝试"内容营销"等方式与网络达人合作，最终在2016年"双11"期间实现了销售额的增长。② 但需要看到的是，作为一家以包子起家的老字号品牌，如何突破包子产品本身毛利率不高的局限性，如何处理传统技艺传承和现代品牌塑造之间的关系，③ 这些问题还需要无数"狗不理"人努力探索，寻找答案。

---

① 李冰漪：《百年精品　不忘初心——专访狗不理集团总经理张彦明》，《中国储运》2019年第6期。
② 张兰兰：《老字号狗不理包子的"新时髦"》，《中国连锁》2017年第9期。
③ 梁伟、石丹：《"狗不理"退市，老字号为何不吃香？》，《商学院》2020年第7期。

B.21
老字号、老商街与城市发展

——以广州上下九步行街为例

赵 萱 肖明远*

摘 要： 老字号以其鲜明的地域特征和深厚的文化底蕴，在老商街中扮演着不可替代的角色，在沉淀历史的同时焕发新活力。然而，老字号的发展也面临着诸多的困难与挑战。本报告以广州上下九步行街为例展开调查，对已认定和待认定的老字号进行分析。在全面梳理发展现状的基础上，重点关注老字号在核心技艺、知识产权和宣传设计等方面的问题，并从多方面思考老字号的发展方向，以求扩大老字号的影响，提升老商街整体形象，促进广州城市发展。

关键词： 老字号 老商街 上下九 步行街

一 上下九步行街老字号的发展背景

在广州纵横交错的商贸网络中，老字号以其丰厚的文化底蕴，塑造着古朴与活力并存的老商街，在广州城市发展中发挥着重要作用。

老字号是指历史悠久，拥有世代传承的产品、技艺或服务，具有深厚的文化底蕴，获得社会广泛认同，形成良好信誉的品牌。[①] 1998 年，广州市政府颁布《广州历史文化名城保护条例》，提出对中华老字号商铺的维修应保

---

* 赵萱，中山大学副教授；肖明远，中山大学博士研究生。

① 《商务部关于实施"振兴老字号工程"的通知》，http://www.mofcom.gov.cn/aarticle/b/g/200604/20060419/0767.html。

护原状及风貌，率先走在老字号保护和发展的前列。① 在 2006 年商务部公示的第一批中华老字号认定名单中，22 家入选的广东老字号有 13 家位于广州。② 在 2011 年商务部公布的第二批中华老字号认定名单中，10 家入选的广东老字号有 4 家位于广州。③ 可见，广州是中华老字号在广东省发展的中心，具有老字号发展的基础。

2000 年，广州市政府公布了广州市第一批老字号名单，其中，位于上下九步行街的有广州酒家、陶陶居、莲香楼、趣香饼家、皇上皇、鹤鸣等老字号。2021 年，广东省商务厅公布的广东省级示范特色步行街名单中，上下九步行街入选。上下九步行街是广州老字号的重要聚集地，见证着广州老字号的发展，同时也是广州老商街发展的缩影，彰显着广州老商街的鲜明特色。

上下九步行街全长 1237 米，东起上下九路，西至第十甫西，横贯宝华路、文昌路，是广州市的三大传统商业中心之一。饱经风雨而不衰、历经磨难而繁华的上下九步行街，浸润着西关的历史文化。据史料记载，早在 6 世纪 20 年代，这一带就是商业聚集区，印度高僧达摩在此登岸传教，故名 "西来初地"。明清时期，随着怀远驿（在今下九路的南侧）的设置，大观河的开通，以及十三行（离上下九距离很近）成为广州市对外贸易的重要口岸，富商巨贾便纷纷在西关择地兴建住宅和开设店铺，此时，已有许多商人在上九路、下九路、十三行落户经商。④ 1937 年，十三行一带商户毁于大火，西关的商业中心向下九路和第十甫路转移。20 世纪 40 年代中后期，躲避战火的商人纷纷回来重振旗鼓，从而形成了更加繁华

---

① 《广州历史文化名城保护条例》，《人民之声》1999 年第 S1 期。
② 《商务部关于认定第一批 "中华老字号" 的通知》，http：//www. mofcom. gov. cn/aarticle/h/redht/20061103752041. html。
③ 《商务部关于进一步做好中华老字号保护和促进工作的通知》，http：//www. mofcom. gov. cn/aarticle/b/g/20110807688840. html。
④ 郑名富：《上下九——广州西关的一道风情画廊》，《广东史志》2018 年第 1 期。

的西关商业街。① 1984 年，上下九步行街被原国家商业部评为"全国文明商业一条街"②，1995 年 9 月 30 日在广州市政府的申请下，上下九步行街成为"中国第一条商业步行街"。以老字号为点，以老商街为线，上下九步行街在广州市的发展过程中扮演着重要的角色。

然而，上下九步行街在发展过程中也面临着诸多挑战。2021 年 7 月，商务部公布第二批全国示范步行街名单，广州市入选的是北京路步行街而非上下九步行街。对此，《广州市人民政府关于印发广州市建设国际消费中心城市发展规划（2022—2025 年）的通知》中提出将大西关（上下九—永庆坊）建设成为具有世界影响力的岭南特色商圈，这有利于促进上下九步行街的商业发展。商务部于 2021 年 4 月 6 日发布《商务部办公厅关于组织开展 2021 年"老字号嘉年华"活动的通知》，广州市政府积极响应，充分发挥老字号在全面促进消费、弘扬中华优秀传统文化方面的积极作用，满足人民日益增长的美好生活需要。那么，上下九步行街的发展现状如何？老字号和老商街的发展面临着什么新的问题？如何更好地以点带面推动广州城市发展？本报告将详细论述。

二 上下九步行街老字号的发展现状

（一）已认定的老字号

根据广州市政府公布的老字号名单和商务部公布的中华老字号名单，广州上下九步行街共有官方认定的老字号 8 家，分别是广州酒家、陶陶居、莲香楼、皇上皇、趣香饼家、采芝林、鹤鸣和琳琅，如表 1 所示。

---

① 广州市荔湾区地方志编纂委员会：《广州市荔湾区志 1840-1990（上）》，广东人民出版社，1998，第 241 页。

② 广州市荔湾区地方志编纂委员会：《广州市荔湾区志 1840-1990（上）》，广东人民出版社，1998，第 243 页。

表 1　上下九步行街老字号名单

年份	单位	文件名称	名单	认定条件
2000	广州市政府	广州市第一批老字号名单	广州酒家、陶陶居、莲香楼、趣香饼家、皇上皇、鹤鸣	1. 品牌创立达50年及以上 2. 传承独特的产品、技艺或服务 3. 具有中华民族特色或岭南传统文化特色，具有鲜明的地域文化特征，具有历史价值和文化价值 4. 拥有代表性注册商标的所有权或使用权 5. 具有良好信誉，得到广泛的社会认同和赞誉 6. 经营状况良好，且具有较强的可持续发展能力 7. 在广州市区域内具有独立的经营场所，在广州开展经营活动累计达50年，现仍在利用该商号或品牌开展经营活动
2006	商务部	第一批中华老字号认定名单	广州酒家、采芝林、莲香楼、陶陶居、皇上皇	1. 拥有商标所有权或使用权 2. 品牌创立于1956年（含）以前 3. 传承独特的产品、技艺或服务 4. 有传承中华民族优秀传统的企业文化 5. 具有中华民族特色和鲜明的地域文化特征，具有历史价值和文化价值 6. 具有良好信誉，得到广泛的社会认同和赞誉 7. 国内资本及港澳台地区资本相对控股，经营状况良好，且具有较强的可持续发展能力
2010	商务部	第二批保护与促进的中华老字号名录	鹤鸣、琳琅	

资料来源：根据政府门户网站公示的老字号名录整理。

1. 历史悠久、文化底蕴深厚

广州上下九步行街老字号创立时间早，平均号龄为 113 年，百岁以上的老字号有 3 家，具有悠久的历史。其中，号龄最长的是药业老字号采芝林，创立于 1806 年，具有深厚的文化底蕴（见表 2）。在漫长的发展历史中，上下九步行街的老字号体现着广府文化的集体智慧和岭南文化的独特魅力。

表2　上下九步行街老字号创始时间和号龄

序号	企业名称	字号	创始时间	号龄（年）
1	广州酒家集团股份有限公司	广州酒家	1928年	96
2	广州市陶陶居饮食有限公司	陶陶居	1880年	144
3	广州市莲香楼	莲香楼	1899年	125
4	广州市趣香食品有限公司	趣香饼家	1938年	86
5	广州皇上皇集团股份有限公司	皇上皇	1940年	84
6	广州采芝林药业有限公司	采芝林	1806年	218
7	广州市鹤鸣鞋帽商店有限公司	鹤鸣	1948年	76
8	广州市琳琅婚纱摄影有限公司	琳琅	1947年	77

资料来源：根据政府门户网站公示的老字号名录、《荔湾年鉴（2022）》和实地调查等资料整理。

2. 文化遗产丰富、传统技艺独特

在现有的上下九步行街老字号当中，共有非物质文化遗产8项，如表3所示。上下九步行街的老字号在非物质文化遗产的保护方面发挥着示范作用。

表3　广州上下九步行街老字号非物质文化遗产情况

序号	企业名称	字号	非遗项目	项目级别	
1	广州酒家企业集团有限公司	广州酒家	广府饮茶习俗	广东省	第八批
			广式月饼制作技艺	广州市	第八批
			粤菜烹饪技艺	广州市	第四批
2	广州市陶陶居饮食有限公司	陶陶居	陶陶居点心制作技艺	荔湾区	第七批
3	广州市莲香楼	莲香楼	莲香楼广式月饼传统制作技艺	广东省	第四批
			广式莲蓉饼食制作技艺	广州市	第二批
4	广州皇上皇集团股份有限公司	皇上皇	广式腊味制作技艺	广东省	第八批
5	广州采芝林药业有限公司	采芝林	采芝林传统中药文化	广东省	第三批

资料来源：根据政府门户网站公示的非遗名录等资料整理。

3.行业分布广泛、以餐饮与食品行业为主

上下九步行街老字号所属行业分布较广，包括餐饮住宿、食品加工、医药、服饰、服务等，且多集中于餐饮住宿和食品加工行业，广州酒家、陶陶居和莲香楼同时经营门店和酒楼（或茶楼），而皇上皇和趣香饼家则只经营销售产品的门店（见表4）。从行业分布上看，上下九步行街老字号成为广州饮食文化的重要名片，向消费者展示着广州的早茶文化、粤菜文化和岭南饮食文化。

表4　广州上下九步行街老字号所属行业

序号	企业名称	字号	所属行业
1	广州酒家企业集团有限公司	广州酒家	餐饮住宿
2	广州市陶陶居饮食有限公司	陶陶居	餐饮住宿
3	广州市莲香楼	莲香楼	餐饮住宿
4	广州市趣香食品有限公司	趣香饼家	食品加工
5	广州皇上皇集团股份有限公司	皇上皇	食品加工
6	广州采芝林药业有限公司	采芝林	医药
7	广州市鹤鸣鞋帽商店有限公司	鹤鸣	服饰
8	广州市琳琅婚纱摄影有限公司	琳琅	服务

资料来源：根据政府门户网站公示的老字号名录等资料整理。

（二）待认定的老字号

2022年8月，《广东省人民政府办公厅关于印发广东省促进老字号创新发展行动方案（2022—2025）的通知》提出，认定100家广东老字号企业的发展目标。笔者调查发现，广州上下九步行街除现有老字号之外，还存在一批数量可观的待认定老字号。这些待认定的老字号包括非遗项目和一些具有鲜明的地方特色、群众口碑良好的商家。

1.待认定老字号的第一种可能——非遗项目

2022年8月，《广东省人民政府办公厅关于印发广东省促进老字号创新发展行动方案（2022—2025）的通知》提出，将符合条件的老字号传统技艺纳入各级非物质文化遗产代表性项目名录，鼓励老字号企业申报非物质文化遗产生产性保护示范基地和工业遗产，开展省级以上非物质文化遗产代表性项目代表性传承人重点记录工作，对符合条件的老字号代表性传承人的传统技艺、代表作品等进行记录存档。2022 年 12 月，《商务部 文化和旅游部 文物局关于加强老字号与历史文化资源联动促进品牌消费的通知》指出，加强老字号和非物质文化遗产保护工作联动。老字号传统技艺的传承促进了非物质文化遗产的保护，而非遗项目的申报又可以推动老字号的发展。老字号传统技艺和非物质文化遗产之间存在着密不可分、相辅相成的联动关系。

2022 年 10 月，广州市人民政府公布《广州市第八批市级非物质文化遗产代表性项目名录》，荔湾区有 6 项入选，均在上下九步行街设有店面（见表 5）。这些经营多年的、传承着非遗项目的店铺，以独特的制作技艺彰显着鲜明的地域文化特征，与老字号的认定条件较为契合，具有较高的文化价值。

表 5　上下九步行街老字号的非遗项目（荔湾区）

序号	店名	项目名称	传承人	描述
1	荔银肠粉	广式肠粉制作技艺	何应斌	正宗的广式布拉肠粉，白如玉、薄如纸，口感微韧，酱油咸中带甜，甜中带甘，肉馅鲜美、鲜嫩，对制作技艺有很高要求
2	文记壹心鸡	广式白切鸡制作技艺	冼伟文	1981 年初，清平饭店凭借经理邵干和厨师王源等人研发的清平鸡风靡广州，被誉为"广州第一鸡"；1995 年，广式白切鸡制作技艺代表性传承人冼伟文入职清平饭店，并成为常务副总经理，冼伟文曾跟随王源师傅学艺，掌握清平鸡的制作技艺；清平饭店在 2002 年因为种种原因而关闭，冼伟文和老员工再次创业，创立"文记壹心鸡"，让清平鸡的技艺再次得到了延续

续表

序号	店名	项目名称	传承人	描述
3	吴财记面家	广式云吞面制作技艺	吴锦云	新中国成立前,创始人吴财贵沿街叫卖销售云吞面,1953年在广州六二三路正式开档,1993年小店迁入和隆里,从此安居在西关大屋的巷口,后由吴家二代吴锦云接手管理,吴财记多年来用相同的配方,保证最传统正宗的味道
4	南信牛奶甜品	广式甜品制作技艺	杨颖	广式甜品历史悠久,20世纪20~30年代,广式甜品进入黄金时代,材料越来越丰富,其中奶制品更是丰富多样,从业者研制出窝蛋奶、炖奶、凤凰奶糊等新品
5	阿婆牛杂	广式牛杂制作技艺	陈桂珍	陈桂珍曾经在芳村陆居路的巷口用小推车卖了几十年牛杂,她做的牛杂远近驰名,汤底浓厚,口味独特,让人回味无穷
6	赞记礼饼铺店	西关礼饼制作技艺	谢颖春	西关礼饼制作技艺是用面粉、猪油、糖浆等原料,经开皮、包馅、烘焙等一系列工序制作礼饼的技艺,传统的西关礼饼主要有嫁女饼(四色绫酥)、龙船饼、龙凤礼饼、大福饼、核桃酥等

资料来源:根据政府门户网站公示的非遗名录等资料整理。

2. 待认定老字号的第二种可能——鲜明的地方特色

除已认定的老字号之外,上下九步行街还存在部分被地方文献所记载、被旅游部门所标识的老店,其经营时间久、地方特色强,具有成为老字号的潜力。

在《荔湾年鉴(2022)》中,荔湾区政府整理了一份荔湾老字号名单。位于上下九步行街的老字号,除了已认定的广州酒家、陶陶居和莲香楼等,还包括待认定的顺记冰室。[①] 顺记冰室位于宝华路83号,地处上下九步行街商业区内。顺记冰室于20世纪30年代初期创立,创办人吕顺自制雪糕,开始是沿街叫卖,之后开设顺记冰室。该店的椰子雪糕风味独特,远近闻名。

---

① 广州市荔湾区年鉴编纂委员会:《荔湾年鉴(2022)》,广州出版社,2022,第9~10页。

　　笔者通过实地调查发现，不少店铺门口挂有政府部门统一制定的展牌，介绍该店的地址、创建时间并描述其经营内容。挂有统一展牌的店铺数量不多，包括已认定为老字号的陶陶居、莲香楼、趣香饼家，也包括未被认定为老字号的老店，如伍湛记粥品。可见，这些店铺的共同点是创建时间早、有独特的技艺或产品、具有较浓厚的文化底蕴和地方特色。创建于1940年的欧成记面食和创建于1956年的伍湛记粥品如今已是荔湾名食（见表6）。

表6　经过地方承认的上下九老字号步行街"潜在"老字号

序号	名称	位置	创始时间	描述
1	顺记冰室	宝华路83号	20世纪30年代初期	创办人吕顺自制雪糕，并在宝华路现址开设顺记冰室
2	欧成记面食专家	第十甫路127号	1940年	欧成记的上汤鲜虾云吞从1956年起多次获得"名牌小食"称号；上汤鲜虾云吞在1997年被认定为"中华名小吃"，欧成记的上汤鲜虾水饺在1994年广州市美食节中获"金牌小食"称号
3	伍湛记粥品	第十甫路99号	1956年	顺德人伍湛开设，原设于文昌横街口，1984年迁往宝华路并扩大经营，1999年荔湾名食家成立，伍湛记粥品继续经营，该店的粥品粥水相容、香滑鲜美，特别以"及第粥"闻名
4	荔湾名食家	第十甫路99号	1999年	汇集各老店，包括伍湛记粥品、欧成记面食专家

资料来源：根据《荔湾年鉴（2022）》及实地调查资料整理。

3. 待认定老字号的第三种可能——群众口碑良好

　　笔者通过实地调查发现，上下九步行街还存在另一批未被认定，但创立时间早且经营时间久、独具特色且人气很高的店铺（见表7、表8）。在当地人的日常生活中，这些店铺是陪伴时间久且产品质量高的店铺；在社交网络平台中，这些店铺会被反复提及和推荐，成为群众心中代表广州文化的老字号。

　　平安大戏院创办于1951年，始终不忘粤剧表演的初心。妇儿公司创办

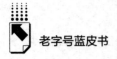

于 1956 年，从妇女儿童用品专卖转变为如今的百货商店，满足更多消费群体的需求（见表 7）。

表 7　具有较好口碑的上下九步行街"潜在"老字号

序号	名称	位置	创始时间	描述
1	平安大戏院	第十甫路 125 号	1951 年	广州三大老字号电影院之一，原以粤剧演出为主，1972 年增加电影放映经营项目，现在以演出和电影放映为主
2	妇儿公司	下九路 31 号	1956 年	原名广州市妇女儿童百货商店，是新中国成立初期广州市三大百货零售商店之一，也是目前广州市内唯一一主营妇女儿童用品的国有百货商店

资料来源：根据实地调查资料整理。

银记肠粉店创办于 1958 年，多年来坚持传承广式肠粉手艺。陈添记创办于 1979 年，以其独特的口感与酱料搭配深受消费者喜爱。这些有待认定的老店传承着独特的技艺，具有良好的社会信誉，因此需要进一步挖掘历史文化资源以释放发展潜力（见表 8）。

表 8　具有较好口碑的上下九步行街"潜在"老字号

序号	名称	位置	创始时间	描述
1	银记肠粉店	文昌北路 167 ~ 169 号	1958 年	1993 年，全国政协副主席、澳门知名人士马万祺先生亲自指定用"银记肠粉"来招待贵宾；2000 年 9 月，港澳知名人士、美食专栏作家蔡澜先生亲临银记肠粉店，并执笔亲题"以肠为王"
2	陈添记	宝华路十五甫	1979 年	陈程添于 1979 年创办，爽鱼皮这道菜是由陈程添老先生发明，顺德人做鲮鱼丸、鲮鱼饼时，丢弃大量鱼皮，陈程添可惜之余灵机一动，收集鱼皮，刮去鱼鳞，挑出最上层的薄鱼皮，煮熟后放入冰箱，食用时撒上特制的花生、葱花和姜丝酱料，口感无腥而爽脆，成为一道广味十足的凉菜

资料来源：根据实地调查资料整理。

三　上下九步行街老字号的发展问题

上下九步行街老字号的发展主要存在以下问题。

（一）传统技艺的创新问题

传统技艺是老字号的立身之本，传统技艺的创新是老字号持续发展的必要途径。但是，笔者在调查上下九步行街老字号时发现，老字号在传统技艺的创新上存在困难。首先，老字号创新传统技艺需要较长的周期，所需成本也较高。其次，老字号创新传统技艺需要专业人才，但是，大多数老字号面临着老员工创新动力不足、人才匮乏的问题。

（二）知识产权的保护问题

知识产权的保护是老字号维护品牌价值的关键。但是，笔者在调查上下九步行街老字号时发现，侵犯老字号知识产权的行为仍然存在。部分商铺抢注老字号商标、违规使用老字号标识，挤压了老字号的生存空间，混淆了公众对老字号的正确判断。部分不法商铺冒充老字号并制售假冒伪劣商品，影响了消费者对老字号品牌的信任度，损害了老字号的名誉与口碑。

（三）宣传设计的创新问题

创新是老字号发展的源泉，创新产品设计和营销方式是老字号与时俱进的重要手段。但是，笔者在调查上下九步行街老字号时发现，老字号在设计和营销上存在创新观念不强、创新能力不足的问题。老字号企业普遍采用传统经营方式，以老员工为主体，受传统观念和知识水平偏低等因素影响，缺乏创新的积极性。除此之外，老字号更多地将时间和资金投入传统技艺的创新升级中，难以承受设计和宣传环节所产生的高额费用。这样一来，宣传渠道单一、产品设计陈旧的老字号，难以满足年轻消费群体的需求。

（四）体制机制的改革问题

完善的体制机制是老字号传承与创新的重要保障，但是，老字号自创始发展至今经历了较为曲折的体制机制改革过程。老字号往往最初以私人形式进行经营，经公私合营后转变为国有企业，改革开放后，在国有企业改革的过程中又转为民企。例如，陶陶居以前属于广州市饮食服务公司，在国企改革后转由荔湾区政府接管，随后在国资委的划分下由广州酒家收购。如今，陶陶居运营状况良好，但也有部分老字号面临着在转制过程中产生的权利纠纷问题。

除此之外，老字号在发展过程中还面临其他问题。以上下九步行街为例，老字号还需要处理手工技艺与规模量产之间的矛盾。

四　上下九步行街老字号的发展路径

（一）提升老字号核心价值，扩大老字号综合影响力

1. 推动老字号核心技艺传承创新

核心技艺是老字号企业的生存命脉，技艺的传承和创新是老字号企业发展的内在动力。上下九步行街老字号在未来的发展过程中，应当重视传统工艺的传承与创新，应引导老字号企业区分手工制作和机械生产，提高手工价值，培育工匠精神，并设立老字号代表性传承人工作坊，对有需要的传承人给予适当补助。

2. 建立老字号人才培养机制

针对上下九步行街老字号面临的人才匮乏问题，应引导老字号企业与科研院所和高校开展合作。一方面，鼓励老字号技艺传承人到高校兼职任教，推动职业院校与老字号企业合作编写相关教材或讲义；另一方面，鼓励有条件的职业院校开设与老字号传统技艺相关的专业或课程，聘请老字号的传承人传授技艺。在老字号企业与科研院所和高校的良性互动中，促进老字号传

统技艺的传承与创新。

3. 加大老字号知识产权保护力度

针对上下九步行街出现的侵权问题，应当加强对老字号企业的知识产权保护。首先，应当鼓励和支持老字号企业依法注册驰名商标。其次，应当修订和完善《"中华老字号"标识使用规定》，严厉打击违规行为。支持和引导知识产权社会组织开展老字号知识产权维权援助和纠纷多元化解决工作。只有坚决保护老字号知识产权，才能为老字号传统技艺的传承创新提供坚实保障。

（二）创新老字号发展模式，打造老字号知名品牌

1. 完善老字号体制机制

应当引导老字号企业改革经营模式，建立员工激励制度，调动员工的积极性。对于经营不善的老字号企业，应及时帮扶并制定有效解决方案，对于权责不明的老字号企业，应推动建立健全的现代企业制度。引导民营资本参与老字号企业发展，发挥民营企业机制的灵活作用，形成老字号品牌的综合优势。

2. 创新老字号宣传和营销方式

应当鼓励老字号创新宣传和营销方式。例如，推动老字号顺应"国潮"消费趋势，吸引年轻消费群体。老字号企业可参与广州民俗文化节、广州国际美食节等活动，提升老字号企业的知名度。还可举办广东老字号嘉年华活动，线上线下同步开展老字号产品体验和展销活动。

3. 丰富老字号消费活动从而提升消费体验

上下九步行街老字号应更新发展理念，创新消费方式，从而满足消费者的多样化需求。例如，支持有条件的老字号企业建立文化馆和博物馆，为老字号企业文化的展示提供空间。支持老字号企业举办手工体验、技艺学习等活动，打造趣味度高、沉浸感强、吸引力大的新型消费场景。

（三）挖掘老字号的丰富资源，提升老商街整体形象

1. 与非物质文化遗产联动发展

充分挖掘广东省非物质文化遗产资源，探索非物质文化遗产与老字号传

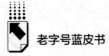

统技艺之间的联动关系，推动老字号传统技艺的传承与创新。将符合条件的老字号传统技艺纳入各级非物质文化遗产代表性项目名录，鼓励老字号企业申报非物质文化遗产生产性保护示范基地和工业遗产。

2. 与西关历史文化有机结合

应以西关大屋、骑楼商铺等广州特色建筑为背景，以老字号企业为名片，打造具有浓郁西关风情的上下九步行街。加快推进上下九、永庆坊、北京路、荔枝湾等街区的联动发展，打造古朴与活力并存的老商街，建设大西关岭南特色商圈。

3. 发挥广州市的区位优势和文化优势

把握粤港澳大湾区发展带来的重大机遇，充分利用举办各类国际性文化节和展会的机会，推动上下九步行街老字号的国际化营销与推广。挖掘广州市底蕴深厚的饮食文化和其他广府文化，形成上下九步行街老字号的独特文化。

B.22

国潮新消费视角下的老字号营销策略

——以北京稻香村为例

张莹姗*

摘 要： 近年来，"国潮"正引领新消费主张，面对该现象，老字号企业在诸多方面都面临挑战。北京稻香村是中国传统糕点行业的典型代表，同时也是商务部中华老字号首批认定企业，在国潮新消费背景下，北京稻香村采取了一系列营销策略。本报告通过阐述和总结国潮新消费与北京稻香村在产品营销、销售方式、传播营销、品牌营销等方面的创新关系，提出老字号企业营销策略创新的四个建议：重视针对年轻消费群体的营销、重视产品内容营销、重视品牌文化营销、重视网络营销方式。

关键词： 国潮新消费 老字号 北京稻香村

北京稻香村品牌历史可以追溯至 1895 年，郭玉生从南京迁至北京前门外的观音寺，创办了生产经营南味食品的"稻香村南货店"。1926 年，受战乱影响，稻香村老店被迫停业，1983 年，刘振英掌柜复业。北京稻香村在 1993 年被认定为"中华老字号"，1994 年 9 月，北京稻香村食品集团公司组建，2005 年改制成为北京稻香村食品有限公司，2006 年被商务部首批认定为"中华老字号"企业。

北京稻香村在中国传统食品行业，尤其是在传统糕点行业中具有代表性，目前产品涵盖数百个品种。面对当下国潮新消费和传统企业现代化转型

---

* 张莹姗，泰国宣素那他皇家大学传播学博士研究生。

的挑战，北京稻香村采取了一系列营销策略，本报告通过阐述国潮新消费与北京稻香村的营销策略创新的关系，提出老字号企业应对国潮新消费的发展路径。

一 国潮新消费的出现与老字号面临的挑战

近年来，掀起了将中国传统文化与青年潮流文化相结合，以传达中国年轻人价值观与世界观的"国潮国货"消费热潮。中国消费网数据显示，"国潮"关注用户的年龄多在20~29岁，主要的消费人群是1995~2009年出生的"Z世代"，"Z世代"在"国潮国货"方面的消费能力远超其他年龄段消费群体。成长环境相对富裕的"Z世代"具有全新的消费观念，如愿意为颜值和悦己买单、愿意为兴趣和社交付费、愿意为认同和内容消费。

"国潮国货"消费热潮以及年轻人的新消费观念，对于老字号企业来说是挑战也是机遇。如何满足"Z世代"、国潮新消费人群的消费需求，进行产品创新，进行文化赋能与营销数字化，实现现代化转型，这些问题都值得思考。

二 国潮新消费与北京稻香村的营销策略创新的关系

国潮新消费与北京稻香村的营销策略创新的关系，大致可分为四个方面：产品营销创新、销售方式创新、传播营销创新、品牌营销创新。

（一）国潮新消费与产品营销创新

北京稻香村通过产品创新，丰富产品结构，主要体现在以下几个方面。

1.核心产品创新

北京稻香村的核心产品是中国传统糕点，占产品总量的60%。在传统糕点类型产品的创新方面，北京稻香村将中国传统糕点与中国传统节庆文化相结合，传承中国食养食疗的饮食文化，满足当下年轻消费者推崇养生食补的消费需求。例如，从 2009 年立秋开始，北京稻香村推出二十四节气养生食物，推出了"惊蛰春花酥""春分茉莉饼""白露甘薯饼"等产品；面对当下年轻人喜欢复古怀旧的风潮，北京稻香村将"京八件""状元饼""巧果""重阳花糕""五毒饼"等已经失传但承载中国传统饮食文化的糕点进行复刻，其中"京八件"于 2007 年恢复生产与销售。

2. 产品品类拓展

北京稻香村在保留主要糕点类产品创新的同时，还根据消费者对于食品需求的变化，拓展新的食品品类，扩展新的产品业态，满足更多消费者的需求。例如，面对消费者对于多元食品的需求，2020 年，北京稻香村的部分门店开设原浆精酿啤酒专柜，定制怀旧绿瓶包装满足消费者对现打鲜啤的需求；面对消费者对于食品多元的需求，北京稻香村研发节日庆典食品，如推出母亲节和父亲节的妈妈福饼和爸爸福饼、中国情人节的七夕巧果等。北京稻香村在产品品类拓展方面，除了拓展食品类产品还拓展了非食品类产品，满足当下年轻人消费需求，如文创产品、糕点冰箱贴、盲盒等。

3. 产品口味创新

北京稻香村糕点的味道随时代变迁，会根据消费者的喜好和食品工艺的变化不断调整。一是将传统口味与现代潮流结合。例如，2020 年北京稻香村与人民日报人民创意平台联名推出了加入紫薯、芝士、山楂等食材的月饼；与安慕希酸奶合作推出酸奶口味月饼；还尝试推出辣条味、小龙虾味、红烧牛肉味等网红口味月饼。此外，北京稻香村针对消费者对健康饮食的需求，开发低糖低油的清淡口味糕点产品。二是将中式口味与西式口味相结合。例如，北京稻香村针对年轻消费者对糕点甜度和软度的喜好，开发了口感相对细腻的红豆抹茶蛋糕、芝士红豆酥等糕点产品。三是兼顾南北口味。北京稻香村是南店北开，所以产品兼具南北方特色，在口味创新方面也相对多元。例如，北京稻香村推出京式、广式、苏式、滇式、新京味口味的月饼，在满足本地消费者需求的同时也兼顾多元口味的消费者。

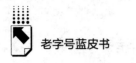

4. 产品包装与造型创新

食品的口味创新是产品的内核，包装与造型创新则是产品的外延，北京稻香村对产品包装与造型创新主要体现在两个方面。一是融入中国传统文化元素。例如，2020年春节期间，北京稻香村推出"细八件"，包装融入皮影戏、飞燕风筝、红灯笼、如意锁、宝相花纹等中国传统文化元素。二是融入现代科技。例如，2020年中秋节期间，北京稻香村在天猫旗舰店发售一款将AR技术融入外包装的礼盒月饼，吸引年轻消费者的关注。

（二）国潮新消费与销售方式创新

北京稻香村利用已有的线下销售系统拓展了线上销售渠道，并配合以数字化渠道管理。

1. 线下线上销售渠道兼顾

目前，北京稻香村将线上与线下销售渠道相结合。一是线下销售渠道方面。截至2020年2月，北京稻香村拥有210家连锁店，1个物流配送中心，在北京市各大商超渠道销售专柜400家；外地市场目前涵盖销售网点共计487个，经销店208家，经销专柜279个，形成庞大的线下销售系统，有相对固定的消费群体。在此基础上，北京稻香村对线下门店实施"一店一策"经营发展策略，根据门店地理位置、文化背景、消费人群等不同特点，打造特色门店。二是线上营销渠道方面。拓展电商平台、外卖平台、微信小程序等渠道，通过直播、软文等形式进行推广，增加线上获客率，同时也为线下门店引流。北京稻香村在2014年入驻天猫和京东商城；在2015年借助京东到家打通外卖渠道；在2016年与支付宝旗下的口碑App合作，在支付宝开展一系列促销活动；在2020年入驻饿了么平台，消费者可以直接对接最近的门店进行线下派送。

2. 数字化销售渠道管理

一是销售数字化。北京稻香村设立"店长微信VIP服务"，建立自己的会员系统，通过会员系统可获取线上各个平台的会员信息，并利用线上线下的销售活动促进会员互动，增强顾客黏性，提升消费者的品牌忠诚度。二是销售管理数字化。为了配合新零售管理模式，2019年北京稻香村与用友软件合作建立数字化销售管理平台，实现全流程信息数据互联互通，提高公司数字化运营管理水平。

（三）国潮新消费与传播营销创新

北京稻香村在传播营销方面与时俱进，在传播内容和传播媒介等方面都进行了创新。

1. 应用互联网新媒介手段进行传播

随着互联网新媒介技术的迅速发展，新媒介平台已经成为重要的传播平台，北京稻香村除在报纸、广播电视等传统大众媒体，以及公交、地铁、建筑物外墙等户外媒体发布广告外，也在拓展新媒介平台。一是搭建新媒介传播矩阵。在微博、微信、抖音、小红书、大众点评、知乎等新媒介平台进行传播，涵盖公域流量与私域流量。并根据每个新媒介平台特征，进行功能分布。二是应用新媒介社交属性增加与消费者的互动。2009年12月北京稻香村新浪微博开通，2015年完成官方认证，单条微博最高阅读量达1042万次。三是利用互联网新媒介传播与线下联动。例如，北京稻香村每次推出新品，都会在官方微博发布，粉丝和顾客看到新品信息，会就近到线下门店购买，顾客买到新品后通过微博晒图分享，这在一定程度上实现了线上自媒体与线下门店的渠道流量共享。

2. 运用流量和网红效应进行传播

北京稻香村在运用新媒介进行传播的同时，也利用传播内容的热度进行传播。一是打造网红店铺。2021年8月开业的北京稻香村零号店，使消费者有沉浸式体验。二是推出网红糕点。北京稻香村推出了福兔菓、龙头门环、迎春绣球、福安菓、狮子门墩、小牛舌饼等网红糕点。三是将产品内容与传播热点结合。北京稻香村采用实时传播热点的方式，吸引年轻消费群体关注，为企业传播助力。

3. 通过增强用户体验进行传播

当下消费者对于产品的消费不只局限于对产品的使用，消费服务的

全过程也是一个闭环的体验，北京稻香村从三个方面着手增强用户体验。一是增强门店的消费体验。北京稻香村前门店专门设立了"糕点文化体验区"用来展示传统的糕点装盒，展厅里摆放有稻香村传统的糕点制作模具、匣子、戳子等老物件，消费者可以观看，了解中国传统糕点文化。二是增强节假日场景体验。北京稻香村在中国传统节日期间，举办中国传统节日糕点制作活动。三是成立烘焙项目小组。北京稻香村通过成立烘焙项目小组，使消费者不仅能够吃到美味的糕点，还能了解传统美食的制作工艺。

4. 其他

在国潮新消费的背景下，当代大学生是重要的消费群体，北京稻香村通过支持大学生创新创意大赛，提升品牌在年轻消费群体中的知名度，在传播品牌理念的同时，也宣传了产品特色，积累了潜在的消费群体。例如，2023年在"第七届大学生中华老字号创意创新创业大赛"总决赛中，北京工商大学"宋你一场华梦"团队以年轻人的视角为第三家北京稻香村零号店的开设提供方案。该团队的设计将宋朝的多彩文化和生活方式融入北京稻香村品牌，助力老字号品牌年轻化。

（四）国潮新消费与品牌营销创新

北京稻香村在品牌视觉、品牌定位、品牌合作等方面制定创新策略，受到年轻群体的关注。

1. 品牌视觉创新升级

北京稻香村在国潮新消费背景下，对品牌视觉进行升级。一是优化商标logo 和门店 VI。北京稻香村将商标 logo 迭代升级，提高辨识度；北京稻香村零号店进行整体 VI 设计，北京稻香村零号店用枣花酥造型为基础图案延展应用，其中枣花酥和其他糕点造型的文创受到年轻人的喜爱。二是门店装修升级。北京稻香村在"一店一策"的策略下，陆续打造了"零号店""南城生活店""东城食尚店""西单拾味店""朝阳时光店""西城山水店""工厂店"共 7 家特色门店，还打造了网红体验店"稻田日记"，满足年轻消费群体的社交需求、审美需求和口味需求。

2. 整合文化符号明确品牌定位

北京稻香村品牌定位为"京味国潮的引领者"。一是将中国传统文化与年轻人的潮流文化相融合。在产品方面，北京稻香村复刻中国传统糕点，推出二十四节气养生食品；在品牌方面，北京稻香村零号店集民俗、美食、文化、城市记忆于一体，将中式传统建筑的狮子门墩、匾额、屏风等融入店面设计，打造沉浸式消费体验。二是挖掘传统中式糕点背后的文化内涵，整合文化符号。北京稻香村发布《二十四节气养生文化手册》，将传统节庆文化与稻香村食品文化相结合，形成二十四节气食品养生的文化符号。

3. 提高品牌合作跨界联名

北京稻香村积极促进品牌合作与跨界联名。例如，2019年北京稻香村与央视《国家宝藏》节目合作，联名推出"你好历史·博物馆中秋奇妙夜"系列月饼礼盒，将礼盒打造成中国中秋月饼的编年体通史，呈现不同历史时期的中秋节风俗及月饼特色，让消费者在品尝美味的同时，也能系统地了解中秋月饼的发展历史。

三 对于老字号在国潮新消费背景下营销策略创新的建议

（一）重视针对年轻消费群体的营销

随着"Z世代"步入职场，年轻消费者可支配收入增加，重视年轻消费群体对企业来说十分重要，年轻消费群体通常具有强大的购买力，关注年轻消费群体，就是关注未来市场。

一是深入了解年轻消费群体。了解年轻消费群体的需求、兴趣、价值观和购买行为，通过市场研究、调查和数据分析，收集年轻消费群体的消费习惯和消费特征，制定有针对性的营销策略。二是建立有吸引力的品牌形象。

在年轻群体中建立一个有吸引力的品牌形象，包括独特的品牌故事、标识，进行品牌年轻化转型，让品牌形象与年轻消费群体的价值观和兴趣相符。三是个性化产品及营销。年轻消费群体不喜欢趋同，老字号只有提供个性化的产品和服务，以及个性化的营销策略才能吸引年轻消费群体的注意，可利用数据分析和人工智能等方式，满足年轻消费群体的个性化需求。四是关注社交媒体影响力营销。老字号企业可与社交媒体意见领袖合作，扩大品牌影响力，同时鼓励客户在社交媒体上分享购物体验，以获得口碑传播。五是重视用户互动和体验。老字号应积极与年轻消费群体进行互动，提供独特的购物体验，吸引年轻消费群体。

（二）重视产品内容营销

年轻消费群体愿意为内容和喜好付费，老字号企业针对年轻消费群体制定营销策略时，重视产品的内容营销，有助于在年轻消费群体中建立品牌声誉。

一是重视内容营销。创建有价值的内容，注重内容形式的多样性，以满足不同消费者的喜好和需求。二是关注用户生成内容。鼓励年轻消费群体分享购物体验和产品评价，以建立对产品与品牌的信任度。三是保证内容的定期更新。老字号企业应该保持内容更新，定期发布新的内容，吸引消费者的关注，提升企业线上的活跃度和热度。四是制定内容日程表。可以制定内容发布日程表，以确保老字号企业定期发布新的内容。五是关注品牌故事的叙述。老字号企业应该充分挖掘企业历史，关注品牌故事的叙述，传达企业品牌和产品价值观。六是建立数据分析和反馈机制。内容营销需要对内容和反馈信息做舆情监控，并根据数据调整企业的营销策略。

产品内容营销是建立品牌忠诚度、吸引消费者、提高销售额的关键因素。需要通过提供有价值、有吸引力的内容，并使用多种渠道进行营销传播，以适应市场变化和消费者需求，老字号企业通过内容与消费者建立相对紧密的联系。

（三）重视品牌文化营销

老字号企业面对年轻消费群体，需要注重品牌的年轻化转型，在品牌视觉形象、品牌定位等方面，都要满足年轻消费群体的需求。品牌文化营销旨在用消费者能接受和听得懂的语言传播企业核心价值观和文化，与消费者建立更深层次的情感联系。

一是明确品牌的核心价值观和文化。在进行品牌文化营销之前需要确保企业内部对核心价值观和文化有清晰的认识，这些价值观和文化应该体现在企业的使命和愿景中。二是构建具有辨识度的、年轻化的品牌形象。老字号企业在品牌标志、品牌颜色、品牌风格等方面都尽可能实现具有辨识度和年轻化。三是尝试品牌合作与联名。老字号企业可与当下受欢迎的年轻品牌、设计师合作，进行联名推广或合作生产产品。四是明确企业的社会责任。老字号企业需要承担企业的社会责任，以获得年轻消费群体的价值认同。

通过品牌文化营销，老字号企业可以构建一个年轻消费群体认同、信任、喜爱的品牌形象。

（四）重视网络营销方式

老字号企业应该重视网络营销方式，应用互联网新媒介对产品和品牌进行营销。

一是搭建数字化营销体系。老字号企业可以在社交媒体平台进行广告投放、开设品牌官方账号，定期发布有趣的内容，与年轻消费群体互动，以增强品牌的可见度。二是创建社交媒体营销系统。老字号企业在进行网络营销时，可以创建和维护自己的社交媒体账号，与年轻消费群体建立联系；定期发布有趣、有吸引力的内容；需要与消费者保持互动，及时回应评论和消息，积极参与社交对话。三是关注企业相关词频的搜索引擎优化。老字号企业可使用相关关键词和优化标签，以提高在搜索结果中的排名和被选择的概率。四是优化数字化管理策略。老字号企业需要确保销售

网站的正常运行,并为年轻消费群体提供友好、便捷的数字化消费服务和信息获取流程。

通过网络营销与年轻消费群体进行互动是一个持续的过程,因此,老字号企业应不断改进网络营销策略,以满足年轻消费群体的需求,并树立积极和活跃的品牌形象。

B.23
数字经济时代背景下老字号企业
转型与品牌发展

——以南京冠生园为例

王泗通 *

摘　要： 　数字经济时代的到来，在对老字号企业传统经营方式带来强烈冲击的同时，也为老字号企业焕发新活力带来机遇。本报告通过对南京冠生园企业转型与品牌发展的研究发现，一方面，南京冠生园能够牢牢抓住数字经济时代的发展机遇，运用现代数字技术推动老字号企业产品质量监管标准化、管理模式科学化以及产品服务精准化，进而使南京冠生园成功实现老字号企业的现代化转型；另一方面，南京冠生园重视老字号品牌的发展和保护，不仅将老字号品牌深植于城市文化，还将新媒体平台作为提升老字号品牌影响力的重要手段，大力引进现代专业品牌管理人才以及构建现代化品牌管理监督机制，确保老字号品牌能够适应数字经济时代的新变化和新要求。由此，本报告提出，老字号企业应充分利用现代数字技术，推进老字号企业的现代化转型，促进老字号企业的品牌升级，实现老字号企业的复兴，最终实现中华民族品牌的振兴。

关键词： 　数字经济时代　老字号企业　现代化转型　品牌发展　南京冠生园

---

* 王泗通，南京林业大学人文社会科学学院副教授。

一 问题的提出

随着现代信息技术的迭代发展，以互联网、大数据、云计算、人工智能等新兴技术为核心的数字技术正在快速推动经济发展。① 因而，数字化转型成为企业发展的必然趋势，即使是以强调世代传承与历史延续的老字号企业也不例外。② 数字经济时代下如何推进老字号企业转型，也成为学界关注的热点问题。

已有研究主要聚焦数字技术如何促进老字号企业转型，以及如何推动老字号企业品牌发展两个方面。例如，有学者认为数字技术有助于提升老字号企业产品质量或服务品质，从而有助于提升消费者满意度，进而提升老字号企业市场竞争力。③ 也有学者指出，数字技术有利于推动老字号企业的技术创新，进而有利于重塑老字号品牌，从而帮助老字号企业扩大品牌影响力。④ 但总体而言，数字技术推动老字号品牌发展的相关研究还相对较少。事实上，随着数字技术逐步融入老字号企业发展，很多老字号企业也在不断尝试将数字技术作为驱动老字号企业转型与品牌发展的重要引擎。例如，创立于 1915 年的南京冠生园曾因"陈馅"事件宣告破产，又因紧跟数字经济时代发展，依托数字技术推进企业现代化转型，而重塑了老字号品牌，使企业焕发新活力。鉴于此，本报告以老字号企业南京冠生园的发展实践为例，探讨在数字经济时代背景下，南京冠生园如何依托数字技术推动企业现代化转型以及实现品牌创新，以期为推进老字号企业的数字化转型以及创新品牌发展提供经验借鉴。

---

① 江小涓、靳景：《数字技术提升经济效率：服务分工、产业协同和数实孪生》，《管理世界》2022 年第 12 期。

② 严若森、钱向阳：《数字经济时代下中国运营商数字化转型的战略分析》，《中国软科学》2018 年第 4 期。

③ 许晖、张海军、冯永春：《传承还是重塑？本土老字号品牌活化模式与机制研究——基于品牌真实性与价值迁移视角》，《管理世界》2018 年第 4 期。

④ 马赛、李晨溪：《基于悖论管理视角的老字号企业数字化转型研究——以张弓酒业为例》，《中国软科学》2020 年第 4 期。

二 数字经济时代背景下的老字号企业转型

数字经济时代的到来，给老字号企业带来了挑战和机遇，特别是很多老字号企业正处于现代化转型的关键阶段。对于老字号企业而言，长盛不衰的"老牌子"，是其保持市场竞争力的根本所在。但数字经济的发展，要求老字号企业也能够借助数字技术赋能企业发展。南京冠生园作为百年老字号企业，其发展经历多次兴衰变革，仍然能够屹立不倒，不仅因为其具有悠久的历史和代代相传的传统技艺，更为重要的是其能够紧随时代潮流，多次实现老字号企业的"华丽转身"。在数字经济时代背景下，新的南京冠生园并没有因原中外合资南京冠生园食品有限公司的"陈陷"事件而放弃企业的现代化转型。在康海药业有限公司的支持下，新的南京冠生园以数字技术为依托，成功实现了现代化转型。

（一）严格规范生产，提高产品质量

当前，产品质量已是企业应对市场竞争的关键所在，特别是随着数字媒体的快速发展，消费者能够更为便捷地了解企业产品质量信息，这也就使企业需要更加规范产品生产。[①] 随着数字经济时代的到来，很多企业将数字技术广泛应用于企业的产品生产。同样，对于老字号企业而言，产品质量更是其应对市场竞争的根本所在，如果老字号企业的产品质量得不到保证，不仅难以满足消费者的需求，还可能被市场淘汰。所以，在数字经济时代背景下，老字号企业只有利用数字技术创新企业生产流程，提高产品质量，才能更好地适应市场竞争。

南京冠生园产品生产的现代化转型主要历经两个阶段。第一阶段，南京冠生园因"陈陷"事件陷入破产危机。南京冠生园在 1993 年与美国天普公

---

① 于晓辉、许玖亮、叶兆兴：《"双积分"政策下纯电动乘用车核心供应商质量提升的博弈分析》，《模糊系统与数学》2020 年第 5 期。

司合资成立中外合资南京冠生园食品有限公司，由于过于追求规模的扩张，忽视了产品质量问题。在新闻媒体关注到南京冠生园"陈陷"问题后，中外合资南京冠生园食品有限公司甚至还试图掩盖事实真相，因此中外合资南京冠生园食品有限公司破产倒闭。第二阶段，南京冠生园依托数字技术成功实现产品的现代化转型。2004 年，康海药业有限公司注资收购南京冠生园。相比中外合资南京冠生园食品有限公司，新的南京冠生园严格按照药品生产质量管理规范建设现代化工厂，并利用现代数字技术打造 10 万级的净化车间，确保南京冠生园的产品实时处于严格的质量把控之下。例如，南京冠生园既利用数字技术对产品生产流程进行优化，逐步建立自动化生产线，又通过 ISO 9001、ISO 14001 和 HACCPS 三项质量认证标准，形成完善的产品质量管理体系。上述举措使南京冠生园的产品质量重新获得消费者的认可。

（二）构建数字化平台，提升管理效率

随着数字经济时代的到来，数字化逐渐成为企业管理现代化转型的重要支撑。企业数字化管理主要是通过数字技术的应用，构建一个全联接、全场景、全智能的数字世界，进而对企业传统管理模式进行优化再造。[①]

南京冠生园重组后，在重视产品质量的同时，还重视数字技术赋能，推进企业管理的数字化转型。例如，南京冠生园主动与用友软件开展合作，借助 NC Cloud 构建数字化平台，实现对老字号企业及其下属 100 多家门店进行统一管理。首先，数字化平台实现了南京冠生园管理信息的实时共享。南京冠生园相关负责人可以实时查阅各个部门和门店的管理情况，从而大大提升了老字号企业管理信息的共享能力。其次，数字化平台提升了南京冠生园的管理规范化程度。在数字化平台的支撑下，南京冠生园能够快速落实老字号企业的管理制度，并推送最新的现代化管理经验，老字号企业各部门和下

---

① 黄丽华、朱海林、刘伟华等：《企业数字化转型和管理：研究框架与展望》，《管理科学学报》2021 年第 8 期。

属门店能够及时落实相关要求。最后，数字化平台强化了南京冠生园的风险管控能力。数字化平台使南京冠生园负责人可以更便捷地了解管理信息，提高监督力度，特别是数字化平台中管理预警功能的设置，更提升了南京冠生园各级管理人员主动监管老字号企业风险的能力。

（三）探索产品跨界新路径，解锁消费服务新体验

近年来，消费者更加支持国货，跨界创新也逐渐成为老字号企业焕发新活力的重要策略。[①] 跨界创新主要是指老字号企业突破传统行业习惯，创立新的、更加有效的企业经营模式，如产品跨界等。[②] 当前，老字号产品跨界主要有两种路径：一是在原有老字号产品基础上，借助技术创新，进而形成新的产品；二是在原有老字号品牌基础上，完全跨领域开发新的产品。新的南京冠生园成立后，也更加重视产品跨界创新。一方面，南京冠生园持续加大新产品研发力度，定期针对消费者需求推出新产品。例如，南京冠生园新推出的肉松饼、老婆饼、椰子塔饼等产品受到了广大消费者的青睐。另一方面，南京冠生园在原有糕点产品的基础上，开发南京冠生园速食版鸭血粉丝汤，很快便以其独特的口味吸引了众多消费者。

产品跨界的成功，使南京冠生园更加重视消费者的需求。如何提升消费服务体验也成为南京冠生园现代化转型的重要任务之一。具体而言，南京冠生园为了能够提升消费者服务体验，主要从三个方面发力。一是重视消费者的意见反馈，特别是南京冠生园数字化管理平台的构建，使南京冠生园企业各部门与门店实现了实时互动，有利于公司及时改进服务。二是重视上门服务，南京冠生园针对消费者的实际需求，积极开展上门服务。三是重视线上服务，南京冠生园积极改进与消费者的互动方式。例如，原有的打电话沟通的方式，也被微信等新媒体沟通方式所取代，使消费者能

---

① 王德胜、李婷婷、赵丽：《渐进式还是突破式——老字号企业的跨界创新》，《科研管理》2022 年第 6 期。
② 章长城、任浩：《企业跨界创新：概念、特征与关键成功因素》，《科技进步与对策》2018年第 21 期。

够更直观地了解南京冠生园门店的产品，也使消费者可以更为直接地选择相应的产品。

三　数字经济时代背景下老字号品牌发展

2006年，商务部出台的《"中华老字号"认定规范（试行）》，对"中华老字号"进行了明确的界定，即主要是指历史悠久、拥有世代传承的产品、技艺或服务，具有鲜明的中华民族传统文化背景和深厚的文化底蕴，取得社会广泛认同，形成良好信誉的品牌。[①]　这个界定不仅体现了国家对中华老字号企业发展的重视，更体现了国家希望以老字号为基础打造民族品牌。老字号企业应抓住数字经济的发展机遇，实现老字号品牌的现代化转型，适应现代市场竞争。南京冠生园在经历"陈陷"事件后，特别重视老字号品牌发展，并且形成了多元的品牌发展策略。

（一）深挖城市特色文化，重塑老字号品牌形象

现有研究表明，老字号企业所处的城市环境会影响老字号品牌发展，尤其是城市特色文化将会直接决定老字号品牌发展策略。[②]　尤其在餐饮、食品等老字号行业，城市文化的影响较大。例如，周爱华等对北京城区餐饮老字号空间格局的研究发现，尽管北京城区老字号餐饮行业百花齐放，但从老字号餐饮企业的菜系来看，仍然是北方菜系占据主要地位，从而充分证明城市特色文化对老字号企业的品牌发展产生深远的影响。[③]　因而，老字号既是城市特色文化的活化石，又是打造城市名片的重要资源。

为此，南京冠生园以打造南京城市名片为目标，重新塑造老字号品

---

① 《商务部关于实施"振兴老字号工程"的通知》，http://www.mofcom.gov.cn/aarticle/b/g/200604/20060401910767.html。

② 陈丽红：《北京西城区老字号品牌在建设世界城市中的作用》，《广西经济管理干部学院学报》2015年第1期。

③ 周爱华、张远索、付晓：《北京城区餐饮老字号空间格局及其影响因素研究》，《世界地理研究》2015年第1期。

牌形象。一方面，南京冠生园将城市特色饮食文化注入老字号品牌发展中，即南京冠生园不仅根据城市消费者的饮食文化需求，重新调整主要产品配方，突出老字号品牌特色，还根据城市主流饮食文化，开发新的品类，使南京冠生园逐渐成为南京特色饮食文化的代表品牌之一。另一方面，南京冠生园还将城市特色文化注入老字号品牌发展之中，将"人类健康，食品安全"作为老字号企业品牌的新发展方向。这些以城市特色文化为基础的老字号品牌形象重塑，使南京冠生园再次成为南京食品行业的龙头企业。

（二）运用新媒体平台，提升老字号品牌影响力

数字技术的发展为老字号品牌宣传提供了更多的路径，并且新媒体平台也逐渐成为老字号企业提升品牌影响力的重要手段。[1] 老字号品牌成功的关键在于"老"，但是也因为"老"，很多老字号企业在品牌宣传上仍然固守以往的宣传方式，不愿推陈出新，致使老字号品牌影响力严重受挫。随着新媒体平台的快速发展，很多消费者的消费信息也多来自于新媒体平台，从而使得新媒体平台逐渐成为老字号企业销售产品和提升品牌影响力的重要手段。[2] 因而，老字号企业需要充分利用微信、微博、抖音等新媒体平台，通过文字、视频等方式进行品牌营销，甚至还可以利用直播带货等方式向消费者进行宣传。

南京冠生园也充分利用各种新媒体平台，充分宣传其品牌文化，南京冠生园不仅利用各大互联网平台广泛地宣传其品牌历史，使消费者能在各大互联网平台上找到有关南京冠生园品牌文化的宣传新闻或视频，还运用抖音等新媒体平台进行老字号品牌产品介绍，在介绍品牌产品的过程中宣传其品牌文化。同时，南京冠生园还借助直播带货的方式，宣传品牌文化。

---

[1] 孔昭林、王丹谊：《新媒体视野下北京老字号品牌推广的创新表现》，《北京联合大学学报》（人文社会科学版）2012 年第 4 期。

[2] 魏崇红、王金玉：《新媒体语境下中华老字号品牌创新路径研究》，《山东社会科学》2020 年第 9 期。

（三）加强人才队伍建设，重视老字号品牌维护

消费者之所以选择老字号企业的产品，主要是因为老字号品牌值得信赖。现有关于老字号品牌发展的研究指出，老字号品牌不仅要重视品牌创新和品牌传播，更要重视品牌维护，老字号企业经营者需要更为慎重地使用和维护老字号品牌。而做好老字号品牌维护，需要加强人才队伍建设，特别是很多还没有引入现代品牌管理理念的老字号企业，更要加强现代专业品牌管理人才队伍的建设。[1]

南京冠生园更加重视自身品牌的维护，尤其是重视现代专业品牌管理人才队伍的建设。一方面，南京冠生园积极实施人才引进战略，高薪聘请现代专业品牌管理人才，并组建老字号企业品牌管理人才队伍，负责老字号品牌的创新、传播和维护，特别是在老字号品牌的发展过程中突出"维护"这一项工作。另一方面，南京冠生园倾力打造科学的品牌监管机制，将老字号品牌形象、品牌设计以及品牌活力等内容都纳入老字号品牌监管，确保企业能够及时发现老字号品牌维护过程中存在的问题，为企业调整老字号品牌发展策略提供有效的依据。

结　语

数字经济时代的到来，在给老字号企业传统经营方式带来强烈冲击的同时，也为老字号企业焕发新活力带来了机遇。一方面，数字经济时代背景下，老字号企业紧跟时代变化，成功实现现代化转型；另一方面，面对"国潮国货"，老字号企业抓住这一新的发展机遇，促进老字号品牌发展。南京冠生园能够牢牢抓住数字经济的发展机遇，积极推进老字号企业的现代化转型，特别是南京冠生园历经"陈陷"事件后，更加重视老字号企业的

① 吴晓东：《地区性"中华老字号"企业发展的品牌战略——以辽宁省为例》，《经济问题探索》2014年第9期。

现代化转型。一方面，南京冠生园利用现代数字技术，建立现代化产品生产车间，推动产品质量监管标准化，从而确保南京冠生园能够以产品品质获得消费者的再次认可；另一方面，南京冠生园构建数字化平台，实现老字号企业管理现代化，特别是数字化平台使老字号企业管理更加科学化，从而极大地提高了老字号企业的管理效率。同时，南京冠生园还积极探索产品跨界创新，南京冠生园在原有优势产品的基础上，又推出许多颇受消费者青睐的新产品，进而也使南京冠生园可以利用现代信息技术实现与消费者的有效互动。

南京冠生园充分发挥老字号品牌"老"的价值优势，将老字号品牌文化深植于城市文化，使老字号品牌逐渐成为城市名片，推动老字号品牌逐渐发展成为城市形象的代表。南京冠生园积极利用新媒体平台拓展老字号企业的品牌传播方式，极大地提升了老字号品牌的影响力。同时，南京冠生园将品牌维护作为品牌发展战略的基础，大力引进现代专业品牌管理人才，并构建现代化品牌管理监督机制，确保老字号品牌能够适应数字经济时代的新变化和新要求。总而言之，老字号企业如果能够充分利用现代数字技术，不仅能够推进老字号企业的现代化转型，而且能促进老字号企业的品牌升级，从而实现老字号企业的复兴以及实现民族品牌的振兴。

附　录
2023年老字号企业调查问卷

尊敬的受访人，您好！

本次调查是中国社会科学院民族学与人类学研究所张继焦研究员主持的老字号企业课题组的全国性调查活动，此资料将用于撰写《老字号企业发展报告》。希望您在百忙之中抽出时间，真实地回答下面的问题。真诚地谢谢您的合作！

老字号企业课题组

第一部分：受访老字号企业的基本信息

1. 贵企业名称：（请写明）［填空题］*

_____

2. 请问贵企业是商务部门认定的中华老字号、省级老字号还是市级老字号？（以最高级别为准）［单选题］*

①中华老字号　　　②省级老字号　　　③ 市级老字号

3. 贵企业所在的地区：［单选题］*

①安徽　　　②北京　　　③重庆　　　④福建　　　⑤甘肃

⑥广东　　　⑦广西　　　⑧贵州　　　⑨海南　　　⑩河北

⑪黑龙江　　⑫河南　　　⑬香港特别行政区　⑭湖北　　⑮湖南

⑯江苏　　　⑰江西　　　⑱吉林　　　⑲辽宁　　　⑳澳门

㉑内蒙古　　㉒宁夏　　　㉓青海　　　㉔山东　　　㉕上海

㉖山西　　　㉗陕西　　　㉘四川　　　㉙台湾　　　㉚天津

㉛新疆　　　㉜西藏　　　㉝云南　　　㉞浙江　　　㉟海外

4. 贵企业所在的主要行业：（以主营业务为主）［单选题］*

①餐饮　　　②零售　　　③食品　　　④酿造　　　⑤医药

⑥服装　　　⑦文化用品　⑧日用化工　⑨酒店　　　⑩美容美发

⑪其他行业（请注明）＿＿＿＿＿＿＿＿*

5. 贵企业在行业内的地位是？［单选题］*

①大型企业　　　②大中型企业　　　③中型企业

④中小型企业　　⑤小微企业

6. 贵企业的性质以什么所有制为主？［单选题］*

①国有企业　　　②集体所有制　　　③私营企业　　　④股份制企业

⑤联营企业　　　⑥外商投资企业　　⑦个人独资企业　⑧港、澳、台企业

⑨股份合作企业　⑩其他（请注明）＿＿＿＿＿＿＿＿*

7. 贵企业的消费群体主要是：［多选题］*

①儿童　　　②青少年　　　③青年　　　④中年　　　⑤老年

第二部分：对老字号与电商平台关系的看法

8. 近年来，贵企业是否有在第三方电商平台销售？［单选题］*

①是　　　　　　　　②否

9. 近年来，贵企业在哪个电商平台销售？［多选题］*

①淘宝（含天猫）　　②拼多多　　③京东　　④抖音　　⑤快手

⑥微信　　⑦小红书　　⑧苏宁易购　　⑨其他（请注明）＿＿＿＿＿＿＿*

10. 近年来，贵企业在电商平台的销售收入占销售总收入的比例有多大？

［单选题］*

①10%及以下　　　②11%~30%　　　③31%~50%

④51%~80%　　　　⑤81%及以上

11. 近年来，贵企业是否开通网络直播带货？［单选题］*

①已开通　　　　②2023 年内开通　　　　③不准备开通

12. 贵企业对于网络直播带货的看法是？［多选题］*

①支持，可提高销量　　　　　　②支持，可提升知名度

③支持，对消费者有利　　　　　④暂时不确定

⑤可有可无　　　⑥不支持　　　⑦其他（请注明）_____ *

13. 近年来，贵企业的主要广告和宣传方式是什么？［多选题］*

①新媒体（如各电商平台、微信）宣传

②传统媒体（如纸媒、电视、户外）宣传

③大型商业活动（如博览会、展销会）推广

④非商业性公益活动推广

⑤其他（请注明）_____ *

14. 近年来，贵企业在新媒体的广告和宣传投入占整个营销费用的比例有多大？［单选题］*

①10% 及以下　　　　②11%～30%　　　　③31%～50%

④51%～80%　　　　⑤81% 及以上

15. 近年来，贵企业的广告和宣传主要侧重什么方面？［多选题］*

①品牌老　　②质量好　　③性价比高　　④老工艺

⑤新工艺　　⑥老产品　　⑦新产品　　　⑧老包装

⑨新包装　　⑩绿色环保和健康　　⑪迎合时尚消费

⑫公司新标示　⑬其他（请注明）_____ *

16. 未来几年，贵企业是否会在新媒体的广告和宣传上加大投入？［单选题］*

①会　　　　②不会　　　　③暂时不确定

第三部分：对老字号与"国潮国货"关系的看法

17. 贵企业在"国潮国货"中展示中国元素主要体现在哪些方面？［多选题］*

①产品上　　②包装上　　③工艺上　　④传播媒介　　⑤营销策略

⑥广告文案　　⑦形象代言人　　⑧其他（请注明）_____ *

18. 近年来，贵企业在"国潮国货新需求"中关注的是什么方面？［多选题］*

①消费者反馈信息　　②迎合时尚消费　　　　③产品更新

④包装更新　　　　　⑤增加环保和绿色产品　⑥年轻人的需求

⑦中老年人的需求　　⑧工薪族的需求　　　　⑨高档消费的需求

⑩其他（请注明）＿＿＿＿＿＿＿＿*

19. 近年来，贵企业在"国潮国货"营销方面采取了什么方法？［多选题］*

①设立营销部门　　　②增加电商宣传　　　　③增加广告投入

④加大优惠力度　　　⑤关注消费者新需求　　⑥传统节庆搞营销

⑦增加营销人员数量　⑧高薪引进营销人才　　⑨提高营销人员待遇

⑩参加国潮国货节　　⑪其他（请注明）＿＿＿＿＿＿＿*

20. 在"国潮国货"趋势下，您认为老字号产品与以往相比有哪些变化？［多选题］*

①种类更多元　　②包装设计更具特色　③制作工艺更考究

④迭代更新更快　⑤质量更加上乘　　　⑥其他（请注明）＿＿＿＿＿*

21. 您认为，老字号企业在推动"国潮国货"中起到了多大的作用？［单选题］*

①非常重要　②比较重要　③一般　④比较不重要　⑤非常不重要

第四部分：对老字号与老商街、城市发展关系的看法

22. 您认为，老字号企业对城市中老商街发展的影响有多大？［单选题］*

①非常大　②比较大　③一般　④比较小　⑤无影响

23. 您认为，老字号企业对城市转型发展的影响有多大？［单选题］*

①非常大　②比较大　③一般　④比较小　⑤无影响

24. 您认为，"老字号一条街"对城市发展有多大作用？［单选题］*

①非常大　②比较大　③一般　④比较小　⑤无影响

25. 您认为，"老字号一条街"的主要竞争优势是什么？［多选题］*

①经济价值　②品牌价值　③文化价值　④社会价值　⑤历史价值

26. 近年来，贵企业参与城市发展的方式有哪些？［多选题］*

①直接提供资金支持　　　　　②参与城市基础设施建设

③参与城市服务提升　　　　　④助力打造城市品牌

⑤城市与企业品牌打包宣传　　⑥增加本地人就业岗位

⑦原材料就地收购　　　　　　⑧主要面向当地消费市场

⑨企业营销策划与城市规划相衔接　⑩企业承担社会责任

⑪其他（请注明）＿＿＿＿＿＿*

第五部分：对我国老字号企业发展的一般看法

27. 您认为，相对于其他品牌，我国老字号企业有何优势？［多选题］*

①价格　　　　②品牌影响大　　③品牌时间长　　④回头客多

⑤产品种类　　⑥产品质量　　　⑦传统工艺技术　⑧服务态度

⑨工作效率　　⑩宣传广告　　　⑪管理水平　　　⑫经营成本

⑬政府支持　　⑭银行支持　　　⑮其他（请注明）＿＿＿＿＿*

28. 您认为，相对于其他品牌，我国老字号企业经营存在哪些不足？［多选题］*

①价格不合理　②品牌影响不够　③品牌陈旧　　④回头客少

⑤新产品少　　⑥产品质量不高　⑦技术工艺陈旧　⑧服务态度差

⑨工作效率低　⑩管理落后　　　⑪宣传广告不够　⑫政府支持不够

⑬银行支持不够⑭其他（请注明）＿＿＿＿＿＿*

29. 您认为，为了提高企业竞争力，我国老字号企业最需要改进哪些方面？［多选题］*

①价格　　　　②品牌影响力　　③消费者忠诚度　④消费者满意度

⑤产品种类　　⑥产品质量　　　⑦技术创新　　　⑧服务态度

⑨工作效率　　⑩宣传广告　　　⑪管理水平　　　⑫经营成本

⑬增资扩张　　⑭股票上市　　　⑮政府支持　　　⑯银行支持

⑰其他（请注明）＿＿＿＿＿＿*

30. 您认为，贵企业的发展最需要获得谁的帮助和支持？［多选题］*

①中华老字号工作委员会　　　　②当地老字号企业协会

③中央政府　　　　　　　　　　④地方政府

⑤中央政府经济管理部门　　　　⑥地方政府经济管理部门

⑦银行　　　　　　　　　　　　⑧全国性行业协会

⑨当地行业协会　　　　　　　　⑩公司董事会

⑪经销商　　　　　　　　　　　⑫企业员工

⑬消费者　　　　　　　　　　　⑭供应商

⑮其他（请注明）＿＿＿＿＿＿＿＿*

31. 您对贵企业目前的经营状况感到满意吗？［单选题］*

①很满意　　②比较满意　　③满意　　④不满意　　⑤很不满意

32. 未来几年，贵企业是否会再扩大生产规模或资金投入？［单选题］*

①会　　　　　②暂时不确定　　　　③不会

33. 您认为，贵企业的发展前景如何？［单选题］*

①前景非常好　　　　②前景比较好　　　　③前景一般

④前景不好　　　　　⑤前景很不好

第六部分：受访者的信息

34. 受访者姓名：［填空题］*

_____

35. 受访者职位：［填空题］*

_____

36. 受访者电话：［填空题］*

_____

37. 受访者邮箱：［填空题］*

_____

社会科学文献出版社

皮书

智库成果出版与传播平台

❖ 皮书定义 ❖

皮书是对中国与世界发展状况和热点问题进行年度监测，以专业的角度、专家的视野和实证研究方法，针对某一领域或区域现状与发展态势展开分析和预测，具备前沿性、原创性、实证性、连续性、时效性等特点的公开出版物，由一系列权威研究报告组成。

❖ 皮书作者 ❖

皮书系列报告作者以国内外一流研究机构、知名高校等重点智库的研究人员为主，多为相关领域一流专家学者，他们的观点代表了当下学界对中国与世界的现实和未来最高水平的解读与分析。

❖ 皮书荣誉 ❖

皮书作为中国社会科学院基础理论研究与应用对策研究融合发展的代表性成果，不仅是哲学社会科学工作者服务中国特色社会主义现代化建设的重要成果，更是助力中国特色新型智库建设、构建中国特色哲学社会科学"三大体系"的重要平台。皮书系列先后被列入"十二五""十三五""十四五"时期国家重点出版物出版专项规划项目；自2013年起，重点皮书被列入中国社会科学院国家哲学社会科学创新工程项目。

皮书网

（网址：www.pishu.cn）

发布皮书研创资讯，传播皮书精彩内容
引领皮书出版潮流，打造皮书服务平台

栏目设置

◆ **关于皮书**

何谓皮书、皮书分类、皮书大事记、
皮书荣誉、皮书出版第一人、皮书编辑部

◆ **最新资讯**

通知公告、新闻动态、媒体聚焦、
网站专题、视频直播、下载专区

◆ **皮书研创**

皮书规范、皮书出版、
皮书研究、研创团队

◆ **皮书评奖评价**

指标体系、皮书评价、皮书评奖

所获荣誉

◆ 2008 年、2011 年、2014 年，皮书网均
在全国新闻出版业网站荣誉评选中获得
"最具商业价值网站"称号；

◆ 2012 年，获得"出版业网站百强"称号。

网库合一

2014年，皮书网与皮书数据库端口合
一，实现资源共享，搭建智库成果融合创
新平台。

皮书网

"皮书说"
微信公众号

权威报告·连续出版·独家资源

皮书数据库
ANNUAL REPORT(YEARBOOK)
DATABASE

分析解读当下中国发展变迁的高端智库平台

所获荣誉

- 2022年，入选技术赋能"新闻+"推荐案例
- 2020年，入选全国新闻出版深度融合发展创新案例
- 2019年，入选国家新闻出版署数字出版精品遴选推荐计划
- 2016年，入选"十三五"国家重点电子出版物出版规划骨干工程
- 2013年，荣获"中国出版政府奖·网络出版物奖"提名奖

皮书数据库

"社科数托邦"
微信公众号

成为用户

　　登录网址www.pishu.com.cn访问皮书数据库网站或下载皮书数据库APP，通过手机号码验证或邮箱验证即可成为皮书数据库用户。

用户福利

- 已注册用户购书后可免费获赠100元皮书数据库充值卡。刮开充值卡涂层获取充值密码，登录并进入"会员中心"—"在线充值"—"充值卡充值"，充值成功即可购买和查看数据库内容。
- 用户福利最终解释权归社会科学文献出版社所有。

社会科学文献出版社 皮书系列
SOCIAL SCIENCES ACADEMIC PRESS (CHINA)

卡号：587562864564
密码：

数据库服务热线：010-59367265
数据库服务QQ：2475522410
数据库服务邮箱：database@ssap.cn
图书销售热线：010-59367070/7028
图书服务QQ：1265056568
图书服务邮箱：duzhe@ssap.cn

S 基本子库
UB DATABASE

中国社会发展数据库（下设 12 个专题子库）

紧扣人口、政治、外交、法律、教育、医疗卫生、资源环境等 12 个社会发展领域的前沿和热点，全面整合专业著作、智库报告、学术资讯、调研数据等类型资源，帮助用户追踪中国社会发展动态、研究社会发展战略与政策、了解社会热点问题、分析社会发展趋势。

中国经济发展数据库（下设 12 专题子库）

内容涵盖宏观经济、产业经济、工业经济、农业经济、财政金融、房地产经济、城市经济、商业贸易等 12 个重点经济领域，为把握经济运行态势、洞察经济发展规律、研判经济发展趋势、进行经济调控决策提供参考和依据。

中国行业发展数据库（下设 17 个专题子库）

以中国国民经济行业分类为依据，覆盖金融业、旅游业、交通运输业、能源矿产业、制造业等 100 多个行业，跟踪分析国民经济相关行业市场运行状况和政策导向，汇集行业发展前沿资讯，为投资、从业及各种经济决策提供理论支撑和实践指导。

中国区域发展数据库（下设 4 个专题子库）

对中国特定区域内的经济、社会、文化等领域现状与发展情况进行深度分析和预测，涉及省级行政区、城市群、城市、农村等不同维度，研究层级至县及县以下行政区，为学者研究地方经济社会宏观态势、经验模式、发展案例提供支撑，为地方政府决策提供参考。

中国文化传媒数据库（下设 18 个专题子库）

内容覆盖文化产业、新闻传播、电影娱乐、文学艺术、群众文化、图书情报等 18 个重点研究领域，聚焦文化传媒领域发展前沿、热点话题、行业实践，服务用户的教学科研、文化投资、企业规划等需要。

世界经济与国际关系数据库（下设 6 个专题子库）

整合世界经济、国际政治、世界文化与科技、全球性问题、国际组织与国际法、区域研究 6 大领域研究成果，对世界经济形势、国际形势进行连续性深度分析，对年度热点问题进行专题解读，为研判全球发展趋势提供事实和数据支持。

法律声明

"皮书系列"（含蓝皮书、绿皮书、黄皮书）之品牌由社会科学文献出版社最早使用并持续至今，现已被中国图书行业所熟知。"皮书系列"的相关商标已在国家商标管理部门商标局注册，包括但不限于LOGO（▧）、皮书、Pishu、经济蓝皮书、社会蓝皮书等。"皮书系列"图书的注册商标专用权及封面设计、版式设计的著作权均为社会科学文献出版社所有。未经社会科学文献出版社书面授权许可，任何使用与"皮书系列"图书注册商标、封面设计、版式设计相同或者近似的文字、图形或其组合的行为均系侵权行为。

经作者授权，本书的专有出版权及信息网络传播权等为社会科学文献出版社享有。未经社会科学文献出版社书面授权许可，任何就本书内容的复制、发行或以数字形式进行网络传播的行为均系侵权行为。

社会科学文献出版社将通过法律途径追究上述侵权行为的法律责任，维护自身合法权益。

欢迎社会各界人士对侵犯社会科学文献出版社上述权利的侵权行为进行举报。电话：010-59367121，电子邮箱：fawubu@ssap.cn。

社会科学文献出版社